博物馆策展手册

© Nicola Pickering 2020

This translation of THE MUSEUM CURATOR'S GUIDE is published by arrangement with Lund Humphries.

This edition first published in China in 2024 by BPG Artmedia (Beijing) Co., Ltd, Beijing

Chinese edition © 2024 BPG Artmedia (Beijing) Co., Ltd

图书在版编目（CIP）数据

博物馆策展手册 /（英）尼古拉·皮克林著；孙嫚等译. — 北京：北京美术摄影出版社，2024.6

书名原文：The Museum Curator's Guide

ISBN 978-7-5592-0558-2

Ⅰ.①博… Ⅱ.①尼… ②孙… Ⅲ.①博物馆—展览会—策划—手册 Ⅳ.①G265-62

中国版本图书馆CIP数据核字（2022）第205355号

北京市版权局著作权合同登记号：01-2021-7311

责任编辑：于浩洋
装帧设计：众谊设计
责任印制：彭军芳

博物馆策展手册
BOWUGUAN CEZHAN SHOUCE

[英]尼古拉·皮克林　著
孙嫚　张晓睿　何馨雯　郎悦　译

出　版	北京出版集团
	北京美术摄影出版社
地　址	北京北三环中路6号
邮　编	100120
网　址	www.bph.com.cn
总发行	北京出版集团
发　行	京版北美（北京）文化艺术传媒有限公司
经　销	新华书店
印　刷	广东省博罗县园洲勤达印务有限公司
版印次	2024年6月第1版第1次印刷
开　本	889毫米×1194毫米 1/32
印　张	8.25
字　数	241千字
书　号	ISBN 978-7-5592-0558-2
定　价	128.00元

如有印装质量问题，由本社负责调换
质量监督电话：010-58572393

博物馆策展手册

[英] 尼古拉·皮克林　著
孙熳　张晓睿　何馨雯　郎悦　译

北 京 出 版 集 团
北京美术摄影出版社

致　谢

在此我非常感谢让·迈克尔·马兴（Jean Michael Massing）教授和迈克尔·斯特拉德林（Michael Stradling）对本书书稿的评论。作为我的第一本书，我还要感谢伦德·休姆夫雷出版社的露西·克拉克（Lucy Clark）对本书的慷慨支持。

前言

博物馆策展人通常对一组藏品负责，保证这些藏品被妥善保存以备未来使用，并且能够被理解和欣赏，在某种程度上呈现和诠释给观众。策展人的角色包含着多种职责，可能有着一定程度的复杂性。策展人工作必须支持博物馆的使命，即通过对藏品的藏护、布展、研究和展示为公众提供教育与娱乐。策展人会肩负发展收藏和指导新藏品入藏的责任，需按公认的行业标准管理藏品和相关的信息。今天的策展人还持续进行学术研究并产出成果，这些成果会将有关历史文物及其前世今生，以及文化的信息理解并传递给多样的观众。策展人的角色和希望其履行的职责在不同的组织之间可能会有很大差异。

本书旨在成为有用且实用的手册，探索上述博物馆策展人的工作，对博物馆存在的原因、如何在博物馆中保存和展示藏品、策展人的角色、他们与藏品间的互动和对藏品进行养护等方面展开探讨。本书汇集了这些主题并进行了简洁的阐述，将博物馆策展人的所有主要职责和活动整合在一起，是一本很重要的参考书籍。

尽管当今很多博物馆策展人工作的主要方面和博物馆学元素都在本书中有所涉及，但在这本简短的手册中必然不可能探索每一个能想到的角度。和这本书所涵盖的主题有关的更多信息与指引，可在每章对应的尾注中找到来源。同样，本书也无法研究和博物馆学领域有关的所有主题和讨论，与一些博物馆学主要辩论有关的学术精选也包含在了整册书的结尾部分，作为进一步阅读的建议。

本书适用于在博物馆领域处于发展初期的专业人士、博物馆研究和文化遗产等相关专业的学生，以及私人收藏家和在保护及展示历史文物方面寻求指导的个人。因此，这本手册中的内容特意以通俗易懂的方式呈现，避免使用过于复杂的表述和不必要的复合型术语及词汇。

鉴于作者个人的经验与专业知识，本书的内容主要涉及的是英国境内的博物馆，然而其中所提出的思想和指导意见可在世界各地的博物馆活动中应用。书中涵盖的大量主题主要以理论方法进行探讨，以尽可能全面地概述博物馆策展人工作的方方面面。因此，本书的性质决定了书中无法以广泛的案例研究来说明所有主题。

介绍

什么是博物馆策展人,以及他们是做什么的?

策展人一词应用于博物馆,缘起于其最初的含义"对某物的护理和监护"。❶ 策展人通常负责照料博物馆的馆藏,通过对藏品的保养、安排、研究和展示协助实现该机构为公众提供教育与娱乐的使命。在 21 世纪,观众往往会去博物馆寻求知识,而为这些内容提供信息和建立最适合的呈现方式通常是策展人的责任。❷ 随着现代博物馆中学者型策展人的主导地位逐渐减弱,馆藏管理、藏护、激活公众访问和促进学习的职能已日益成为策展人核心工作的一部分。❸ 许多专业的博物馆角色还涉及一系列行政和管理职责:处在职业生涯各阶段的许多策展人都在管理数据、日程、项目、预算和员工。

从藏品入藏、管理到研究和布展,本书探讨了策展人工作的主要方面。在本篇介绍中,博物馆策展人的主要职能与职责概述如下。

收藏和发展(第二章)

策展人会参与为博物馆收集新藏品的行为,这就需要相应的学科专业知识。策展人的部分职责是考虑与博物馆藏品入藏相关所有活动的战略方向(在博物馆藏品发展政策中体现)。

藏品和信息管理（第三章和第四章）

在过去50多年中，世界各国都在努力制定和实施藏品管理和保养方面的专业标准，试图将以前随意、不一致的方法标准化。策展人须设法将这些声明、指南或要求在实践中应用于其负责的所有博物馆藏品。

藏品保管（第五章）

无论藏品正在展出还是位于仓库中保存，都需要得到充分照顾，而策展人则需深知实现这一目标的主要方式，并与藏护师密切合作。策展人掌握有关馆藏的专门知识将使他们能够做出明智的决定。

展示及内容创作（第六章和第七章）

策展人可能是负责制作永久或临时展览的主要工作人员之一。根据组织的规模和性质，他们参与的程度也可能不同。一般来说，策展人参与选择主题和展品，研究展出内容，以及构成诠释性材料和配套材料。

信息传达（第六章和第七章）

策展人应面向广大观众传播与博物馆藏品相关的信息并参与故事的讲述。策展人常常必须总结复杂的想法并将其以适当和清晰的方式进行传播。策展人还需撰写各种类型标准的书面材料（例如报告、政策、提案、学术文本、评论文章、诠释性内容、新闻通稿、网站内容等），因此在这一方面拥有语言天赋是一种优势。

公众接触（第八章）

策展人的部分职责是让公众能够接触到藏品，以及向其提供参观博物馆的服务。策展人必须仔细考虑与藏品保养和安全相关的许多问题，以在保护藏品和为公众提供接触机会之间达到平衡。策展人应设法确保藏品的使用、被公众访问和推广都十分活跃：这可能是在藏品展示、学习活动和其他公共活动、藏品网站、可访问的博物馆商店、向其他组织和巡回展览的借展的过程中实现的。

教育（第八章）

在现代博物馆中，所有策展人必须同时也是教育者：他们需要使用广泛的方法，以多种形式向广大观众诠释与呈现信息和想法。其中，社会参与度在策展涉及藏品的工作中变得日益重要。

研究（第九章）

博物馆藏品的价值取决于这些藏品相关知识的书面记载，而开展原创和深入的研究能扩展这些知识，深化博物馆活动的意义。 与博物馆藏品相关的学术研究传承已久，但近年来这类研究工作在博物馆中的地位则受到严格的审视。对于研究的作用和价值，不同机构所持的态度日渐不同，在一些博物馆中，研究工作会被视为处于次优先级。 同时，策展人可能会因馆藏管理和护理领域承担的工作量太大而没有足够的时间来履行这一职能。

管理责任

许多策展人还从事组织领导、项目运营和人员管理等方面的工作。 博物馆有其特定的人员结构，随着策展人级别的提高，他们会被要求负责协调和管理不同规模团队的产出。❹

筹款、营销和商业活动

博物馆对藏品的收集、保存，为公众提供机会接触藏品并与之互动——这些基本功能只有在员工和场地维护资金足够的前提下才能够维持。许多博物馆在没有获得足够的公共资金来实现这一目标时，就必须寻求其他的创收途径（例如短期且分散的赠款、公共筹款、私人赞助、场地租赁、零售和餐饮等）。策展人可能会在不同程度上参与上述所有这些活动。

专业化

尽管策展人负责的藏品多种多样，其涵盖的年代、地域和相关的主题都相当广泛，但许多策展人仍保留了各自的学科专长，并且是特定类型藏品的护理和展示方面的专家。事实上，某些藏品（例如自然历史藏品）必须由具备专业知识和经验的策展人负责。大型博物馆通常会安排每位策展人分别只负责某一类（例如绘画、雕塑、纺织品、考古类）藏品。

根据组织的规模和性质，策展部可能由数名专长不同的工作人员组成，包括登记员、藏品管理员、诠释主管（interpretation managers）、展览协调专员、编目员、档案管理员、图书管理员、藏护师和策展人等。这可能意味着策展人应更多地专注于研究和信息传达等职责，与藏品管理和护理相关的工作则由其他专业角色承担。❺ 小型博物馆若无法聘用以上这一系列的工作人员，则可能会期望由一名策展人去履行其中的大部分职能。

目录

第一部分　博物馆与收藏 / 1

第一章　什么是博物馆？/ 2
博物馆起源 / 3
古典时期的学术研究与"缪斯庵"（museion）/ 4
中世纪欧洲，文艺复兴与私人收藏 / 5
启蒙思想与博物馆 / 6
国家博物馆在欧洲的建立 / 8
19世纪的博物馆 / 9
今日的博物馆 / 10
博物馆类型 / 12
博物馆做什么 / 15
博物馆的社会、文化及经济价值 / 17

第二章　收藏政策、构成及实施 / 18
我们为什么收藏 / 19

博物馆如何收藏 / 22
收藏指令 / 24
藏品发展政策 / 25
收藏的法律及道德要求 / 27
敏感藏品的收藏 / 28
馆藏合理化 / 32
藏品出借 / 35
当代藏品的收藏 / 36

第二部分　管理收藏 / 39

第三章　新藏品的研究及入藏 / 40
藏品收购政策 / 40
藏品收购流程 / 42
报价或潜在购买的记录 / 44
藏品来源及所有权确认 / 46
藏品入馆流程 / 47
入藏 / 48
收藏信息 / 49
退出程序 / 51
退藏政策 / 52

第四章　对藏品进行分类、记录和编目 / 54
藏品管理 / 54
藏品管理政策 / 55
策略、计划和流程 / 56
藏品管理标准 / 57
藏品存档 / 60

藏品传记 / 60
藏品归档政策、计划和流程 / 61
藏品管理系统 / 62
藏品分类 / 62
移动控制 / 64
出借政策 / 64
接触政策、计划和流程 / 66

第五章　藏品的装卸、存储和藏护 / 68
藏品保管及藏护的政策和计划 / 68
预防性藏护 / 70
预防性藏护：基本原则 / 70
环境条件 / 72
环境监测和控制 / 76
被认可的材料和清洁物 / 76
藏品的装卸、包装和运输 / 77
藏品的存储 / 80
藏品状况报告和库存盘点 / 81
补救性藏护 / 82
修复 / 82
与藏护师一同工作 / 84
藏护规划和风险评估 / 管理 / 85
藏品安保 / 85
防灾规划 / 86
馆藏保险 / 86

第三部分　展示和诠释藏品 / 89

第六章　展示藏品 / 90
永久展示和临时展览 / 91
展示的原因 / 92
内部及外部协作 / 93
博物馆展示的基本原则 / 93
展示和展览概念的产生 / 94
概念与内容的发展 / 96
博物馆的展示类型 / 97
展示设计 / 100
设计步骤 / 106
展示及展览的制作 / 109

第七章　藏品的诠释 / 110
对藏品的思考 / 110
诠释的规划 / 114
诠释策略 / 115
诠释的方法 / 118
博物馆文本 / 123
博物馆文本的呈现 / 125
博物馆文本的内容 / 126
视听方法 / 数字技术 / 多媒体 / 128
亲身体验 / 130
参与感和观众的贡献 / 130

第八章　博物馆的受众 / 134

博物馆体验 / 134
藏品在博物馆教育中的作用 / 137
博物馆受众和学习 / 139
了解和发展博物馆受众 / 141
观众分类和受众细分 / 142
博物馆资源及体验评估 / 145
衡量（产品）影响力 / 148
主动参与 / 149
接触政策及计划 / 151

第四部分　博物馆策展人 / 155

第九章　今天的策展人 / 156

今天的博物馆 / 156
博物馆的劳动力 / 157
博物馆策展人的定位 / 158
未来的策展人 / 159
博物馆藏品和研究的价值 / 160

注释 / 163
参考书目 / 206

第一部分
博物馆与收藏

第一章
什么是博物馆？

国际博物馆委员会（International Council of Museums，简称 ICOM）成立于 1946 年，是一个国际非政府组织。该组织不仅与联合国教科文组织（United Nations Educational, Scientific and Cultural Organization，简称 UNESCO，为联合国专门机构）保持正式合作关系，同时具有在联合国经济及社会理事会（United Nations Economic and Social Council）的咨商地位。❶ 国际博物馆委员会为全球博物馆专业人士建立沟通网络提供支持，并且"致力于为世界上现存的与将来的、有形的与无形的自然文化遗产提供保护、延续，以及社会交流"。❷ 在思考到底何为博物馆时，我们不妨从国际博物馆委员会当前的定义开始：

> 博物馆是为社会及其发展服务的非营利性常设机构，向公众开放，以教育、研究和欣赏为目的，获取、保存、研究、交流和展示人类及其环境的物质和非物质遗产。❸

这一定义包含了值得进一步探索的几个观点。首先，根据国际博物馆委员会的定义，博物馆是一个"机构"，是机构组织就会以某种方式被正式管理。此外，它应该是一个"非营利"机构组织，那它就不会积极寻求营利，反而会将所有盈余投回到机构的运作中（这一点与主题公园或者热门娱乐场所形成了鲜明对比）。"向公众开放"这一点对于今日的博物馆来说似乎是显而易见的一条要求（尽管也并非一直如此），并且博物馆应该"获取"和"保存"（人类和人类环境的）遗产，这一点看起来也是重要的必需条件：它意味着博物馆作为机构去获取物品是因为这些物品将有助于博物馆实现自身价值，并且博物馆将会保存和维护这些物品。❹ 除此之外，能够"向公众开放"这一点自然也同样重要：这说明博物馆应该允许观众欣赏馆内所拥有的物品，同时这些物品需要有相应的诠释。最后，"人类及其环境的物质和非物质遗产"所涵盖的范围提及了"物质（有形）"与"非物质（无形）"，这一点很具启发性，因为它反映了我们对于这类遗产性质在态度上的转变，承认它既可以是实体（例如物件和建筑物等），也可以是非实体（例如民间法、舞蹈、口口相传的传统和记忆等）。

国际博物馆委员会对于博物馆定义的某些内容也可能会引发一些质疑。比如，该定义认为博物馆应该是"常设（永久性的）"，那么它应该具有长久的寿命并且有能力随着时间流逝不断发展。这一标准则将一些"快闪"博物馆或是一次性的短暂活动的想法排除在外。而"为社会及其发展服务"这样的表达所涵盖的内容颇有些乌托邦式的理想化色彩，不过我们还是会问社会究竟是什么，以及社会应该怎样发展。最后，这个定义中的一些元素也启发人们进一步思考："教育"和"研究"一定是博物馆职责的必要部分吗？"研究"人类及其环境又是什么意思？不仅如此，人们可能会思考在博物馆内的"欣赏（享受）"这个概念：在博物馆空间内的经历一定是欣赏和享受吗？这些问题在博物馆领域常常被热议，也会在本书的后续章节中重点提及。❺

博物馆起源

为了探索当代博物馆是什么、做什么、有利于什么，我们有必要去追溯它在欧洲的起源。几千年来，世界各地都有个人和团体收集各种物件的行为，这些物件或是具有宗教、超自然、经济、美学、历史价值，或是单纯出于好奇而被收藏。❻ 藏品应该被保护并向公众陈列展出这一想法则是一些早期博物馆与当代博物馆之间最根本的区别。

历史学家们常常希望能够找出历史上第一家博物馆——藏品得到保护并且对外展出。❼ 就这一点而言，建于美索不达米亚乌尔（Ur，位于今天的伊拉克）的恩尼加尔迪-南那博物馆（Ennigaldi-Nanna Museum）受到了关注：1925 年考古学家伦纳德·伍利（Leonard Woolley）在挖掘一座建于约公元前 530 年的巴比伦宫殿时，发现了当时已知最早策划展出的藏品。❽ 这些藏品来自不同地域和时代，经过排列布置并添加了标签，好像就是为了供人欣赏和研究一样。❾ 人们认为这个"博物馆"的策展人是恩尼加尔迪公主（Princess Ennigaldi），新巴比伦王国的末代国王那波尼德斯（King Nabonidus）的女儿。❿ 不过，目前仍然难以确认位于皇宫建筑内的这些藏品对于公众的开放程度。

古典时期的学术研究与"缪斯庵"（museion）

"缪斯庵"初见于古典时期（约公元前 8 世纪至公元 5—6 世纪的欧洲），据称是现代"博物馆"（museum）一词的词源。⓫ 古希腊神话中 9 位缪斯女神是宙斯的女儿，也是知识和艺术的化身，而古典希腊世界中的"缪斯庵"（museion 或 mouseion），则是祭祀 9 位缪斯女神（或是受到缪斯保护）的庙宇的名称。由托勒密一世（Ptolemy I Soter，约公元前 367—公元前 283 年）建造，位于埃及亚历山大的缪斯庵是最为出名的庙宇之一。⓬ 它的起源很大程度上归功于亚里士多德于公元前 4 世纪 40 年代中期在雅典成立的吕克昂

（Lyceum）学院，这所学院会集了一众学者和学生进行系统学习和研究，与现代大学十分类似。正是在吕克昂学院，"博物馆"与藏品收集和研究开始产生联系；亚里士多德在这里对各种植物进行收集、研究、记录与分类。不过，尽管吕克昂学院和亚历山大神庙里可能设有各类图书馆，但是其中却找不到我们现今在博物馆里能够看到的藏品。

然而，在古典希腊世界里还有其他收藏：有时候是神庙祭品或是向公众开放的珍宝，包括绘画、雕塑、"异域物品"，以及"天工之巧"。❸希腊城邦帕加马的统治者阿塔罗斯一世（Attalus I Soter，公元前241—公元前197年在位）会把来自被他征服的岛屿上的绘画和雕塑收集起来，然后将它们放在户外空地上或者室内长廊中。❹公元前200—公元前60年的古罗马也能清楚找到类似的雕塑用途：随着罗马帝国的不断扩张，希腊雕塑被用来装饰逐渐增多的建筑和纪念碑，以宣扬帝国的权力与影响力。❺

中世纪欧洲，文艺复兴与私人收藏

在欧洲中世纪时期（约5—15世纪），那些从人文角度来看十分重要、富有艺术性、稀有且珍贵的收藏，往往为权贵所有。而由君主、教会领袖和贵族们开创的私人艺术和雕塑品收藏，本意就是铭记和表现虔诚，同时这些藏品也具有经济价值。16世纪前，两个新词出现在意大利语中，并反映了这一收藏活动："galleria"（一间长而宏大的房间，里面陈列的绘画和雕塑由房间的一侧照亮），以及"gabinetto"（一间方正的房间，以自然历史标本、金属货币和珍品古玩为特色）。在德国，"Kammer"和"Kabinett"开始用于命名一些特别指定的私密空间（尤其是Kunstkammer针对艺术类，Schatzkammer针对的是极具价值的宗教和艺术类珍宝，而Rustkammer针对那些盔甲类收藏）。在英语中，"gallery"这个词如今指代的是绘画和雕塑陈列展示的地方，而当时它们都是绝对私人的场所，只能被有特权的个人访问，或是为小部分特邀观众的私人娱乐开放。

紧随中世纪之后的古典知识和价值的复兴时期对于欧洲私人收藏的发展是一段重要时期。文艺复兴时期（约1450—1700年）是求知、探索和创造的时代，旅行和商业活动也在这一时期兴盛起来。随着更多的物品和标本被获取，这样兴盛的氛围也促进了富人和学术人士将藏品进行组合，比如手工物品系列，例如那些具有智慧价值、艺术性和货币价值（非天然的）的硬币、徽章、绘画和雕塑，以及自然标本或者珍稀古玩（天然的）。⑯被广泛接受的惯例是将物品放置在柜子或者盒子里并进行排列和分类，这些柜子或盒子一般位于收藏者的住处或工作场所中的指定空间（被称为"多宝橱"，cabinets for the curious 或是 *Wunderkammer*）。这里可以招待特别来宾和收藏家同行们，而藏品可以展示所有者的权力、高雅品味，以及受教育程度。⑰极少数精选出的藏品能够向公众中那些特权成员展示，不过通常都会设限，需经特许方能观看。

启蒙思想与博物馆

启蒙运动时期（约17世纪晚期至18世纪早期）对于欧洲博物馆的发展而言是一段重要时期，这一时期建立的博物馆机构已经同现在的博物馆非常相似。在启蒙哲学、全球探索、工业化发展这段时期里，人们再次尝试通过对物品的收藏及科学分类去解释这个世界，尤其是那些他们感觉充满异域风情的、罕见的，以及不同寻常的物品。重要的是，17世纪末期几个被称为"博物馆"的全新机构在欧洲成立，它们的任务是使普通大众能够接近文化遗产。

英国最古老的博物馆通常被认为是位于伦敦塔内的皇家军械博物馆（Royal Armouries）：从1592年起，公众里的精英人士可以申请参观藏品的许可；1660年，更多普通观众可以付费参观某些特定的舞台展览。瑞士巴塞尔的阿默巴赫陈列柜（Amerbach Cabinet of Basel）被认为是世界上首个由市政所属的公开收藏：1661年，市政府购得了来自富裕律师、学者兼收藏家巴西利厄斯·阿默巴赫（Basilius Amerbach，1533—1591年）的藏品，并于1671年起将藏品向公众展示。然而，它主要的功能还是作为一间用于研究的图书馆，和如今的博物馆相比展出的场地十分有限。

一些历史学家将位于牛津的阿什莫林博物馆（Ashmolean Museum）视为首个向公众开放的博物馆。❶ 自然历史及民族志相关的收藏最终构成了阿什莫林博物馆，而这些收藏的形成归功于老约翰·特拉德斯坎特（John Tradescant，1570—1638年）和他的儿子小约翰·特拉德斯坎特（1608—1662年），两人在17世纪早期曾是查理一世国王（King Charles I）的园丁。❶ 他们的特拉德斯坎特博物馆（Musaeum Tradescantianum）在位于伦敦朗伯斯区的一座宽敞的房子"方舟"（The Ark）里展出，在那里大众只需要花上6便士就可以欣赏藏品。❷ 特拉德斯坎特父子去世之后，这些收藏归富裕的政治家兼古文物收藏家伊莱亚斯·阿什莫尔（Elias Ashmole，1617—1692年）所有，随后他将收藏悉数赠予牛津大学，唯一的条件是需要牛津大学提供一栋能够让藏品对公众展示的合适的建筑（于1683年如期开放）。❷ 入场费也有不同：1683—1697年，尽管费用有时会便宜到6便士，不过大多数观众需要支付1先令。❷

另一些历史学家则认为位于罗马的卡皮托里尼博物馆（Capitoline Museums）最早对公众展出其艺术收藏。对古典雕塑的收藏最初开始于15世纪70年代教皇西克斯图斯四世（Pope Sixtus IV）作为罗马教皇的艺术收藏，藏品规模也通过后世教皇的不断赠礼而不断增加。18世纪它最终作为对公众展出的博物馆开放。而位于佛罗伦萨著名的乌菲齐美术馆（Uffizi Gallery），它的起源也能追溯至那一时期：第二代托斯卡纳大公（1541—1587年）弗朗切斯科·德·美第奇（Francesco de Medici）和第三代托斯卡纳大公（1549—1609年）费迪南多（Ferdinando）·德·美第奇的收藏从1582年开始对部分公众开放，不过参观需要特别申请。

因此，尽管阿什莫林博物馆或许率先为了学院讲师、学者和学生的利益开设了永久对外的展览，但我们也可以说卡皮托里尼博物馆的收藏基于更早的15世纪。不过，如果我们认为博物馆必须是一所"不追求营利、服务于社会及其发展，并向公众开放的永久性机构"，㉓那么欧洲第一所真正的"博物馆"必须是一个对全体大众完全开放的机构，而非仅仅开放给少数精选的和特权人士，而这一发展从18世纪中期才开始发生，那时国家性的博物馆刚开始建立。

国家博物馆在欧洲的建立

18世纪50年代，政府开始考虑其有责任建立一个机构用来保存和保护一批向公众开放的收藏。1753年，内科医生兼博物学家汉斯·斯隆爵士（Sir Hans Sloane）去世之前，提出将自己大量令人印象深刻的收藏留给"英格兰国家"，藏品包括硬币、徽章、书籍、版画、手稿、一间植物标本馆，以及"有关古代习俗的收藏"，捐赠条件是政府给予他的继承人一定的补偿，并且提供放置和维护藏品的设备。而在1753年国会通过建立大英博物馆的法案时，他的收藏、罗伯特·科顿爵士（Sir Robert Cotton，1570—1631年）的收藏，以及哈利家族第一牛津伯爵罗伯特·哈利（Robert Harley，1661—1724年）的收藏，最终共同构成了大英博物馆的基础，这一法案宣告以上所有藏品都将"受到保存和维护，同时不仅服务于所有好学求知的人群用于研究和消遣，也为大众的利益普遍使用"。㉔大英博物馆于1759年对外免费开放，其每天发放的门票数量有限，并且需要提前申请。㉕

到了18—19世纪，大英博物馆的案例被全欧洲复制。随着启蒙思想的自由与平等观念逐渐生根，各国王室和政府面对不断增加的

8

压力而开始让公众得以接近皇家收藏，或是建立由国家或王室资助的公共博物馆。许多国家博物馆的建立都与19世纪国家意识的觉醒，以及全欧洲范围内大众被赋予选举权紧密相关。

19世纪的博物馆

19世纪40—90年代见证了公共博物馆在全欧洲范围内创立和建造的非凡风潮，这一时期也被认为是"博物馆时代"。公共博物馆的发展时期也正值其他公共机构或者旅游景点的增长期，例如商场、公共公园及各类全球博览会等，同时发展的还有交通旅游行业。许多人相信博物馆能够为大众提供指导、教育及娱乐，并且有助于向人们灌输一定程度的纪律与约束理念。㉖ 在这样一个尊崇慈善事业和公民自豪感的时代，国家和地区相关部门建立博物馆的初衷是服务于公益事业，这样的举动也扩散至整个欧洲。

在英国，许多政府内部人士希望能够通过社会改革来解决城镇地区的工业化及人口过剩带来的问题，而这一期望也促进了公共博物馆的发展。《1845年博物馆法案》（即"为鼓励在大城镇建立博物馆法案"，Act for Encouraging the Establishment of Museums in Large Towns）是英国博物馆历史上的一个重要发展：现在，地方当局被允许征收少量税款用于建立和支持博物馆。㉗ 不仅如此，考古学和人类学的相关研究在这一时期发展得尤为兴盛，而专业学者们也在传教士、旅行者，以及殖民地官员这些合作者之间建立了联系网，目的是收集物件、画像及全球各地的相关信息和历史。这不仅对于将收集的物品与英国和整个欧洲过去历史相关信息、资料组合在一起，也对于将这些内容向公众展出具有重要作用。另外，在19世纪的英国，许多地方性的考古博物馆、地理博物馆及自然历史博物馆也由一些学术团体建成，而这些团体的成立者多为接受新兴教育的富裕中产阶级。㉘ 在第一次世界大战之前，英国许多大城镇都拥有自

己的市政博物馆，馆藏藏品由当地相关部门持有并永久托管。㉙

今日的博物馆

自 20 世纪中期开始，博物馆的数量在全球范围内大幅增长：20 世纪 80 年代的英国，差不多每周有 3 所全新博物馆开门迎客；在中国，博物馆的数量从 21 世纪初的 1400 所增加到现在的 5000 多所；而中东地区在过去十几年中也有针对众多新建的超大型博物馆（mega museums）的重大投资。㉚ 在 20 世纪后期的英国，博物馆雇用的工作人员数量显著增加，而国际博物馆委员会的会员数量也从 1974 年的 1000 人增加到 2006 年的 18 万人左右。㉛ 要概括小型、中型和大型博物馆所需员工的数量是比较困难的，如果要估算某个任意时间点全球范围内在博物馆工作的人数则是难上加难。在博物馆工作的员工可能是全职或兼职，可能签订的是定期雇用合同或者长期合同，可能是带薪或者无薪；对于大多数博物馆而言，大批志愿者起到了重要作用。

博物馆在某个国家和地区运营，必然需要遵守当地的政治和经济框架准则。这就意味着，博物馆所接受的政治和经济支持不尽相同，因此它们必须采用相应的方式、方法来应对这些不可避免的变化。㉜ 许多博物馆尝试借鉴公司组织中的管理架构和工作方式，在内部采取措施以增强自身在休闲娱乐领域的竞争力。㉝ 这些措施包括创建新的博物馆架构计划、方向和目标，引进额外且更加多元的创收方式，以及部门重组与合理化。㉞

博物馆运营方式常与政府政策紧密联系：国家公布的指导方针定义博物馆是什么，应该做些什么，可以接受哪些支持，这样的指导方针存在于很多国家，而博物馆被鼓励遵守这些指导方针。㉟ 这些政策与指导都充分体现出行业标准，通过例如国际博物馆委员会这样的组织策划完成。不过，并非全球所有国家都有和博物馆相关的正式国家博物馆在某个国家和地区运营，必然需要遵守当地的政治和经济框架准则。这就意味着，博物馆所接受的政治和经济支持不尽相同，因此它们必须采用相应的方式、方法来应对这些不可避免的变化。

立法及规章制度，而且这些规章制度在其本质和特异性上也有很大差异。一些国家执行的是国家注册方案，机构组织必须获得授权才能被认可成为官方博物馆。注册认证的标准和流程因国家不同而异，而注册方案可以由国家政府执行或是指定由某个独立机构执行。例如，在美国，注册方案由美国博物馆联盟（American Alliance of Museums；前身为美国博物馆协会，American Association of Museums，简称均为AAM）负责执行，而在英国，则是由英国艺术委员会（Arts Council England）执行注册方案。㊱国际博物馆委员会已经建立了自己的《博物馆道德规范》（Code of Ethics for Museums），提出了博物馆运营必须符合的最重要的行业标准及执行等级。㊲这些规范准则作为博物馆工作者的指导方针，应该对任何博物馆的工作起到影响：

- 博物馆保存、诠释、推广人类自然和文化遗产。
- 博物馆从社会及自身发展的利益出发托管和维护这些藏品。
- 博物馆拥有发现和推进知识的第一手材料。
- 博物馆为欣赏、理解和管理自然及文化遗产提供机会。
- 博物馆掌握为其他公共服务和福利提供机会的资源。
- 博物馆藏品来源于社会团体，服务于社会，并与其密切合作。
- 博物馆以合法形式运营。
- 博物馆以专业方式运营。

博物馆类型

博物馆的规模（不论是藏品规模，还是建筑规模及人员规模）、类型、活动、目的和目标受众有众多差异，有由政府补贴、每天开放、部门界定清晰的大型国家博物馆，也有那些由志愿者运营、有独立信托、空间有限且依靠私人捐赠、一周开放一次的博物馆。

博物馆可以按照创建方式、资金来源或是管理方式的不同而进行归类：

- **国家博物馆：** 从中央政府获得部分资金。
- **当地政府提供资金的博物馆：** 某些资金由当地政府部门给予。
- **信托和慈善机构：** 从捐赠和募捐中获得收入。
- **独立博物馆：** 运营方式可能更加类似于企业组织。
- **大学博物馆：** 由综合大学监管，并为其提供全部或者部分运营成本资金。
- **企业博物馆：** 归属于公司且由公司运营。
- **军事博物馆：** 由军队提供部分资金。

博物馆还可以根据其服务的地区（例如国家、地区、区域、乡村、城镇）进行分类；或是根据其服务的对象划分（普通大众、专业观众、年轻观众等）；也可以参照藏品展示和解释说明的不同方式进行（强调互动性和科技性、采用三维景观或是时代展室、系统性布局、主题性布局、沉思型布局，或是发生在"户外"的体验）分类。一所博物馆的建立原则、使命及工作团队可能更加密切聚焦于研究和教育方面，而另一所可能更热衷于娱乐大众并鼓励人们参加。㊴

藏品是绝大多数博物馆的核心，因此另一种博物馆分类方式是以其藏品本质为依据：

- **历史或社会历史博物馆：** 所藏物品与某个特定社会、人物、地域和时段相关。这些藏品可能包括考古资料、自然历史样本及人体残骸。
- **民族博物馆：** 所藏物品有助于研究人与文化，可能会根据地方和人群进行分组。
- **自然历史博物馆：** 动物、植物和地质标本，或许也有人体残骸。这些物品可能源于某一特定区域或时期。
- **科学和科技博物馆：** 所藏物品有助于研究科学相关学科。部分

13

从历史角度而言,许多博物馆的建立都是希望通过对于历史物件专注而深入的学习,从而研究和理解人类、文化、想法和概念。

科学"博物馆"可能没有很多（甚至完全没有）藏品，因此会被视为科学中心。
- **美术馆：**来自许多不同时期、不同风格和地区，由众多艺术学派和艺术家制作的艺术作品。
- **历史建筑环境和自然景观：**有时会将它们和博物馆相区别，尽管它们中的许多藏品仍然包含历史物件，并且提供和历史博物馆相类似的体验。一栋历史建筑可能会被认为其本身就是一件"藏品"。

博物馆常常会包含各种不同的藏品，并且涉及若干领域。

博物馆做什么

正如前面所展现的，很多博物馆始于一些漂亮而稀有的物品收藏，这些收藏属于私人或是某些特权人士。到了19—20世纪，"博物馆"一词开始表示收藏那些对文化、历史和自然具有重大意义并且能让普通大众接触到的藏品的建筑。从历史角度而言，许多博物馆的建立都是希望通过对于历史物件专注而深入的学习，从而研究和理解人类、文化、想法和概念：这就强调了对藏品的收集、保存、研究、展示和诠释依旧存在于我们对于什么构成了今日的博物馆的定义中。

对于博物馆必须在社会中扮演的角色及它们具有的价值，与此相关的看法常常发生变化。例如，我们会认为博物馆属于更大领域的娱乐休闲行业，与剧院、电影院和购物中心等其他娱乐设施竞争。到20世纪90年代，英国的博物馆遭受了资金拨款缩减的影响，许多博物馆便开始通过更加商业化导向的方式寻求自身运作的支持和复兴。[39]这就导致众多博物馆采取措施将资产"商品化"、将产出物货币化（例如研究及专业知识、展览、公共项目，以及可用于出租的场地），并且专注于通过定向市场营销、公关及观众评价的方式来吸引更多观众。㊵一些人提出博物馆已经逐渐远离了作为提供教育体验的组织角色，而是在这个消费者社会以消费为目的将"历史遗物和事件"商品化。㊶

传统意义上而言，博物馆的主要功能之一是教育：博物馆可以作为课堂之外非正式学习的宝贵场所，在这里鼓励探求式学习、开发式学习和自主学习。许多博物馆都会有教育的目的和目标：或许正是维持这种教育角色能将自身与"商业的主题公园遗产"相区别，后者可以被归类为大众娱乐，而非教育。㊷

博物馆还扮演激发观众灵感的角色，就如同一个竞技场上，观众能够与自己的情绪相联系，并且在智力方面之外的其他方面反思和发展。博物馆可以带来公众对社会、政治和文化发展的关注，并且鼓励与此相关的引人深思、充满新意同时又相互尊重的对话，也许会激发出某些唤起反应和情绪反应："容纳不安全想法的安全场域。"㊸假如我们回到博物馆的历史并且回顾亚历山大神庙的性质，它作为学习、探索和公共讨论的中心，这些与现代博物馆的相似点便十分明显了。

博物馆为谁而存在、代表着谁，这是一个既复杂又重要，同时又富有挑战性的问题，而这个问题恐怕无法在本书中进行深度讨论。对博物馆提出的要求会因为国家或地区优先处理的事务及政策而频繁改变，博物馆因此必须不断定位自己。㊹同时，博物馆也必须积极设法让公众融入并参与到它的活动中，并确保受众尽可能广泛而多元。在20世纪后期博物馆行业经历了一次改变：这个时期许多人开始质疑，为何博物馆迎合的主要是（或者在某些情况下仅限于）精英观众群，而这些人仅仅代表了总人口中的很小部分。㊺一种全新的博物馆评判方法开始成型：新博物馆学运动。㊻传统的藏品展示方式被质疑，人们呼吁博物馆要让自身能够变得更加大众化。㊼这些问题会在本书第八章和第九章进行更加详细的审视。

博物馆的社会、文化及经济价值

在促进和维持一个国家的社会、文化、经济发展这一方面，博物馆可以扮演重要角色。作为收集和保存社会的文化与自然遗产证据的机构，它们有助于群体、地区及整个民族探索自己的身份和归属，也有助于他们思考和构建可能的未来。❹在身份构建和维护上，这个角色都强有力地论证了社会上任何一所博物馆的价值。❹

博物馆的其他社会贡献也不难被发现：它能够作为一个群体的聚焦；可以成为一个组织的领导或者支持力量并主持各类文化活动和事项；它还能促进志愿项目、群体活动或培训计划并且提供各种契机。❺一个区域或是群体的社会再生与物质再生则与这些博物馆带来的事业密切相关。作为一个令观众感到充实和愉悦的场所，以及能让观众体验到认可、指引和幸福感的地方，博物馆为个人、集体和所有群体的社会发展提供着宝贵经历。❺公共服务这一角色有益于个人、集体和所有群体的社会福利，而这一角色对于当代的博物馆越发重要。

在经济发展、城乡复兴方面，博物馆常常发挥着作用，也被视为旅游胜地。的确如此，博物馆和遗址地作为"消费场所"能促进周边的发展和刺激投资，正是这个角色使它们能够持续吸引资金支持。❺新社群的形成或是一个地区的再生与重新开发都会包含对于博物馆这样的文化设施的规划。

第二章
收藏政策、构成及实施

本章将探讨博物馆如何进行收藏和收藏些什么。一个合乎逻辑的方法是从考虑收藏家的含义及收藏这一行为的含义开始。了解收藏行为的性质、收藏的历史，以及藏品在博物馆中被使用和展示的不同方式能有助于策展人的工作，使他们能够更全面地了解自己负责照料的藏品的历史和发展前景。

与囤积行为不同的是，收藏家积极寻求的是他们特别感兴趣的和带有象征意义的物品。收藏家还会通过多种解释将自己所购藏的物件进行合理化，并通过某种方式对自己的收藏进行整理或安排。❶ 收藏家可能也渴望同时代的人们能够欣赏自己的收藏，将其作为一种宣传自己的鉴赏力和品位的方式。一旦物件以这种方式被收藏了，它便有了主体地位和象征意义，如果它们不再被使用，它们便被收藏家所拥有。❷ 社会学家和文化理论家让·鲍德里亚（Jean Baudrillard）指出，一件物品曾经的功能对收藏家来说通常是无关紧要的：一张旧邮票是否能被贴在信封上或一辆旧汽车是否还能使用变得远不如拥有物品本身来得重要，它们的使用功能已被放弃。❸ 此外，在物品被收藏时往往会被赋予社会意义，例如地位、声望或财富的暗示。收藏家自己会将"道德和经济价值"附加到物品上，这可能有助于塑造他们的身份并为他们的生活带来意义。❹ 一般来说，收藏家绝不会只满足于收藏一件物品：一件藏品只有通过它与其他藏品的关系才能发挥作用，通常会需要拥有一整个序列的收藏。就如苏珊·皮尔斯（Susan Pearce）指出的，物品具有社会意义，但"这些意义是通过从精神和实体的角度将其安排成一组产生的"。❺ 有时候拥有一整套藏品会成为藏家的目标，而达成整套收藏就意味着完成了一项"使命"。❻

我们为什么收藏

博物馆在馆内和馆外进行物品收藏的多种原因如下：❼

- 学术兴趣可能成为收藏的动机：收藏家可能是一位历史学家并希望建立一组在历史和文化上具有意义与关联的收藏。他们也学会对藏品展开研究，并利用这些藏品增加对于某个主题、人物或时间段的知识。
- 收藏可以带来愉悦，满足审美欲望，以及拥有（某物）的需求。拥有一件藏品或建立一组收藏为人们提供了一个"逃避时间""超越时间""将实际的时间转化为系统维度"的机会。❽
- 一些收藏家利用他们的收藏和收藏活动来增强对于自己的定义，也许是为了给他们的生活带来更多意义，并形成一种身份。
- 收藏可能是为收藏家的生活带来秩序和结构的一种方法。❾ 如鲍德里亚所说："因为物品是耐腐蚀的材料（resistant material），它同时也是一个由我支配的精神领域，一个其意义仅由我自己支配的东西。"❿
- 收藏意愿也可能是由纯粹的贪婪导致。就如约翰·埃尔斯纳（John Elsner）和罗杰·卡迪纳尔（Roger Cardinal）发现的那样，"当一个人意识到自我时，这个人会成为有意识的身份收集者，将自己的存在投射在朝夕相处的物品上。品位，收藏家的品位是一面自我的镜子"。⓫
- 收藏可以是一种社会可接受的支出和消费形式，特别是艺术当一个人意识到自我时,这个人会成为有意识的身份收集者,将自己的存在投射在朝夕相处的物品上。品位,收藏家的品位是一面自我的镜子。

品，被认为是一种相对直接和安全的投资形式。可能存在以后从藏品出售中获得一些经济利益的目的。
- 收藏还可能被竞争推动：成为渴望将自己的商业活动从"董事会和市场延伸至拍卖行和沙龙"的结果。❷ 与此相关的还有对不朽的渴望：一些人创建收藏是因为他们希望这些收藏在他们过世后也能长存，并能保留他们的记忆。
- 收藏物品的动机通常可能是希望表达想法或展现品位及社会地位，这可能有助于进一步实现社会进步。"炫耀性消费"一词最初在19世纪出现，如今通常被用来形容为了展示个人经济上的成果和权利而购买和收购奢侈品的行为。由于这类展示通常公开进行，也因此成为一种提高社会地位或保持特定身份的方式，以及一种显示个人财富的方式。根据社会学家皮埃尔·布尔迪厄（Pierre Bourdieu）对文化品位产生和流通方式的研究，当我们思考个人为何要收藏某类物品时，要考虑到对社会认可或地位的争夺是很重要的。❸ 他对于文化消费的社会学研究断言，统治阶级在尝试维护社会地位时通常涉及强调和展示文化特点与差异的实践。❹ 在社会的权力关系中，文化资本可以发挥重要的作用：文化的符号和分类频繁地被用作权力工具，为"非经济形式的通知及登记制度提供了手段，因为阶级之间通过品位区分自己"。❺
- 收藏可能是出于对过去的起源和声誉的关注而实施的。通过某些物品，收藏家也许可以识别过去，并将自身与某些著名的历史人物或某个特定时刻联系起来。这也可能与提高地位和声誉的尝试有关。

不同的收藏家会以各自不同的方式处理收藏。他们的收藏活动可能是偶然的，受好奇心或个人兴趣等所驱使。收藏也可能是"恋物癖"式的行为，收藏家关心的是尽可能多地收集相同或相似的物品样本。最后，收藏也可能是系统化的，收藏家使用有计划的和慎重的方法，以全面且深思熟虑的方式构建藏品，也许甚至是为了通过收藏说明一个特定的观点或想法。[16] 当这种方法的区别出现时，我们会对他人的收藏活动做出判断：社会通常会认为某些类型的收藏会比其他类型的更有价值。[17]

收藏是一项承载着文化并具有深远意义的活动：这是一种人类与物质文化之间的互动，而不仅仅是将物品聚集在一起。[18] 将收藏看作一种文化系统（尤其考虑的是博物馆收藏的时候）所得出的重要结论是：一件藏品最终会成为更广泛的项目或领域的一部分，它会同其他藏品在一起，并且构建出自己独特的信息。[19]

博物馆如何收藏

由于上述的某个或多个原因，个人努力搜集的收藏最终可能构成博物馆的基础。[20] 如第一章所述，第一批博物馆的形成源自那些因具有教育意义与研究价值而面向公众展示的收藏。收藏仍是当今博物馆的主要活动之一，并通常以此与休闲行业的其他组织区别开来。[21]

博物馆收藏中的物品通常被人们以某种方式进行估值，它们从原本的位置被移走并被以特殊的目的收集起来，通常来说会被永久地藏护于博物馆中。[22] 博物馆内的这些物品组合将被赋予某种意义，并且可能被用来传递某种信息和强化文化传统。[23] 以下这些是博物馆收藏可能随着时间被建立起来的原因：

- **拯救成组的物品：** 有时整组物品处于被毁或被私人所有者们（分别）收藏的危险境地时，可能会被"拯救"，形成一个博物馆。然后随着时间的推移再继续增添其他的藏品。
- **创建一个新的博物馆：** 一些个人或组织可能会因为（这个）特定的目的而积极购藏物品。

22

- **出于拓展的目的：** 填补现有博物馆的藏品空缺或以新的方式发展馆藏。
- **出于展示的需要：** 可能为了临时展览或新规划而收藏。
- **出于研究目的：** 例如自然历史或人种学博物馆会需要科学样本。

博物馆通过以下不同的途径收藏物品：

- **购买：** 这是一种主动的收藏方式，通常能够借此对现有藏品进行补充，或填补空白。博物馆一贯受可用资金所限，并非所有博物馆都有能力进行藏品购买。
- **主动无偿获取：** 博物馆工作人员或附属机构可能不需要用购买的方式就可以收集到藏品。在这种情况下，确保相关许可齐全和文档材料保存完好是很重要的。
- **通过野外调查收藏：** 许多自然历史博物馆和拥有大量考古学或人种学资料的博物馆都有权接受新发现的物品。这种系统性的收藏方法通常是一个更大的研究及收藏项目的一部分。
- **与其他博物馆交换：** 博物馆可能会向其他机构提供藏品，以便这些藏品可能得到更恰当的藏护并在其他地点展示（通常只提供给其他非营利组织，而不会提供给私人）。
- **捐赠：** 收藏家可能会在其在世时将藏品捐赠给博物馆，或在他们去世后将自己的收藏作为遗赠捐出。向博物馆捐赠的规模和形式千差万别，有些国家鼓励私人收藏家向博物馆捐赠藏品：比如提出此举能够降低遗产税。[23] 然而，并非所有对博物馆的捐赠都会被接受。
- **租借：** 可以向个人或博物馆借入藏品，以便获得一些收益或优化自身的馆藏，或者用于短期展览和特殊项目。

曾有一段时间，博物馆能够并愿意快速积累收藏。18世纪末和19世纪初的欧洲国立博物馆最初的雏形通常来自某个人的核心收藏，这样的收藏通常会为了彰显（收藏家）对世界的"占有与掌握"而迅速增长。㉕而由于资金与专业知识的流失，许多博物馆不再可能大规模增加藏品数量。不过，博物馆仍应继续积极和系统地增加馆藏。㉖

收藏指令

博物馆不可能广纳万物。一般来说，博物馆的空间、预算和员工数量都有限，因此应该采取现实的、具体的和可实现的收藏规划。㉗制订收藏规划应考虑：由哪些人员展开工作；这些人员应花多少时间在这项工作上；工作相对有多少可用资金；潜在的新藏品对未来的藏品保管和展示会带来怎样的影响。㉘一家博物馆如果持续接受所有被捐赠的物品，则有失去自身吸引力的风险，并且需要花费大量时间与金钱护理那些可能永远不会被呈现于公众面前的藏品。㉙一套收藏政策能够使博物馆确定自身的身份，其目的则很有可能是吸引观众并帮助博物馆保持与特定的社会或观众的联系。㉚

由一个人管理的，或由拼凑易变的收藏政策主导的收藏可能会受到利益相关者的压力、潮流或个人突发奇想的影响，这类收藏是为了表达特定的人或统治集团的世界观而构建，不免导致藏品室会有空缺和不一致。㉛因此博物馆应该制定并采用书面的藏品发展政策（Collections Development Policy，简称CDP），以确保所收藏的藏品能够有助于博物馆馆藏完成其整体使命。㉜国际博物馆委员会在其《博物馆道德规范》第2.1节"馆藏政策"（Collections Policy）中也提倡这种方法。㉝

藏品发展政策

博物馆的藏品发展政策是其藏品管理政策（Collections Management Policy，简称 CMP）的一部分，更多有关于藏品管理政策的信息见本书第四章，"藏品管理政策"，第 55—56 页。一套藏品发展政策会帮助博物馆识别所拥有的藏品、辨别藏品空缺、说明博物馆未来的收藏方向并附有作为参考的可用组织资源。❸ 这类政策会概述 5~10 年馆藏的具体藏护开发、运用和管理规划，并会包含以下信息：

- 博物馆的目的、使命和管理方法。
- 博物馆运作的法律约束和道德准则。
- 藏品发展政策被博物馆主管团体批准的日期、审查过程和日期。
- 博物馆已在藏的藏品及这些藏品是如何使用的。
- 现有藏品形成的历史背景。
- 藏品的优缺点，可能存在哪些空缺及可能如何填补空缺。
- 为什么博物馆应该在某些领域进行收藏，以及为什么要收藏这些特定藏品（即这些藏品如何帮助博物馆完成使命）。
- 博物馆对于馆藏发展的愿景，以及这一愿景会如何满足博物馆的目标。
- 藏品如何开发以服务于特定或少数观众群体。
- 现存的馆藏护理和展示的资源（空间、人员、材料、预算）。
- 以上资源是否持续可用，如果持续收藏，未来可能还需要哪些资源。
- 博物馆藏品如何能够得到适当的保存，以确保藏品及现有可预测的资源在未来也得以幸存。
- 博物馆会如何考虑出借藏品，以及出借的相关标准和要求。
- 由上述信息得出的购藏标准，并形成博物馆藏品收购政策。
- 博物馆的合理化计划、优先事项政策和退藏政策（Deaccessions

世界上许多国家都通过设立和执行法规来保护和控制重要文物因合法和非法贸易发生的转移。

Policy，对于后两类政策的更多内容见第三章，"藏品收购政策"，第40—42页，以及"退藏政策"，第52—53页）。

藏品发展政策是博物馆高层决策的一部分，并且应是博物馆管理政策和未来计划的一部分。藏品发展政策必须包含尽可能多的细节，且必须得到博物馆主管团体的批准。馆内工作人员必须知悉这一广泛适用的政策的存在。对政策进行定期的审查也很重要，以便能够评估政策的有效性和持续的实用性。

收藏的法律及道德要求

数世纪以来贵重物品的非法交易一直存在，这些物品可能从其原主人手中被盗，或者未经考古现场允许被带走，又或者获取方式违背当地或所在国的法律。㉟ 世界上许多国家都通过设立和执行法规来保护和控制重要文物因合法和非法贸易发生的转移。这类法规的范围、种类和程度因国家而异。博物馆或个人通过赠予、购买、遗赠和实地考察来获取藏品可能会困难重重，并且必须始终遵守某些法律和道德要求。㊱ 所有博物馆在运行时都应遵照国际博物馆委员会在其《博物馆道德规范》中规定的获取藏品的原则。㊲

1970年，联合国教科文组织制定了《关于禁止和防止非法进出口文化财产和非法转让其所有权的方法的公约》（Convention on the Means of Prohibiting and Preventing the Illicit Import, Export and Transfer of Ownership of Cultural Property）。㊳ 1995年，这一公约又由《国际统一私法协会关于被盗或非法出口文物的公约》（UNIDROIT Convention on Stolen or Illegally Exported Cultural Objects）进行强化。这一国际条约旨在解决文物非法交易问题，并获得了联合国教科文组织成员国的认可。这些公约要求公约成员国制定并遵守反对文化财产（其定义是"基于宗教或世俗原因，对考古学、史前史、历史、文学、艺术或科学具有重要意义的那些财产"）遭到非法转移的措施。㊱措施中包括例如检查购买的合法性，退回可能被证明是非法出口的物品、监管交易、实施刑事制裁，以及退回被证明是国家文化或自然遗产的重要组成部分的物品。㊵然而这些公约不具有追溯力，其条款仅适用于在1970年之后被认定为被盗或非法出口的物品。

旨在减少非法贸易和文物破坏的其他主要国际法规包括：

- 《关于发生武装冲突时保护文化财产的公约》（海牙公约）（1954年）；议定书（现称为第一议定书），1954年通过；第二议定书（1999年）。
- 《濒危野生动植物种国际贸易公约》（1973年）。
- 联合国《生物多样性公约》（1992年）。
- 《国际统一私法协会关于被盗或非法出口文物的公约》（1995年）。
- 《联合国教科文组织保护水下文化遗产公约》（2001年）。
- 《联合国教科文组织保护非物质文化遗产公约》（2003年）。

并非所有国家都批准了这些公约，然而任何博物馆的政策都应承认这些公约的存在并在馆藏政策中有所体现。㊶

博物馆必须在物品入藏前主动确认物品的出处和合法所有权，以避免购藏通过偷盗、非法获得、非法出口，或自保护场所非法转移而获取的物品。㊷物品的捐赠方或出售方必须能够证明他们获得该物品的合法性，并且必须向博物馆确认所有权的转让不会违反任何国际或国内的法规。㊸

敏感藏品的收藏

第一章中对欧洲博物馆早期起源的调查表明，许多博物馆的馆藏最初形成于 18 世纪和 19 世纪，即富有和有学识的人们展开世界旅行逐渐变得可能的时代。这也是许多欧洲国家寻求通过殖民向更广阔的世界中的其他人民和领土拓展自身权力的时代。这类活动通常导致来自其他国家和人民的物品从来源国转移到了欧洲的博物馆中。

这种物质文化的转移及其所有权的行使曾通过购买或赠予的方式合法进行。然而物品仍频繁地在未经来源国及其人民的同意的情况下被转移。积累被殖民国家的物质文化使欧洲人得以维护其所谓的优越感，并在那个民族主义兴起的年代彰显自己的特殊。在博物馆中呈现的故事让西方国家能够将自身的过去重塑成特定的版本，以此试图将自己的立场合法化。❹ 因此，伴随着通过帝国主义的利润建立的博物馆和收藏资金，西方众多博物馆馆藏的来源都根植于殖民主义。❺

今天，博物馆变得越来越有意识地，也越来越迫切地想要承认和讨论这些往事，以及一些馆藏富有争议的来源。❻ 除了承认这些问题外，许多博物馆还试图应对将机构去殖民化的挑战，在过去十几年中，致力于博物馆去殖民化的倡议、活动和展览显著增加。去殖民化的原因一直深受争议，由于许多欧洲博物馆的基础深植于帝国之中，一些作者认为这些博物馆永远无法彻底实现去殖民化。❼ 去殖民化博物馆应涉及：

- 承认殖民的过往；不仅对这样的过往如何影响到博物馆的当前运营及活动进行批判性思考，这样的批判也应用于更广泛的社会层面。
- 承认博物馆作为非西方物质文化的守护者的角色。
- 采取措施，对于这些物质文化的来源更加负责。
- 考虑到殖民主义不仅在博物馆展示内容中存在遗留问题，在运营、人员任用和管理中也有后遗症，在这些领域中也应做出改变。❽

作为最低要求，博物馆必须与非西方文化的收藏物品相关的社会机构紧密合作，以保证这些社会机构能够接触到藏品，并共享护理、展示和诠释藏品的权限。(49)

这类争议还延伸至是否考虑将博物馆藏品归还至其来源国或社会机构。这会是一个极具争议并令人动容的问题，经常引起激烈的辩论。(50) 还有很多相关问题需要考虑，包括获取这件（或这些）物品的合法性、物品在学术研究或科学研究方面的重要性，以及物品若被归还至其来源国，该如何护理和是否安全的问题。(51) 21 世纪，相关政策已发生转变：博物馆现在更有可能考虑将物品返回来源地（repatriation）的问题，并与相关联的多方进行合作。(52) 对于每件物品返回来源地的请求都应单独评估，具体问题具体分析：不同的博物馆各有不同的政策和程序，并且遗憾的是，其结果也许并不能皆大欢喜。(53) 不过物品返回（或归还）来源地已是一个逐渐普遍的做法，并且一些博物馆已同意将具有重要文化和宗教价值的物品、人类遗骸或圣物归还至其来源国。

博物馆中的人类遗骸收藏和展示是另一个从哲学、法律和伦理等多层面上具有挑战性和敏感性的问题。(54) 过去，一些博物馆可能仅将人类遗骸视为其馆藏中的一类典藏物品而已。而现在，大多数机构都承认对人类遗骸的展示和存储方面应采取相应的特殊措施。(55) 在英国，博物馆的人体遗骸相关措施在进入 21 世纪后已显著变化，很多机构已开始将这类藏品从馆藏中移出并归还至其来源国。(56) 在这一变化引起的辩论中，双方都有有力的论据，并且这类藏品的退藏过程并不简单。2005 年，英国文化传媒和体育部（DCMS）向博物馆颁布了针对这一领域的最佳实践的详尽说明。(57) 在很多国家，类似的立法现已生效，例如美国 1990 年的《美国原住民坟墓保护和遗返法》（NAGPRA），澳大利亚 1984 年的《原住民和托雷斯海峡岛民遗产保护法》。不同博物馆对这个问题的处理方式会有所不同，每个机构都应制定全面的政策，其中应包含藏品范围信息，今天，博物馆变得越来越有意识地，也越来越迫切地想要承认和讨论这些往事，以及一些馆藏富有争议的来源。

未来的收藏意向、藏品的存储、藏护、对公众开放及展示；以及考虑藏品返回来源地要求的程序。

馆藏合理化

大多数博物馆没有足够的空间对其拥有的每一件藏品给予充分的展示（甚或是存储）：被允许不断累积以填满所有可用空间的大型收藏会在藏品保管及经费方面造成极大的问题。随着博物馆对其构建信息的持续思考，以及对藏品性质及质量的保护，定期对藏品进行重新评估和削减是策展人工作中必要的一部分。❸ 这种重新评估可以通过重新安置、重新组织、重新分配或（重新）编目来完成。

退藏行为指的是物品被永久性地从博物馆馆藏中移除，其过程可能会是复杂的，常常是冒险的，甚至有时候是不道德的。通常博物馆购藏物品的目的即是永久保留它们，因此将这些物品从馆藏中移除就很有争议了。从最简单的意义上说，从馆藏中移除某些物品可能被视为对最初捐赠或购藏物品的捐赠方或收藏创始人的高度不尊重，也是对于希望看到这些藏品的博物馆观众的极大不尊重。❺ 有些物品无法从某些收藏中移除的原因甚至是法律层面的，事实上，世界上许多国家都禁止从指定的博物馆收藏中将物品退藏。对于一些博物馆来说，物品的处置还被视为一种缓解财务问题或提高收藏质量的方式。❻

然而对于博物馆来说，重要的是考虑其当下的收藏是否适配于机构整体的收藏任务。在有些国家（例如英国和美国），博物馆被允许实施藏品退藏，以作为加强其地位的一种方式。博物馆的收藏随着时间推移而增长和变化，如能悉心考虑、合规管理，退藏有时可以在有效的藏品管理中发挥作用。❼ 如果博物馆运营所在国可以合法退藏，那么考虑移除某件藏品的原因可能是：

- 藏品已经腐烂或损坏严重，无法藏护或者修复，并且不再适用于展示或教学等活动。应寻求藏品对应的专家和藏护师以确认是否属实。
- 该藏品不再适合博物馆的收藏范围，也不再与博物馆的目的和使命相关。收藏的模式可能受到潮流的影响，若如此则需要谨慎考虑。
- 博物馆不具备妥善护理藏品的资源。
- 现有馆藏中有数件相似或相同的藏品样本且这些样本的状况更好，或者有更多关于这些样本的信息。尽管也有可能及时发现有关该藏品的更多信息。
- 该藏品可能会与另一个博物馆的藏品交换，换得质量或类型更佳的藏品以加强收藏。
- 该藏品被发现是赝品、复制品，或者其身份与最初想象的不同。然而即使某件作品是赝品，它仍然可能是有趣的，或有其他的重要性。
- 该藏品会被归还给其来源国或个人及组织机构（见"敏感藏品的收藏"，第28—32页）。
- 该藏品可能被出售以帮助博物馆筹得资金，或购买"更好"的藏品。这是极具争议的一种做法，与大多数博物馆创立的原则背道而驰。有时，有些博物馆会受地方、州政府或部门之命出售藏品，在这种情况下，博物馆通常无法拒绝。❷ 英国博物馆协会（Museums Association）的《博物馆道德规范》呼吁博物馆"拒绝纯粹因为财务原因而处理藏品，除非这一举动能够显著改善人们从剩余藏品中获取的长期公众利益"。❸

有些博物馆决定绝不出售或交换任何藏品，有些则仅将一些藏品处置转交给其他的公共收藏，还有一些博物馆能自由出售或交换藏品以增强自身的收藏并为现存藏品的护理解冻资金。❹ 当退藏确实退藏行为指的是物品被永久性地从博物馆馆藏中移除,其过程可能会是复杂的,常常是冒险的,甚至有时候是不道德的。

发生并决定出售藏品时，通常只有在藏品售出所得能够使博物馆的其他馆藏、博物馆收藏或藏护活动受益时出售行为才被允许（见国际博物馆委员会《博物馆道德规范》第 2.16 条）。❻❺ 由于退藏这一板块常受到公众的密切关注，博物馆必须确保围绕退藏做出决定的前提条件是信息充分，经过全面仔细的讨论与咨询，参考过相关法律、道德框架及指导，以及符合博物馆的特定政策与程序。❻❻ 这些框架可能适用于所有公共机构，或者可能是专门适用于博物馆的。如果实施退藏，那么应遵守某些道德条件和程序（见第三章，"退藏政策"，第 52—53 页）。整个退藏过程应经过严格的记录存档，并将结果细致地传达给利益相关者和公众。❻❼

藏品出借

许多博物馆会考虑将馆藏借予其他机构。博物馆通常只将自身的馆藏借给相似的机构，即那些在脆弱和贵重的博物馆藏品方面具备适当的运输、存储、展出和安全条件的博物馆。对机构来说，向博物馆租借藏品的重要目的应是利用该藏品促进公众参观项目的发展和研究发展，而不是利用藏品谋求经济利益。❻❽

很多博物馆会为了诸如特殊展览或特定规划的短期项目而借入藏品。在将物品借入博物馆和博物馆本身的整体任务之间总是会有联系。博物馆不应该从可能导致利益冲突的个人那里借入藏品（比如说，可能会收取佣金的人，或想要借由藏品经过博物馆展览而提价的人）。❻❾ 不再需要借入的物品，应该将其归还：这会避免博物馆在无利可图的情况下一直护理和存储该物品。

博物馆应该就藏品出借方面设立政策，设立本机构在藏品出借和借入时的规则和限制（见第四章，"出借政策"，第 64—65 页）。

当代藏品的收藏

通常,博物馆的收藏政策会专注于历史物品的收藏。这通常意味着博物馆忽略了当代物品的入藏。越来越多的博物馆正在收藏未来会具有历史重要性的当代物品,并且很多博物馆现在已设立了清晰且目标明确的政策,以确保重要且具有代表性的当代物品不至于消失。当代物品的收藏能够使博物馆得以记录已在进行中的技术和社会转型,并且让藏品的购藏得以反映现代生活。⓻ 这也是因为在今天,博物馆的观众越来越多地渴望自己也能够投入到展出的内容和活动中。而且,与其简单地局限于努力收藏贵重出色的过去的物品,博物馆现在正采取积极措施来保护那些普通的、典型的和更受欢迎的物品,以创造更具代表性和平衡性的收藏。

收藏当代物品并不容易,并且存在风险。策展人需要熟练判断当代语境下哪些物品会在未来引起历史学家和公众的兴趣。可能很难预测博物馆藏品的未来价值,因此做决定的时候必须谨慎。物品入藏总是有风险的,尤其是当预算不多、空间也有限的时候。决定购入新藏品之前,策展人对该物品进行充分的研究以获取信息是很重要的。收藏当下的物品的另一挑战是这些物品可能是一次性的或是昙花一现的,其存储、保存和藏护是很有挑战性的。如何收藏数字化的藏品,并保证其在数字时代不会丢失,仍然是策展的一个重要开发领域。

收藏当代物品并不容易,并且存在风险。策展人需要熟练判断当代语境下哪些物品会在未来引起历史学家和公众的兴趣。可能很难预测博物馆藏品的未来价值,因此做决定的时候必须谨慎。

第二部分
管理收藏

第三章
新藏品的研究及入藏

"收购"一词在博物馆获得一件物品的情况下被使用,本章将讨论博物馆收购物品并使其成为收藏的一部分的多种过程。博物馆可能有很多不同的收购藏品的方式和来源,每次收购的藏品数量也不尽相同。有可能博物馆事先已决定所收购的物品是否会被接纳为永久馆藏的一部分,或者也可能是在物品被收购后再做决定。❶

藏品收购政策

一家博物馆的收购政策是其藏品发展政策的一部分(见第二章)。其目的在于帮助博物馆通过规划应该收购哪些物品,以及如何收购来塑造自身的收藏。❷

这一政策需要包括以下内容:

- 接受物品的程序和适当的权限级别。
- 博物馆应该收藏的藏品类型,及其相关的主题和专题领域。
- 收藏的地域和时代范围及收藏限制。
- 将要被收藏的物品的重要等级(例如,个人级、本地级、国家级,与某人或某地相关程度)。
- 博物馆应该如何收藏:通过购入、接受捐赠或通过实地考察收藏。❸

第三章 新藏品的研究及入藏

另外，政策中还可能包括员工在介入收藏、同意收购某件物品之前询问的一些问题：

- 是否可以充分确定该物品的法定所有权和来源？
- 该物品是否符合博物馆规定的与来源相关联的某些条件？
- 作为被赠予、遗赠或出售的物品，是否伴有特殊的条件？
- 该物品是否具有能够被博物馆使用并在未来也得以留存的良好状况？
- 在收购该物品时，是否有额外的版权、安全和安保方面的潜在问题？
- 博物馆的现有人员水平、资金、展览或存储空间是否满足为该物品提供合适护理的条件？
- 该物品对于博物馆的研究、教育和展览活动来说有益程度有多大？还是说这件物品有可能会永远留在仓库中，或最终被退藏？
- 在现有馆藏中是否已有多件同类藏品？以及该物品是否仅是复制品？
- 对于该物品是否充分了解，并且是否能够为该物品提供高水平的存档记录？
- 该物品是否极不寻常或意义重大，可以为博物馆提供一个特殊的机会？那么即使它不符合上述某些标准，也可被视为收购特例。

一套全面的收购政策能协助博物馆专注收藏有助于完成其使命（例如一件能够被活跃运用的藏品）并且能够承担充分的保管任务的物品。正因如此，很多博物馆在自己的网站上公布了收购政策，这样潜在的捐赠者或卖家就能够了解该博物馆愿意接受和不愿意接受的藏品类型。❶该政策应得到博物馆管理主体的正式批准并进行定

41

期审查（至少每 5 年一次）。

藏品收购流程

在第二章，"博物馆如何收藏"（见第 22—24 页）中讨论了博物馆通过（接受）捐赠、购买、实地考察，或租借来获得藏品。考虑一件物品是否应该被博物馆收藏，以及它应该如何被正式入藏的过程在各种情况下都是相似的。

捐赠（赠予）

捐赠给博物馆的物品应由其所有者免费赠送，不应要求经济（或任何其他形式的）补偿。捐赠被正式记录是很重要的，博物馆和捐赠者双方都应签署一份协议，以证明物品完整和无条件的交付。❺ 以下是考虑和接受赠予的典型流程：

- 由捐赠人提交一份提案。应由博物馆中合适的人员进行对接。
- 调查该提案，并在记录中详细记录信息（见"报价或潜在购买的记录"，第44—46页）。
- 调查所涉及的物品，收集和记录相关的信息。
- 以博物馆的藏品发展政策为参考考虑是否接受赠予物品。
- 通过与博物馆员工协商或通过现有的藏品发展委员会实施决策程序。
- 制定决策后，正式向捐赠人发出通知。
- 如果赠予被拒绝，博物馆正式向捐赠人致谢并可能推荐其他潜在的适合赠予的机构。
- 如果赠予被接受，博物馆将发送一份正式的感谢信，说明该物品被博物馆接受的条件。
- 博物馆拥有该物品，并尽可能多地收集其有关信息（见第四章，"藏品传记"，第60—61页）。
- 完成入藏建档（见"藏品入馆流程"，第47—48页）。
- 检查该物品，并采取所有必需的藏护措施。
- 创建编目记录和藏品文件（见第四章，"藏品归档政策、计划和流程"，第61页）。

有时候策展人必须对一些来路不明的捐赠进行处理，例如未经允许和缺乏附带信息及文件而被留在博物馆的物件。对于未经安排和未经事先宣布的赠予，博物馆通常不会予以入藏，因为这些物品不符合博物馆自身的收藏发展政策，或者没有任何相关的出处记录来验证其合法所有权。❻当这些物品被发现时，应尽一切努力识别捐赠人并记录有关他们的所有信息。

同样，有时给博物馆进行的捐赠也附带了某些条件。例如，一些捐赠人可能希望保留赠予物品的部分所有权，或者在明确了解未来的某个时间/捐赠人去世时会赠送某件物品的前提下，先让博物馆保管该物品。其他一些捐赠者可能会捐赠某件物品，条件是该物品总能得以展出，或以某种方式或通过特定诠释角度利用和展示该物品。博物馆在这种情况下接受物品是很少见的，因为同意这些条件通常会带来很大的问题。只有在特殊情况下，在与策展和管理人员多次协商后才能接受这样的安排，通常在针对杰作并签署书面合同的情况下才会促成。

有时捐赠人可能会在将物品提供给博物馆之前要求工作人员对其进行估价。博物馆不应提供此类服务，这种做法在美国是不合法的。❼应礼貌拒绝其请求，并应鼓励捐赠者向专业估价师寻求建议。

借展

考虑拒绝或接受向博物馆提供借展的过程与考虑接受赠予类似。应制作提案记录（见"报价或潜在购买的记录"，第44—46页），如果博物馆决定接受该物品，则应根据博物馆档案标准将其详细信息记录在物品入藏和借展档案中（见第四章，"藏品归档政策、计划和流程"，第61页）。

博物馆在接受借展时应确保遵循正式程序。[8] 在确认借展之前，应对协议进行存档（见第四章，"出借政策"，第64—65页）。有时借出方可能会向博物馆提供没有固定结束日期的借展需求；应避免此类做法，因为借出方可能随时要求归还其标的物。此外，如果博物馆决定归还该藏品但无法追踪其所有者，那么它仍然需要对藏品负责，进行良好的存储、保险和护理。

购买

博物馆的藏品收购政策应包含购买藏品的准则，其中可能涉及：

- 谁负责调查和批准藏品购买。
- 可接受的藏品购买来源/供应方。
- 对所购买的藏品的限制。
- 博物馆在收购藏品时应遵循的道德准则。
- 为确保博物馆以公平的价格购买藏品而应实施的保障措施。
- 收购藏品的资金来源是否应通过诠释性材料或宣传材料予以致谢。
- 购买藏品的标准流程沿袭了前文捐赠的流程。可能需要考虑是否需要为了购买而进行购买资金的募集，募集方式可能会通过接触捐助者或进行公开呼吁达成。

报价或潜在购买的记录

当一件藏品通过捐赠或借展的方式被交给博物馆时，或者博物馆考虑购买一件藏品时，博物馆应该对这些藏品进行记录，哪怕它有时捐赠人可能会在将物品提供给博物馆之前要求工作人员对其进行估价。博物馆不应提供此类服务,这种做法在美国是不合法的。应礼貌拒绝其请求,并应鼓励捐赠者向专业估价师寻求建议。

们最终并没有入藏。如果将来有更多信息可用，先前的记录可能是跟踪藏品的有效工具。还应保留与藏品有关的通信、进行的研究或藏品发展委员会会议记录的副本。

藏品来源及所有权确认

如第二章所述，博物馆的藏品收藏必须在一定的法律和道德框架内运作，在确定其藏品的出处方面，博物馆负有重要责任。博物馆应仔细考虑是否收藏作者身份不明或可疑的藏品；藏品是否与未经证实的历史有关联；其作者身份是否未经证实；藏品的收集过程是否对环境造成了破坏；该藏品是否属于人类遗骸，或具有特定文化或精神意义。❾

有时，一件藏品的早期出处记录会被丢失、遗忘、弄错甚至被伪造，博物馆必须认真地确认以前的所有权并追溯藏品来源。藏品的真伪也应尽可能地得到确认，以防止赝品流入馆藏。博物馆工作人员应尝试通过研究和询问，及"科学、历史或风格的分析"来鉴定藏品。❿ 确认藏品真实性的方法可以是通过书面记录、照片和口头证词：这在很大程度上取决于是否存有高质量和充足的记录。一件藏品的细节也可以通过风格分析来检查，也许是通过检测是否存在错误或不一致，或者对同一作者在同一时间以相同的风格创作的藏品进行比较。最后，由合格专家进行藏品的"物理性质、成分和结构"⓫ 的科学检查：这些检查可能会使用非破坏性技术（例如视觉和显微镜、摄影、紫外线、射线照相术、反射照相术、X射线等检查）或破坏性技术（对藏品的微小样本进行材料分析，并通过树木年代学和涂料分析进行识别）。

藏品入馆流程

当一件藏品正式进入博物馆馆藏时，必须按照博物馆的藏品归档政策（见第四章）进行正式记录。该藏品将被分配一个入馆编号，并将其详细信息记录在入馆表格（或存入表格）中。⑫这个流程应用于已确认的捐赠、购入或借展藏品，即使只是暂时被接受的藏品也应遵循此流程，之后还可以考虑对其进行正式收购。应避免长期以这种方式进行中间监护：这种安排可能会对保险造成一些复杂的影响，博物馆可能发现之后捐赠方会变得无法联系。

入馆表格应该总是依据已认证的国际或国内标准来填写。⑬英国大多数博物馆遵循光谱（Spectrum）数据标准（更多信息见第四章，"藏品管理标准"，第57—60页）。表格需要抓取的信息将包括：

- 藏品入馆编码。
- 入馆日期。
- 姓名、地址、联系电话和邮箱地址，是捐赠人还是卖方。
- 藏品存放编码。
- 藏品（单件或多件）简介和相关信息（如果可以的话照片要尽可能多）。
- 藏品（单件或多件）状况记录。
- 藏品入藏的原因和入藏的方式（是通过售卖、可能或确定为赠予、遗赠等）。
- 与入馆相关的所有情况。
- 藏品需要被归还的时间，或需要做决定的时间。
- 存储方的签名，和/或所属方的签名。
- 被授权负责填写入馆表格的员工的姓名、职务和签名。
- 保险规定和价值（能够知道的话）。
- 关于存储、包装或展示需求的注释。

对于藏品的捐赠或买卖来说，该表格是正式将藏品的所属权转移至博物馆的重要一步，因为表格中包含了卖方或者捐赠人的签名。每份入馆表格都应是一式三份的：一份为捐赠人或卖方保存，一份进入博物馆藏品入馆档案（整体档案应按序排好），一份应与藏品绑定，直至藏品实际进入馆藏。

入藏

随着藏品进入博物馆（或藏品的收购），该藏品也许会通过被称为"入藏"的程序正式（并合法地）变为馆藏的一部分（藏品的退藏，见"退出程序"，第51—52页）。一旦藏品入藏，便意味着它会正式（理论上也是永久地）进入馆藏，其所属权即被转移给了博物馆。❹ "产权"一词被用于形容拥有一件物品的法定权利，博物馆应该要求获取其拥有藏品产权的记录资料（例如收据、收藏许可，或重要的声明、版权转移证明）。❺

当一所博物馆决定正式入藏某件藏品，应填写附加的表格，该表格被称作《产权转移表格》（或《捐赠表格》）。❻ 该表格是博物馆能证明自身合法拥有藏品所有权的最终方法。藏品在即将入藏时，必须制定一个入藏编码，并将其相关细节录入博物馆的入藏登记簿中。入藏登记簿或文件（应按顺序编号）应该记录与藏品相关的确切细节，其历史/来源和入藏时的入藏编码。❼ 如果入藏登记簿是一份实体的册子或文件，那么必须在安全、安保完备，理想情况下还应有防火条件的地点进行保存。❽

制定入藏编码的习惯做法是结合运用两部分编码系统：首先是入藏年份，接着是入藏登记簿中的编码（例如，2019.57 指的是 2019 年收入的第 57 件藏品）。可以为一组藏品指认一个第二部分的编码，并运用第三部分的编码标明组合中的每件藏品（例如，2019.57.17 指的是 2019 年收入的第 57 件藏品中的第 17 件）。对于出于实用角度需将一些藏品进行组合记录的需求，例如记录一套茶具或一个包含很多独立画作的素描簿，这套系统是很合适的。入藏编码是识别藏品并将其与博物馆的所有数据相关联的一种方式。这一入藏变化应该与藏品永久绑定并以某种合适的方式在作品上进行标识：标识的方法应该在向藏护师进行咨询后再选择。一旦入藏，应在博物馆编目系统中为该藏品创建新的记录，并包含与藏品相关的所有已知信息。如果资金允许，藏品应得到拍摄，所有照片应包含在图录和藏品档案中。

收藏信息

随着更多研究的展开或更多可用信息的发掘（见第四章，"藏品存档"，第 60 页），应将更多数据添加到藏品的编目和档案中。如果一件藏品在入藏时没有收集到足够的数据，并且这些信息没有随着时间的推移而增加，那么该藏品可能对博物馆的用途和意义有限。[19]策展人应准备一份清单，清单包含博物馆收购物品时要询问的问题（通常针对捐赠者或卖家）。这些问题可能包括：

- 藏品名字：该藏品被如何命名？其现有名字是否与原名不同，或它是否曾被命名为不同的名字？原名是什么？
- 材料：该藏品用何种材料制成？这些材料的原产地在哪里？这些材料从何处获得？
- 制作：该藏品在何时何地制成？该藏品由何人制作？藏品的作者是否有任何细节信息？藏品作者是否还曾做过别的类似物品？为何要制作这样的物品？该藏品是如何制作的，以及用什么工具制作？藏品是否因为特殊的某些人或某些地点而制作？
- 历史：该藏品原来在何处保存或使用？它曾有过多少位所有者？对于这些曾经的所有人，是否知道任何关于他们是谁，是随着更多研究的展开或更多可用信息的发掘，应将更多数据添加到藏品的编目和档案中。如果一件藏品在入藏时没有收集到足够的数据，并且这些信息没有随着时间的推移而增加，那么该藏品可能对博物馆的用途和意义有限。

否在世的信息？该藏品是如何在多位所有者之间传递的？
- 用途：该藏品的原始用途是什么？制作藏品的目的是什么？用途及目的是否随时间而改变过？谁曾经是藏品的使用者？藏品在何时被使用过，以及频率如何？藏品现在在何处保存及如何保存？
- 关联性：该藏品是否与某些风格关键词相关联？该藏品是否与任何前面未提及过的个人或群体有所联系？
- 物理情况：藏品是否有任何形式的受损？藏品是否被做过任何改动？藏品的任何部位是否有腐坏或缺失的情况？藏品上是否有任何铭刻或识别标记？
- 档案记录：藏品是否有任何相关的，来自其作者或前任所有者的档案记录（比如信件、收据、日记、账目）？是否有任何相关的摄影或绘画记录？档案类型还延展至与藏品法律状况相关的文件，例如收据、发票、收藏许可、海关表格、来自捐赠人的信件、赠予证书等。
- 捐赠者或卖方的细节：如果可能的话，应记录捐赠者或卖方的姓名、地点、电话和电子邮箱地址。保存这些信息前应征询捐赠者或卖方的意见，因为在未来博物馆可能会根据这些信息联系他们。应记录捐赠人或卖方获得该藏品的方式，以及他们为什么想要拥有该藏品？捐赠者或卖方，以及藏品作者或前任所有者是否有任何关系？

退出程序

藏品不仅会进入馆藏，还会因为多种原因脱离博物馆收藏。借入的作品会被归还，馆内会将藏品出借，或者被拒绝进入永久馆藏的藏品会归还至捐赠人。无论出于什么原因，都需要完成博物馆的藏品退藏流程和借出流程（见第四章，"藏品归档政策、计划和流程"，第 61 页）。如果是藏品租借，博物馆应该确保藏品的出借与归还都与借展合约中的条款相符。无论藏品何时离开馆藏，退出表格都应填写完整，其中应包含以下信息：

- 藏品的入馆编码或者入藏编码。
- 被授权负责退藏的员工的姓名、担任职位和签名。
- 藏品简介和相关信息。
- 藏品状况。
- 藏品退出收藏的原因和交付方式。
- 负责移动和接收藏品的人员姓名、地址、电话和电子邮箱。
- 藏品退出的日期和交付收据。
- 与藏品退出相关的所有情况。
- 藏品应该被归还的日期（如果是借出的藏品）。
- 保险条款和价值（如果需要的话）。
- 关于存储、包装或展示需求相关的注释。[20]

退出表格的填写也应是一式三份的：一份应由移动或接收藏品者保存，一份存于博物馆藏品退出档案（整体档案应按序排好），一份应加入藏品档案或借展档案中。[21]

退藏政策

在第二章，"馆藏合理化"（见第 32—35 页）中针对博物馆选择将藏品退藏的原因已展开讨论，博物馆也应将退藏政策设置为其藏品发展政策的一部分。该政策可能应包含以下细节：

- 藏品被认为应该处理掉的决定应该在正式并谨慎地参考博物馆收藏重点、计划、当前和未来的资源后确认。

- 在考虑将藏品退藏前，决定是否应将其在一定期限内纳入馆藏。
- 明确在批准退藏授权之前应经过何种咨询、讨论和获得什么等级的授权。
- 整理在做出决定的过程中还应该有哪些外部的利益相关者与顾问介入，以及应如何采纳他们的意见。
- 在考虑某件藏品的退藏时出现不明确或有争议的所有权问题的话应该遵循怎样的流程。
- 博物馆应如何考虑某件藏品是否可被用作其他用途（例如，作为可接触的藏品使用或者作为"场景布置"）。
- 在实施退藏之前是否有任何与藏品捐赠、购买或修复相关的人需要咨询（例如，藏品原本的捐赠人）。
- 和决策流程、退藏及处理流程相关的记录都应被保存。
- 在退藏前，先建议如何将物品提供给另一个（认可的）博物馆（例如，作为赠礼、交换或出售）。
- 所有出售所得应被用于何种用途。
- 博物馆关于向无管理层员工或成员，及其家族或亲密朋友出售或赠予藏品的政策。
- 能够认定藏品是赝品的方式应该被永久性地标记、记录。
- 藏品何时可能被销毁（例如，在极端的情况下，或者在经过与藏护师咨询之后认为需要如此处理）。

第四章
对藏品进行分类、记录和编目

藏品管理

　　藏品是每个博物馆最宝贵的资源,是博物馆开展许多活动的基础。因此,对藏品的专业管理和护理是博物馆成功运作的核心工作,如果没有这一点,博物馆藏品的力量将严重受限。本章将研究如何确保藏品被保存在安全的环境中,得到充分和适当的记录存档,以便于未来发展,并提供可供使用的实操做法。❶作为藏品的保管者,策展人必须对藏品管理的原则和实践有全面深刻的理解,并对公认的专业标准有一定的了解。❷

　　在过去的30年左右时间里,博物馆在藏品管理和护理方面的知识和专业技术有了很大的发展,标准也有所提高。许多国家的博物馆认证计划现在规定了相关组织在这一领域必须达到的基线标准。❸一个拥有专业藏品管理系统的博物馆应表明它正在负责任地看护其馆藏,并努力谨慎地在保存藏品的需求和接触藏品的愿望之间获取一个平衡。❹藏品管理应该是整体性的,要着手于物品在博物馆中的生命周期和相关活动的各个方面,并确保所有的信息和专业知识得到协调和利用。❺它应该是每个博物馆运作的核心,并且应该从整个组织、各个部门和员工那里收集对系统、计划和程序的投入。

藏品管理政策

作为藏品管理综合方法的一部分，博物馆应该设计并实施一个总体的核心策略声明，即一项藏品管理政策。❻藏品管理政策是一个高层次的战略，旨在阐明博物馆的作用、目的、工作人员、藏品和活动。藏品管理政策将记录一个博物馆存在的原因，它的目标是什么，它的藏品如何帮助实现这些目标，以及它通过哪些专业标准来管理它所管护的藏品。❼它还将确保博物馆中的物品是以符合道德规范和法律的方式获得的，并且藏品得以被适当地管理、安置、保护、记录和使用。❽每项藏品管理政策都将是其所在的博物馆所独有的，其内容将会专门针对该博物馆目前的任务和未来的优先事项及需求。最终的藏品管理政策将包含以下信息：

- 博物馆的宗旨和使命、核心目标和目的。
- 博物馆特色和独一无二的方面，以及它在未来如何维持自身的愿景。
- 博物馆目前的藏品范围及如何利用这些藏品来实现博物馆的使命和总体目标。
- 博物馆的藏品目前是如何管理的（例如，由哪些理事会、委员会和工作人员管理）。
- 博物馆的观众是谁，他们想要什么，藏品如何满足他们的需求（以及如何能更好地满足他们的需求）。
- 博物馆的藏品发展政策（包括该馆的收购和退藏政策）。
- 博物馆的藏品归档政策（也称为藏品信息政策）。
- 博物馆的藏品归档计划和归档流程。
- 博物馆的藏品保管及藏护政策（包括藏品的安全和保险规定及程序，以及应急预案和灾害预案）。
- 该博物馆的藏品保管及藏护计划。

- 博物馆对接触藏品和藏品与观众建立联系的愿景，包括接触政策、计划和程序。
- 博物馆的安保政策、计划和程序。❾

藏品管理政策应对博物馆运作、照看及管理有关的法律和法定要求有所认识并与之挂钩。❿ 该策略还应该考虑博物馆必须遵循的道德准则。⓫ 撰写藏品管理政策是一项复杂而漫长的工作，需要许多不同的利益相关者进行大量的思考、协商和投入。该政策应经过多个阶段的审查和调整，直到最后由博物馆的主管团体批准并正式实施。藏品管理政策应该作为博物馆工作人员在藏品管理方面的指南，并向公众开放，以显示博物馆的透明度。⓬ 该策略应时常更新，每3~5年定期（且认真地）审查一次。

策略、计划和流程

如上所述，一所博物馆的藏品管理政策将包含一些策略、计划和流程。该政策应是博物馆制定的准则和方向，它们可以解释需要做什么，某事背后的原则，以及管理决策和结果所应遵循的规则。在藏品管理政策中将包括：

- 藏品发展政策（见第二章）。
- 藏品归档政策（或信息政策，本章后文讨论）。
- 藏品保管及藏护政策（见第五章）。
- 接触政策（本章后文讨论）。
- 出借政策（本章后文讨论）。

这些策略在确定的领域提供明确的指导和战略，每项策略必须包括工作人员责任的细节内容，并说明哪位工作人员有权在哪个领域做出决定。

相关计划规定了目标，并详细说明了实现这些目标的愿景和方法（例如，需要做什么，何时做，由谁做，以及如何做）。❸藏品管理政策的计划将帮助博物馆来实现它的目标和使命，包括：

- 藏品归档（本章后文讨论）。
- 藏品保管及藏护计划（见第五章）。
- 接触政策（见第八章）。

藏品管理政策中的流程则规定了做事的方式，例如，藏品管理的实操办法，以及策略的具体实施。相关人员根据明确的流程操作便可以确保一致性，在藏品管理政策中，这些流程会包括：

- 归档流程（本章后文讨论）。
- 藏品的存储、展示、运输、盘点和藏护（见第五和第六章）。
- 探讨博物馆如何使藏品被观众接触的程序。

藏品管理标准

博物馆登记是包含博物馆内许多不同活动的总称，包括藏品入馆、收购和处置、归档、位置管控、借展管理和保险管理。博物馆登记没有统一标准：各国流程和要求各不相同。❹许多博物馆都认可并在其藏品管理政策和流程中采用"光谱标准"：这个详细的框架在国际上被认为是博物馆藏品管理的"行业标准"，被全世界100多个国家的博物馆采用。❺

该项标准被分解成一系列21个单独的流程，每个流程都描述了应该如何管理藏品和记录信息。其中一些程序是每天都会发生的普通活动（例如，为藏品编目），其他程序则更为具体，只在某些情况下才会执行（例如，藏品的退藏）。此处列举 9 个主要流程（这些即博物馆大部分时间都会使用的流程）。

1. 藏品入馆
2. 收购和入藏
3. 位置和移动管理
4. 库存盘点
5. 编目
6. 退藏
7. 借入（借入藏品）
8. 借出（出借藏品）
9. 归档计划[15]

这项标准中还有 12 个"非主要流程"，它们在博物馆工作中不常被使用，但博物馆仍有必要表明自身了解这些流程，并在这些方面有明确的策略：

1. 状况检查和技术评估
2. 藏品保管和藏护
3. 价值评估
4. 保险和赔偿
5. 藏品应急预案
6. 损害及损失
7. 退藏和处置
8. 权利管理
9. 藏品重制
10. 藏品使用
11. 藏品审查

藏品管理政策应对博物馆运作、照看及管理有关的法律和法定要求有所认识并与之挂钩。该策略还应该考虑博物馆必须遵循的道德准则。

12. 审计 [17]

藏品存档

国际博物馆委员会的《博物馆道德规范》明确指出，博物馆需要充分记录有关藏品的信息，并在文献和数据管理方面始终保持高标准要求（见第 2.18 和 2.20 节）。[18] 对藏品进行充分和适当的记录也是许多初级光谱程序的一个关键部分。博物馆应该建立一个总能准确获取某件藏品及其传记和重要性有关的所有信息的系统。[19] 充分记录关于一件藏品的信息将有助于确定该馆藏（或借给博物馆的藏品）在博物馆内的法律地位，并确保其能够通过记录藏品的移动和状况，对其进行适当说明。而确保这些文件是详细的、准确的和易获取的，将使该藏品在博物馆的研究、展览、推广和教育工作中得到充分的利用。[20] 如缺少相应的官方记录，则会妨碍到博物馆在面临藏品涉嫌盗窃或非法贩运的情况下采取适当行动。[21]

任何博物馆都应该至少有一名工作人员负责监督和监测藏品存档活动。在小型博物馆，这一职责可能由策展人承担。在较大的组织中，可能（也有必要）任命一名登记员来统领这一领域的所有活动。[22]

藏品传记

几乎每件录入博物馆收藏的物品都会有一个与其息息相关的故事，并且当该物品进入博物馆那一刻起，就会有新的故事产生。而能够及时、充分地记录这些故事是非常重要的。[23] 当博物馆考虑将如何记录一件藏品时，通常可以从为这件藏品创建一部传记的角度来进行考量。这表示记录可以包括谁制造了这件物品，谁拥有它，它是如何、何时、何地被使用及被何人使用这些相关细节。这样类似传记的信息可以帮助博物馆更好地讲述关于藏品的故事；为它们赋予价值和意义；将藏品相互联系起来；讲述关于一组藏品的更多的故事；并帮助观众更全面地了解它们，或更深入地欣赏它们并建立联系。㉔

藏品归档政策、计划和流程

藏品管理政策会包括一个藏品归档政策声明，详细说明博物馆收集、记录和存储其藏品信息的意图，使其可供查阅并/或积极分享这些信息。㉕归档政策将确保博物馆的藏品信息和归档相关的流程得到专业的管理，并且确保与藏品有关的信息能够被各种观众获取。归档政策会概述博物馆将保存哪些类型的记录（例如，与藏品入馆、所有权、移动、标记和标签、藏护、展览、借出有关的记录），哪些信息将被记录，以及谁负责制作和维护这些记录。该政策可能设定了博物馆对改善其系统的承诺，以及它将实现什么样标准的目标。策展人应定期审查博物馆对藏品的记录，以检查其是否符合政策中预期和约定的最低标准。藏品记录计划也将涉及博物馆为弥补其在记录藏品（回顾性记录和编目）方面可能存在的遗漏而需采取的步骤。㉖

博物馆内的藏品归档相关流程应在归档流程手册中进行规定。该手册应作为博物馆工作人员的参考文件，并应确保藏品归档工作按照商定的统一标准进行。该手册应说明谁有责任监督博物馆的归档流程；哪些工作人员应承担这项工作（以及谁可以授权这样做）；在什么阶段；何时开展和完成这项工作的时限。该手册还应该包括使用电子数据库记录藏品信息的详细说明、上传图像的标准，以及检索记录和信息的指导。

藏品管理系统

博物馆的藏品管理系统（Collections Management System，简称 CMS）是一种手段，通过它可以识别和跟踪馆藏中的各个藏品，并充分记录、管理和获取有关它们的所有信息。它还可以方便地实现博物馆中与某一藏品有关的其他信息来源之间的交叉引用。㉗ 过去，这项工作是通过使用纸质记录来完成的，按照数字顺序（按入藏编码）保存在一个卡片柜中（柜子最好是防火和上锁的）。今天，博物馆则更常使用计算机数据库进行这项工序，并对纸质记录进行数字化或拍照记录，随后将信息添加到系统中。㉘

数字化的藏品管理系统应提供藏品信息的便捷检索服务，并且必须能够容纳藏品的不同类型和数量迅速增加的记录。㉙ 它应该能够记录藏品以前的所有权信息和与该藏品有关的所有活动（例如借出、展览及藏护工作）。㉚ 该系统不应限制任何记录的总数据量大小，并应允许在关于每件藏品的不同类型的信息记录之间进行交叉引用。对于藏品管理系统来说，有一个安全的、无故障的备份系统也是至关重要的。

每个博物馆都可以选择自己的藏品管理系统。博物馆内部自行开发数据库系统也是可以的，但这些系统往往需要员工投入大量时间、精力和专业知识来进行开发和维护。商业化可购买的系统可能更加可靠和实用：一些公司专门为博物馆设计了"随购随用"的编目系统，可供选择的范围很广。另外，博物馆也可以选择与专业公司合作，修改现有的藏品管理系统，使其更加符合自身的要求，并支付一定的费用以获得后续支持。

藏品分类

为一件藏品编目会为博物馆提供一个对这件藏品进行分类的机

会。分类可以是根据某些标准、主题或感兴趣的领域。当藏品在其电子记录中被赋予某些关键词时，可以通过搜索来生成具有某些类似特征的藏品组（例如，同一类型、媒介、艺术家、主题、日期、由同一捐赠者提供，或存放在同一地点等）。不同的博物馆会选择使用不同的分类办法来对它们的藏品进行分类。❶

通过在目录中输入藏品数据来对其进行分类的实践中有一个常见的挑战——如何控制用词标准。如果博物馆工作人员以各种不同方式和格式输入主题、名称或地点，那么使用某些标准创建全面且准确的清单将非常困难，甚至于基本不可能成功。❷例如，19世纪的法国画家奥斯卡-克劳德·莫奈（Oscar-Claude Monet）可能被一个工作人员记录为"O. C. Monet"，然后由另一位工作人员对另外一件藏品记录时记为"Claude Monet"，再被第三位工作人员记录为"C. Monet"。因此，输入"Oscar-Claude Monet"来搜索馆藏中的所有藏品将可能不会获得馆藏内所有与该艺术家相关的藏品的清单。而避免这个问题的一个方法是在对藏品进行编目时，将所用的术语标准化，以确保一致性。❸这个方法可以应用在任何区域中（藏品名称、主题、材料、位置等）。在许多电子编目系统中都可以创建预定义的字段，在这些字段中，只能从下拉菜单中选择一个可能的术语、名称或地点的形式。

索引系统能使藏品被轻易找到，并能检索到特定的群组。在电子数据库中可以生成各种索引（例如，通过诸如藏品名称、主题、风格、时期、标记、位置），来与藏品的确切类型或博物馆的具体要求相匹配。每个博物馆必须决定哪些术语是最经常使用的，或者哪些藏品组是最经常被要求查看的。也可以在目录中实现分层结构，使藏品按照最窄的类别进行分类。例如，在"鞋类"类别中可能有"鞋"和"靴子"，在"靴子"中可能有"威灵顿靴""马靴""步行靴"等。有一些由专业团体开发的预置术语包可以添加到目录中。

63

移动控制

藏品管理系统应该对藏品在博物馆中的位置记录有规定。记录藏品在博物馆内外的移动情况是非常重要的，以防止藏品丢失。每次藏品被移动，都必须在博物馆的藏品管理系统中记录下藏品被移动的日期、由谁移动、为什么移动和在哪里移动，即使这是一次临时和／或短期的移动。㉞如果对藏品的移动方式、时间和地点有限制条件，则可以在目录记录中加入指导性说明。

出借政策

正如第二章，"博物馆如何收藏"（见第22—24页）中所指出的，博物馆经常会考虑在一定的时间内将其藏品借给其他组织，并且经常以短期借用的方式获得藏品。制定出借政策使博物馆能够清楚地说明它们将借出什么、何时借出，以及向谁借。

博物馆的出借政策可以指出如下情况：

- 可以向哪些组织出借。
- 哪些藏品可以借出，用于什么目的。
- 可以借出多长时间（通常情况下出借总是有期限的），是否可以续借，以及收回出借藏品的程序。
- 借用机构是否应全额支付租借费用，博物馆是否会额外收取任何费用。
- 提出、处理和记录出借申请的流程。
- 如何考虑和批准出借（包括解决任何有关移动、环境、展示的问题的流程）。
- 需要什么保险，哪一方负责提供保险（通常是借入机构）。
- 应如何及何时委办藏品的状况报告。

- 借用机构需要提供的设施报告（包括展示和存储条件及监测情况、安保计划和灾难预案的规定）。
- 对借用的任何限制（例如，对藏品的摄影、借用者在宣传中使用图像、对藏品的复制和改动的限制）。

博物馆还应该制定一项借入政策，这个政策应该概述以下条件：

- 博物馆可以借用哪些藏品，以及借用原因是什么（是否与博物馆的使命相联系）。
- 博物馆应该向谁借。
- 如果藏品在运输、状况、展示或存储方面有任何问题，博物馆是否应该借用。
- 审批借入的程序（包括审查任何借用限制）。
- 确保任何借用条件得到满足的程序，以及应如何安排和发布设施报告。
- 如何确定藏品的价值，以及如何对藏品进行保险。
- 提出、批准和处理借用所需遵循的流程和相关文件。

除了这些文件之外，当一件藏品被借给另一个组织时，博物馆通常会制定一份借展协议，协议中需要包含以下信息：

- 借用各方的姓名和联系方式。
- 哪些藏品被出借及出借的目的。
- 借用的开始和结束日期。
- 对借出藏品的任何限制（例如，该藏品是否可以被拍照）。
- 可以修改合同的条件（例如，提前归还藏品或延长借用期限）。
- 藏品应如何护理、展示、存储、包装和运输。

接触政策、计划和流程

为广大博物馆观众提供可接触藏品和了解信息的途径是博物馆工作的一个重要方面。接触政策应考虑博物馆如何实现以下方面：

- 满足与接触藏品有关的法律要求（例如，国家有关残疾和歧视的相关立法），并为所有观众提供无障碍接触藏品的途径。
- 评估博物馆的运作和前景，以便为尽可能多的人提供接触藏品、思想和设施的机会（因此不仅仅是空间位置上的，也包括精神上的）。
- 博物馆会采取措施与当前和潜在的新的观众接触，以了解他们的需求和兴趣，并确定访问和参与的障碍。

接触计划将列出博物馆解决其无障碍规定中任何问题的战略。该计划将规定需要做什么，行动的优先次序，可用的资源，谁将负责这些行动，以及在什么时间框架内行动。最后，接触程序规定了博物馆应遵循哪些程序，以便通过研究、公众查询、摄影、学习活动和其他活动来访问藏品。[35]这个问题将在第八章，"接触政策及计划"（见第151—153页）中进一步详细探讨。

藏品管理系统应该对藏品在博物馆中的位置记录有规定。记录藏品在博物馆内外的移动情况是非常重要的，以防止藏品丢失。每次藏品被移动，都必须在博物馆的藏品管理系统中记录下藏品被移动的日期、由谁移动、为什么移动和在哪里移动，即使这是一次临时和／或短期的移动。

第五章
藏品的装卸、存储和藏护

本书以"什么是博物馆？"这个问题作为开篇，博物馆一词通常被定义为收购和保存物品的机构组织（或者依照国际博物馆委员会的定义——"获取"和"保存"遗产）。❶的确，我们对于博物馆是否能在藏品缺席的情况下存在这一点是存疑的，因为博物馆的大多数活动及功能都仰赖于藏品的存在。❷如果藏品的腐坏是可接受的，那么有意识的藏品收藏就毫无意义。因此对于一所博物馆的工作来说，护理藏品使其免遭损坏或消失是至关重要的，本章提供的就是对于藏品保管和藏护主要方面的一个概览。

博物馆中的藏品保管和藏护是一个广泛的主题，其中涉及的方面包括展示及存储状况、装卸包装和运输、状况记录、风险评估、安保、保险、风险管理、预防性藏护、反应性/补救性藏护和修复。❸藏品保管应融入博物馆的使命宣言里，嵌入组织的目标中。❹

藏品保管及藏护的政策和计划

第四章讨论了博物馆设计和实施藏品管理政策，其中必须包括藏品保管和藏护政策。作为一份经批准的报告，藏品保管和藏护政策概括了博物馆对藏品保管和藏护的长期方法和承诺。该政策应概述博物馆需要遵循的国家及国际法律、道德准则、基础原则和行业标准，以及在藏品长期保存方面会采取的措施。该政策还会展示博物馆在藏品藏护和安保事务上所获得的专家建议、指导和服务方面的承诺。

藏品管理政策还包括藏品保管和藏护计划，以制订博物馆在需要维持或改进藏品保管和藏护标准时遵循的目标和行动计划。这一计划以审计博物馆现行藏品保管规定，审查所有建筑维护计划，评估现行展示存储条件，检查环境监测数据，以及咨询专业藏护师或其他专家后汇总获得的数据为依据。

藏品保管和藏护政策及计划是范围广泛的记录档案，所涵盖的细节包括：

- 现行的存储及展示设计和情况（及长远管理的计划）。
- 藏护风险评估、审计计划和流程。
- 政策特定方面的负责人。
- 藏护师/藏护员的职责（当前寻求或提供的指导及服务）。
- 预防及补救工作的检查和维护计划。
- 存储及展示区域的检测和维护条件。
- 后勤管理计划和流程手册。
- 虫害管理综合计划（含其他动物伤害）。
- 藏护事务的记录文档（例如，藏品状况报告、环境监测记录、建筑维护记录）。
- 藏品的状况检查：何时进行及如何生成报告。
- 藏品的装卸政策，包括授权给谁来装卸藏品，以及从事装卸工作需经过什么培训。
- 包装和存储藏品的指南。
- 用于存放和展示藏品的适当材料及方法。
- 藏品出借及有关运输、装卸、包装、环境条件和保险的政策。
- 藏品的补救性藏护计划。
- 定期清点藏品的计划及流程。

- 安保及保险的条款和流程。
- 应急预案及灾害预案。❺

预防性藏护

在博物馆中,藏护政策及流程应主要关注检测潜在的恶化因素,并减轻或完全防止其对博物馆藏品的影响。博物馆装卸、维护、存储、展示和运输藏品各流程都应得到仔细的控制,以此避免藏品受损(或进一步受损),如果藏品已开始腐坏,则相关措施会将腐坏速度尽可能降至最低。❻

任何博物馆都应优先考虑预防性的,而非保守的藏护方法,因为预防性的方法从长远来看可以节省大量时间、精力和财力。这意味着采取这种方法可以让藏品尽可能地完好保存下去,并且能减少实施补救性藏护的需求,而保守的藏护方法却无法做到这一点。❼预防性藏护工作需要几乎每天都进行,而不是时不时地处理本可以预防的问题或等到问题发生后再采取措施。策展人和藏护师可能需要争取用于投资新设备、基础设计和增加工作人员的时间及资金,利用其掌握的知识和现有证据说服博物馆的管理层:初始成本可以通过减少补救性藏护活动和藏品长期存续的成本来抵消。❽

预防性藏护:基本原则

采取预防性藏护方法时应遵循以下准则:

- 确保所有员工对于预防性藏护的益处与惯例有最基本的了解。
- 藏品装卸时应小心谨慎并考虑其特殊性质。
- 为工作中直接接触藏品的员工提供正式培训。
- 在藏品附近禁止饮食和吸烟。

在博物馆中，藏护政策及流程应主要关注检测潜在的恶化因素，并减轻或完全防止其对博物馆藏品的影响。

- 确保存储及展示区域的相对湿度（RH）和温度保持在稳定和适当的水平。
- 确保藏品展示时具备恰当的光照水平。
- 对环境状况进行定期检测并保持记录。
- 确保用于存储和展示的材料对藏品无害。
- 定期维护设备和环境控制系统。
- 定期检查藏品是否有虫害迹象（含其他动物伤害）。
- 保持存储区域整洁干净。
- 在存储区域和容器中提供充足的空间（以避免压碎或堆叠藏品）并保持空气流通和通风。
- 如有受潮、进水的可能，则将藏品远离外墙和地板。
- 避免在展示和存储区域过度清洁、使用大量水或家用/常规清洁剂。
- 仅在遵循专家建议的情况下进行藏品清洁。❾

环境条件

保持稳定的存储和展示环境（例如相对湿度、温度和光照水平）将有助于最大限度减少对博物馆藏品造成的进一步损坏或恶化。❿ 不同材料的物品在存储及展示区域中的要求，和最佳存储、展示条件也会有所不同。

灯光

所有藏品或多或少都会受到光照的影响，但有些材料特别敏感，光照会对其造成重大损害或对其留存构成严重威胁；其中自然光尤其具有破坏性。⓫ 光照强度能够使用测光表通过勒克斯这一单位进行测量。应定期记录光照水平，以便对一段时间内的数据进行分析。调节日光水平很困难，这就是有些博物馆完全去除了日光，全部依赖人工光源进行照明的原因。一般来说，博物馆的藏品只能暴露于50~200 勒克斯范围内的光线下。⓬油画/坦培拉绘画、木头、骨头、石头、象牙的受光强度不应超过 200 勒克斯。理想状况下，水彩画、版画和素描、手稿、纺织品、服装、自然历史和民族志藏品的受光强度最高不能超过 50 勒克斯。紫外线辐射尤其具有破坏性，应使用紫外线监测器测量，强度保持低于每流明 75 毫瓦。

以上这些都是理想环境，但并不总是能达到的。各所博物馆应考虑采用这些水平的所有可能性、限制、影响，以及对藏品和观众的好处。今天，很多博物馆会根据年度曝光限制来设置藏品的展示限制，由此能够使藏品展示于更强的光照下，但展示时长更短。⓭消除存储和展示区域的所有光照是不可能的，不过藏品暴露于光线下的时间和强度能够通过以下方法得以降低和控制：

- 不允许日光直射藏品。
- 封窗并尽量采用人工照明。
- 减少灯的数量和瓦数。
- 使用LED灯（重点是不发热的光源）。
- 在展柜外（而非内部）安装光源。
- 使用调光开关。
- 在灯上加装运动传感器或计时器。
- 使用可以被观众抬起的隔板或盖子。
- 在博物馆闭馆时使用窗帘、百叶窗或遮光板。
- 安装半透明百叶窗。
- 在窗户和展柜上覆盖UV膜。
- 在存储空间中安装低光照水平的照明。

湿度和温度

相对湿度可以用温湿度计测量，其水平以百分比标识：即空气中水蒸气含量与其完全饱和时可容纳的水量的比值。低百分比值表示干燥的情况，高百分比值表示空气已经非常潮湿（比如天气非常潮湿）。博物馆应首先设法消除极端的相对湿度和温度情况的出现，并控制温湿度的陡然变化或季节变化导致的定期波动。极端的环境水平和/或剧烈波动会导致制作藏品的材料收缩、膨胀、变得干燥和/或氧化，因此也很可能造成藏品被损坏。在非常潮湿的情况下，湿气凝结、霉菌、真菌等也会对藏品造成影响。对于种类混合的收藏来说，理想的相对湿度应该在50%~55%之间。❹应避免相对湿度高于60%和低于40%的极端情况出现。

博物馆的藏品不应置于极热或极冷的条件下，种类混合的收藏的理想保存温度是18℃~20℃。存储空间的温度水平则应保持得更低，可能是15℃。商店和员工使用的工作空间则应考虑需要稍高的温度，并安装舒适的供暖系统。展示和存储空间的温度变化也可能影响相对湿度的水平：空气容纳水蒸气的能力在较高温度下会变得更强，而在较低温度下会减弱。有时可以通过使用博物馆已有的供暖系统来控制温度和湿度水平，但通常需要额外引入加湿器和除湿机。如果需要，可能应安装一套完整的空调系统（也许可以为博物馆的不同区域安装恒温设备）。

灰尘、污垢和空气污染

工作人员工作和观众聚集的博物馆空间总是会聚集灰尘、污垢，还有由沙砾、烟灰、环境污染物、皮肤碎屑、织物碎屑、织物纤维、花粉、害虫和一般日常垃圾构成的微小无机/有机颗粒。❺这些可能会成为导致藏品恶化的媒介，因此在博物馆空间中控制这些因素是很重要的。灰尘和污垢会落在博物馆藏品上，这会带来视觉上的不适，从长远来看可能严重损坏藏品（导致藏品被腐蚀、滋生霉菌、灰尘板结或黏合）。⑯藏品上的灰尘和污垢可以清除，但这只能由经过适当培训的专业人士处理。因此更好的方式是首先防止灰尘和污垢接触藏品，这可以通过严格和持续的后期管理来实现：

- 使用专业的博物馆级真空吸尘器彻底、频繁地清洁所有画廊和存储区域。
- 使用优质的防尘展柜。
- 定期清洁展柜/隔板/基座/地板的表面与内部（应首先将藏品移开）。
- 关闭及密封不使用的门窗。
- 确保大型藏品在存放时配有防尘罩。
- 安装空调或空气过滤系统。
- 控制展厅空间的饮食行为。

虫害（或害虫，含其他动物伤害）

博物馆极有可能吸引昆虫和啮齿动物，这些动物会对藏品造成大量短期或长期的损害。博物馆应该制订和实施一套综合的虫害管理计划：这是一种多层次、积极主动的藏品保管方法，能够试图首先防止博物馆内发生任何虫害并使用自然方法和材料在不影响环境的前提下清除所有害虫。⑰关键在于定期检查以便能够发现害虫、评估问题严重程度并制订计划以防止害虫接触到藏品，并将其从博物馆中清除。

环境控制对于防止虫害侵扰很重要：温度超过20℃即会滋生害虫，而温暖、湿度高且杂乱的空间尤其如此。在理想的情况下，展柜的质量应足以阻止害虫的入侵。⑱良好的后勤管理也很重要，博物馆的所有区域都应定期吸尘以清除所有碎片。⑲博物馆应实施饮食管控政策，确保人们不会在展厅和商店区域进行饮食：博物馆空间内不受控制地出现食物和饮品会极大增加害虫侵袭的可能性。⑳有些博物馆可能会安装诱捕装置，试图减少或监控害虫数量。有多种类型的诱捕器可供选择，所选的类型应与所涉的有害动物相匹配。㉑必须在适当的时间间隔内检查和替换诱捕器，并详尽记录发现的所有内容，以便考虑合适的问题解决方案。㉒

如果虫害侵扰已存在，则应寻求藏护师（可能还有外部专业虫害防治公司）的专业建议。用于解决虫害问题的所有方法都应该是安全和适当的（例如，熏蒸可能对博物馆藏品极为有害，应该避免）。补救措施只能在与专业藏护师协商后进行。㉓可能的措施包括：移除、隔离和处理受感染的物品；使藏品的温度变为极低或极高；使用多种环境控制进行护理；使用昆虫生长调节剂；以及使用杀虫剂等处理或熏蒸（仅在非常极端的情况下，并作为最后的手段）。㉔

环境监测和控制

为了设置和实施环境控制计划，博物馆应在一年的时间跨度内进行调查，测量、记录和分析展厅，以及存储空间内的光线、相对湿度和温度水平，还有空气质量的信息。㉕电子测量设备可以和监控软件相连以便于进行数据分析。㉖并非所有博物馆都有条件能够对整个场所的温度、相对湿度和光照水平进行大规模的调整。㉗不过仍然可以克服一些挑战：例如，调节历史建筑的温度和湿度，或消除极端天气条件的影响。重要的是，每所博物馆应根据其馆藏中的特定藏品的需求、可用资源、外部因素（如气候）的影响强度、建筑结构和/或年代，来评估可行及最合适的环境控制水平。㉘考虑博物馆为控制存储及展陈环境实施的所有措施是否会与其他政策背道而驰也非常重要（例如，空调系统是否损害了博物馆在环境可持续性方面的政策）。㉙

被认可的材料和清洁物

某些常用于清洁家庭或商业空间的材料和设备可能会对博物馆

藏品造成物理性和／或化学性的损坏。㉚普通清洁剂和设备通常不适合在博物馆中使用，应始终采购替代性产品（如醋和小苏打这类天然制品；特殊的无毒藏护级洗涤剂、清洁剂和蜡；光滑无绒的海绵；布和刷子；以及专业的真空吸尘器设备）。同样，用于展示和存储物品的一些材料（例如木材、织物、颜料油漆、胶带、塑料、塑形黏土、橡胶、金属别针、电线和挂钩等）会随着时间推移以蒸气的形态释放化合物，从而导致展品的损坏。理想情况下，用于展示或存储物品的所有材料都应是惰性的，经过测试和证明是适合在博物馆中使用的。

藏品的装卸、包装和运输

博物馆藏品的损坏最有可能发生在移动和运输过程中。㉛有时这些藏品是该类物品中唯一幸存的样本，或在某些方面值得注意或非常特别，因此对藏品装卸、包装和运输相关活动的仔细控制及设置适当流程和训练是必不可少的。㉜博物馆藏品需要装卸和移动的理由多种多样，但其根本在于应该仅在必要时选择装卸，并由具备充分的装卸知识、技巧的人按照最佳做法和使用合适设备实施。㉝大多数博物馆都遵循书面程序进行操作，其中一些最重要的应考虑因素在此列出：㉞

- 熟悉您的工作场所和您在工作时需遵守的健康和安全法规。
- 确保在实施行动前后执行所有的文档记录流程。
- 请勿让未经培训的人在没有监督的情况下装卸藏品。
- 在装卸和移动前理解不同类型藏品的具体需求。
- 拿起藏品前先检查/审视藏品并评估其是否适合承受装卸和移动。
- 在开始行动前制订计划：知道藏品将被带到哪里、放到哪里，以及您将对其做什么。

博物馆藏品的损坏最有可能发生在移动和运输过程中。有时这些藏品是该类物品中唯一幸存的样本，或在某些方面值得注意或非常特别，因此对藏品装卸、包装和运输相关活动的仔细控制及设置适当流程和训练是必不可少的。

- 操作前摘下所有悬挂的首饰或挂绳。
- 在装卸前后洗手。
- 使用合适的手套和其他防护设备。
- 装卸和移动藏品时集中注意力,不要同时做两件事。
- 如果可能,请始终使用两只手并小心支撑重物。
- 一次只处理一件藏品、托盘或盒子。
- 在藏品下方提供缓冲。
- 请勿从藏品脆弱处(例如器物边沿、把手)提起藏品。
- 请勿滑动或拖动藏品。
- 请勿从藏品上方跨过或在移动一件藏品时越过另一件藏品的上方。
- 请勿将藏品相互堆叠在一起。
- 使用恰当的移动设备(如托盘、手推车、泡沫材料等)。
- 存储箱或容器不可超载:每件藏品之间应留有充足的空间。
- 用惰性的和无酸的材料制成的填充物和缓冲垫小心地保护藏品。
- 如有必要,在容器上贴上标签以标明物品是易碎的。
- 保证藏品移动的目的地干净整洁并具备合适的光照水平。
- 如果要移动藏品,需了解移动路线,并可能需请其他人监督和协助(例如协助将门打开或警告他人避让)。
- 以缓慢的速度前进,永远不要倒退着走。
- 在记笔记时使用铅笔而不要使用墨水笔。
- 请勿在藏品周围进食、饮水、吸烟(包括吸电子烟)。
- 如果藏品过大、过重或易碎,请寻求专业的博物馆装卸员和运输公司的协助。

保护性设备

随着时间推移,皮肤分泌物会与某些材料发生反应并对博物馆藏品造成损害。在装卸大多数藏品时戴上手套,以保护藏品和正在

处理藏品的人（藏品的表面也可能具有毒性）。佩戴的手套类型取决于藏品的类型。㉟

- 棉织手套适用于表面干净和干燥的藏品。棉织手套在变脏后可以清洗并重复使用。但这类手套可能会太厚，并不能完全屏蔽皮肤上的油脂，并且可能会将油脂挂在粗糙的表面上。
- 一次性乙烯基或丁腈手套适用于表面比较脏、多尘、表面粗糙或非常光滑的藏品。许多博物馆完全依赖使用一次性丁腈手套，这类手套很方便，但通常很昂贵并且不能重复使用。
- 有时也可以不使用手套。在处理稀有的珍本书籍、易碎的纸张、油性或光滑的物件、重物、薄片式的物件或非常粗糙的物品时，最好直接使用清洁干燥的双手；这些物件使用手套处理可能会造成损坏。

根据正在进行的工作和所涉及的藏品，有时需要穿戴个人防护设备。㊱这可能包括实验室外套或防护围裙、护目镜、面罩或防尘口罩。如果面对的是非常大和重的藏品，可能需要穿戴安全帽和鞋头包钢的安全靴。

藏品的存储

大多数博物馆都需要保存一定比例的收藏。理想情况下，应根据需求的功能量身定制存储空间，并且同样的护理标准也要应用在展示区域。㊲越来越多的博物馆在考虑建设馆外的藏品存储设施，以便能在最佳条件下保存藏品和落实藏品藏护。㊳一些博物馆会制定策略，以确保其正在存储中的藏品能够被"开放"或"可访问"的存储加以运用，使藏品对于公众来说变得更可接近（见第六章）。�439在存储藏品时，以下几点非常重要：

- 藏品应被安置于安全、合适的建筑物中（可能是定制建造或按需改建的空间）。
- 实行登记流程记录员工和观众的出入。
- 为藏品和人员移动提供充足空间。
- 安装尺寸足够的柜子、货架。
- 安装可移动的架子以满足使用的变化（自立式或带有滚轮系统）。
- 为存储空间创建标签并用项目列表标记每个区域。
- 确保存储方式易于查找和移动藏品。
- 实施安全装卸和移动藏品的程序并使用相应设备。
- 为藏品的入仓、定位和出仓制定合适的档案记录系统和流程。
- 落实适配仓内在存藏品类型的环境控制和监控方案。
- 落实定期的审计和盘点程序。
- 定期进行藏护和安保评估。
- 如果可能，在藏品进入存储空间前指定一个区域对其进行处理、适应和隔离。
- 将用于包装和运输的板条箱及其他材料与藏品分开存放。

不同类型的藏品可能需要以不同方式在不同条件下进行存储。博物馆或许可以将材料相似和对环境要求相近的藏品组合在一起，再分别存储于相互独立的存储空间中，以满足不同环境条件下的存储需求。㊵

藏品状况报告和库存盘点

状况报告是藏品物理状态的书面记录，详细记录是否有任何损坏、磨损、变质的迹象。㊶状况报告有助于对藏品进行持续的评估，也是博物馆永久记录的一部分。藏品报告应在藏品首次进入馆藏时即开始记录。[42] 有些博物馆的资源足以为所有藏品准备周期性的状况报告,并在藏品被展出或被归还时进行更新。而在其他博物馆中,只能为有限数量的藏品(例如最有价值、最有风险或最易碎的藏品)准备状况报告,或当藏品被借出、被归还至馆藏时再准备报告。[43] 定期对藏品进行盘点是另一个有助于确保所有藏品的状况都在监控中的机会。盘点的频率和范围因博物馆而异,这取决于可用的资源及潜在风险(例如,高价的藏品应该得到更频繁的检查)。[44]

补救性藏护

补救性藏护指的是对已经损坏或腐坏的藏品进行处理以稳定其状态,或许为了"从某些方面增强其文化或科学价值",并确保其存留的时间更长。[45] 一些能够清洁和去除对藏品造成损害的物质的方法应该能逆转藏品在未来的受损情况。补救性藏护可能会非常昂贵且耗时,并且必须聘请藏护师来实施补救性藏护工作:未经培训的人员可能会因采取不该使用的方法和材料对藏品造成不可逆转的损害。藏护师应该与策展人一起确定藏护计划,并应保存补救工作的详细记录。

修复

区分藏护和修复是很重要的:补救性藏护旨在确定藏品状况并防止其进一步恶化,而修复旨在使藏品尽可能地接近其原始状况。[46] 大量清洁或更换、更新重要部件(无论这些部件是否为藏品制作时的原产部件)将改变藏品的历史完整性并导致永久性的变化,这可能会影响藏品的历史和美学价值。这些变化也可能立即或在将来造成不可逆转的损害。[47] 在博物馆中,只有在仔细考虑可能会产生的道不同类型的藏品可能需要以不同方式在不同条件下进行存储。博物馆或许可以将材料相似和对环境要求相近的藏品组合在一起，再分别存储于相互独立的存储空间中，以满足不同环境条件下的存储需求。

德影响和成功的可能性后才可实施修复。只有在博物馆决定以特定的方式使用藏品时，或藏品在经修复后产生足以使其得到更有意义的展示的变化时才会进行修复工作。[48] 不得在缺少专业藏护人员参与和监督的情况下进行修复工作。[49] 必须进行详细的比较研究，并且工作人员必须能够理解和说明博物馆藏品修复工作的需求和程度。 修复过程的每个步骤都必须严格记录，并且整个过程必须始终是可逆的。

与藏护师一同工作

博物馆藏护师是熟练的专业人员，他们在藏品保管和藏护领域都经过了专家级别的培训。他们的建议、指导和技能对于博物馆馆藏管理和护理工作来说都非常宝贵。很多博物馆没有资源永久雇用内部的藏护团队，而通常会以合同制的方式雇用自由职业者。通过足够的教育、培训，以及提供合适的设备，其他博物馆工作人员（通常是策展人）可以履行与藏品保管和藏护相关的部分职责（例如环境监测、状况和环境调查及报告）。[50]

博物馆应聘请专业的藏护师进行如下工作：

- 为博物馆藏品保管和藏护政策及计划的制订提供指导和帮助。
- 在实施环境监测和综合虫害管理计划方面提供建议和帮助。
- 为其他博物馆工作人员进行环境监测、状况和环境调查及报告提供培训。
- 对藏品的展示和存储条件进行评估和定期审核，并提供更改建议。
- 对藏品进行调查，出具藏品状况报告并为补救性藏护提供建议。
- 实施补救性藏护。
- 协助制订灾害预警计划并设立灾害工具箱。

藏护规划和风险评估/管理

博物馆必须认真负责并主动识别、评估、管理和减轻在藏品、设施和人员上可能会存在的所有潜在风险；应谨慎地将资源应用于防止藏品和博物馆场地产生不良变化或受到有害影响。[51]博物馆应制定和维护风险管理政策，其中应涵盖建筑和维护标准及规划、安全规定、火灾探测措施、灾害预防、预防性藏护措施和藏品库存盘点程序。[52]该政策还应说明谁负责设计、实施和监督这些政策和程序。从对于识别潜在风险及避免风险的方法的陈述，到对如何准确消除或减轻风险的详细描述，风险管理政策在这些方面的细节和涉及范围会因馆而异。[53]

藏品安保

博物馆是对公众开放的，因此藏品不免会遭受被损坏和偷盗的威胁。必须采取安保措施、程序和系统来保护博物馆的建筑物、内容、工作人员和观众。[54]防止藏品丢失和损坏是博物馆所有安全政策的优先事项之一。[55]这种做法还将巩固博物馆作为保护公众遗产的安全可靠场所的声誉。[56]将藏品放置于固定在地板或墙壁上的、不可被破坏或强行打开的（可能再加上锁定和警报系统）坚固展柜中是保护藏品的一种方法。护栏、护绳、信息板可用于阻挡或防止在开放空间中展示的藏品被触摸。[57]环境、价值特别高的藏品可能会配有警报，周边安装护栏、护绳和摄像头；博物馆可能会使用各类电子检测系统，选择使用哪种系统取决于博物馆和藏品的性质，以及可用的财政资源。安保人员也是博物馆安保系统的重要组成部分，他们需协助阻止犯罪或反社会行为，并对所有突发事件做出现场反应。[58]

防灾规划

博物馆必须努力减少和限制自然和人为灾害（例如火灾、洪水、地震、龙卷风、严重的风暴灾害、战争破坏、爆炸、民事骚乱、恐怖事件、蓄意破坏）对藏品、建筑和人员可能造成的损害。[59]博物馆必须制订正式的防灾规划，以减轻灾害的影响并为所有突发事件制订反应计划。[60]该规划应该与博物馆当地或所在国家的防灾规划流程相联系，并在制订时咨询当地和所在国家的相关机构。规划应定期审查和修订，工作人员应接受培训并定期对流程进行演练。[61]经过训练的关键人员需组成灾难响应小组，他们应了解博物馆建筑和藏品，并能够在灾难发生时立即响应。[62]博物馆内应随时准备好防灾设备和用品（例如应急设备、清洁和包装用品、防护服、存储容器和损坏记录材料）。

馆藏保险

博物馆应始终致力于防止藏品和场所遭受损失或损坏，但如果损失或损坏确实发生了，博物馆有可能会获得赔偿。[63]如果发生某些特定事件（丢失、盗窃、破坏、损害、伤害），保险可以为事件中的人员和财产提供一定程度的经济补偿，并且应在正式保单中以书面形式详述保险承保的内容。[64]投保的方法和对保险的需求因博物馆和国家而异，投保时应咨询专业的保险公司。

因为藏品种类繁多，要替换独特和稀有的物品非常困难（通常是不可能的），所以博物馆藏品的保险是一个复杂的领域。定期对藏品进行估价并更新保险非常重要，因为藏品价格经常变化。[65]博物馆必须与信誉良好的公司合作，并应在合作开始前获得报价。不幸的是，并非所有博物馆都能承担得起为其所有藏品的全部市价承保的保单。[66]有些博物馆可能会将馆藏分解为几组，然后分别对其进行评估和获得保险赔偿。❼在这些分组中可能会有个别著名的藏品,它们需要按照约定价值进行单独承保。❽从博物馆中借给其他机构组织的藏品需要单独承保,通常由借展方提供,如果博物馆正持有从别处借来的藏品,则这些藏品需要单独投保。

第三部分

展示和诠释藏品

第六章
展示藏品

为了增进人们对世界的认知，本书的第一章介绍了一些早期的博物馆整理和展现物品的方式。随着博物馆面向更多观众开放，物品的展示与展览具有的教育功能也越来越被普及。博物馆更多地被定义成一个向公众展示物品、传递信息的场所。在博物馆里，我们可以通过与真实的藏品相遇以获得真切而又独特的体验。也正是这些藏品把博物馆与其他文化、教育和休闲娱乐领域的体验和组织区别开来。❶

我们在博物馆语境中使用的术语"展示"与"展览"，往往用来描述一组经过精心安排和考虑、辅以诠释性材料和设计（例如标签、图像、影像、声音或互动装置）展出的藏品，以此传达和探索某些特定的思想和主题。展览中投入的大量思考和努力都是为了能赋予展品意义，同时借此机会增加大众的知识和理解，发掘新的信息和观点，获得愉快甚或是变革性的体验。❷

公众对博物馆展出的内容、类别、呈现方式和自身观展体验的期待值很高，尤其当展览资金是由公众提供的情况下。❸当下的观众能够自由选择去主题公园、电影院、剧院和体育馆，日常生活则频繁使用数字技术，因此大家的时间和精力有限，并希望观展的体验能够物超所值。❹通常对博物馆的评价由前文中观众期待的展出的质量所决定，而大量资源都被倾注于这些展出中。因此，对于策展人来说很重要的是了解围绕着展览和展示的设计及制作的所有相关考量、阶段和过程，本章则为这一主题提供了一个概述。

永久展示和临时展览

在博物馆领域中，"展示"和"展览"两个词可以互换使用。在本书中，会以"永久展示"与"临时展览"进行性质区分。这两种展示通常各有其初衷，并为不同类型的观众而创建。❺ 从理论上来说，任何博物馆的展品都无法真正地被永久展示：这意味着藏品能够永远保持不变。❻ 较好的做法是每10年更换一次"永久展品"，最理想的情况则是建立稳定的资金来源，以定期更新或更改展品，避免展示变得陈旧、乏味，或包含不合适的信息和过时的多媒体。❼

临时展览是只在短期持续的临时展示❽，它们通常围绕一个主题，比如：

- 展示一项新的研究。
- 调查新的主题（或在博物馆不常见的主题）。
- 为了某个纪念日。
- 探索新的联系和对比。
- 探索性的尝试或引发辩论。

一些临时展览旨在面向大众，设计得十分有吸引力，而另一些展览的主题则针对专业的观众。临时展览的一大优势就是吸引和鼓励可能不常来博物馆的观众以提升博物馆的知名度。❾ 在今天，临时展览正处于蓬勃发展的阶段：大多数博物馆意识到了临时展览可能带来的益处，并且大众也对博物馆举办临时展览抱有期待。❿

人们对于博物馆展览的想法已经发生了改变：它们可以是快闪展，不拘泥于传统空间，也可以是虚拟展览或巡回展。相对于永久展示，临时展览的表达度和实现性更高。有些临时展览可运用有限的资源在短时间内迅速进行研究、计划及制作，不论从内容还是形式上都能拥有更大的自由。很多时候临时展览包含了更高比例能吸引观众的、戏剧性的元素，可能更强调提供娱乐或让观众沉浸在体验中。⓫

在博物馆展览中包括从其他博物馆、机构或私人个体那里借展的藏品是很常见的。借入和借出的程序需在参照自身馆内的藏品管理政策的情况下加以慎重管理（见第四章）。一些临时展览中的展品也可以全部从外部借用（包含展品、展示台、介绍材料，同时也包括安装和拆卸的工作人员）。这类展览被称为巡回展，可由博物馆自身或专业公司来组织。⓬

展示的原因

在计划展览之前，明确项目的原因及期望所得到的结果是至关重要的，其中可以包括：⓭

- 更替陈旧或过时的展品。
- 填充新的空间或展柜。
- 拓展藏品的用途。
- 补充展品信息及知识量。
- 增加对新研究的运用。
- 增加观众数量。
- 多元化参观群体。⓮

以上因素决定了新展览的主题和构想，涵盖的是怎样的展品，展品如何被展示，以及采用怎样的诠释方法。

内部及外部协作

举办展览、组织人员或管理工作都并非只有一种方法，展览从构思到设计、制作再到评估，是一个复杂而漫长的过程。⑮过去按照传统，由博物馆馆长或策展团队进行展示或展览的研究与组织展出，或者至少引领项目的发展。而今天，则有更多具备专业知识和技能的人员会在这一过程中发挥各自的作用。⑯其中包括登记员、藏护师、设计师、诠释主管、市场营销人员、公关与媒体人员、零售经理、安保人员，也许甚至包含专门负责展览协调的人员。这些团队将有助于展示和展览的落实，使这些展示和展览不仅有高质量的研究与诠释为基础，而且还能以最有效的方式产生最大的影响，包括提供为博物馆观众服务的活动和计划。⑰

一些博物馆会与专业的设计公司及布展公司合作，因为它们可以提供博物馆没有的专业人员。这些公司会与博物馆的工作人员紧密合作，结合博物馆的特殊需求，进行量身定制。⑱一些实力更雄厚（且预算充足）的博物馆可以长期雇用这些专业人员，以便为展览（或诠释），以及专攻博物馆的诠释内容、展陈和临时展览项目的工作人员提供支持。⑲有些博物馆没有资金长期聘请这样的人员，那么这类工作必须由一位内部策展人在其他同事、志愿者和顾问的协助下进行。⑳第三种办法是博物馆以签订短期合约的形式聘请一位助理、嘉宾或展览策展人进行项目管理。只有高标准、持续和专业的研究才能产出高质量、成功的展览。不指派专门项目策展人或不给内部策展人足够的时间投入其中，虽然常常被视为节省成本的有效措施，但也是博物馆的工作人员面临的共同挑战。

博物馆展示的基本原则

成功的博物馆展览会具备：

- 有吸引力的设计及视觉冲击。
- 娱乐性与启发性相兼。
- 有目的性,有明确的概念、内容需求和经过深思熟虑的诠释方案,鼓励观众参与到信息获取和亲身体验中。
- 成为给观众提供信息,令其能够根据各自的兴趣,按自己的节奏和方式探索主题和想法的地方。
- 有良好的计划、明确的目的,并与博物馆的使命与目标保持一致。
- 在可用资源范围内,以及得到相关员工和外部专家的意见的情况下实行专业的制作。
- 是从博物馆建筑、藏品、资源、工作人员,到观众各方面都保持安全稳妥的项目。
- 从设计到内容,尽可能让更多观众感到观展无障碍。
- 对当代社会、价值观的态度是敏锐和同情的,有时鼓励辩论并具有批判性。㉑

展示和展览概念的产生

这些新展有可能是为了向人们展示一些前沿或专业的研究,为了让大家喜欢和了解新的主题、视角或层面。㉒有时,这些对展品的研究能给大家提供灵感,但围绕某个人、某件事或是某个时期的研究也同样可能成为驱动力。㉓公众的兴趣和需求能启发展览或展示的主题,但主题也同样能被市场所驱动。例如最近的一个政治事件,一个引起激烈讨论的当代问题,特定的艺术家或历史人物的受欢迎程度,又或是一个流行的文化运动。㉔

理想情况下,应将以上构思展览的方法结合在一起使用:展览吸引公众的兴趣,能够与当代主题、社群和不同观众联系起来是符一些博物馆会与专业的设计公司及布展公司合作，因为它们可以提供博物馆没有的专业人员。这些公司会与博物馆的工作人员紧密合作，结合博物馆的特殊需求，进行量身定制。

合所有博物馆的利益的。㉕如果可以，博物馆的展览计划决策应与博物馆研究政策中规定的博物馆研究活动的优先事项密切挂钩（见第九章）。博物馆应常年制定长期的展览策略，在研究计划的基础上，由委员会构建概念。

概念与内容的发展

对于展示或展览的性质和形式、内容、诠释类型、所涉藏品的研究、发展和确认，每一步都是一项重要的工作。㉖通常策展人负责展览的初步概念及内容发展，但他们也可能会得到历史学家、研究人员、诠释规划人员（interpretive planners）、观众体验专家、教育工作者，以及文献和公众关系专家、教育工作者和档案管理员的专业知识的支持。㉗

举办展览以前及期间，应对以下方面进行考虑、定义和计划：

- 目的、重点和范围：为什么是这个展览项目？展览是关于什么的？有怎样的教育目标？
- 潜在受众和目标受众。
- 概念——信息及故事线：我们要讲一个什么故事？要使用什么主题？
- 声音、角度和基调：如何传递信息？通过怎样的镜头，使用什么声音和基调？
- 通过哪些藏品来传达、塑造及传递概念？如何利用它们来讲这个故事？
- 展览布置：展示或展览会呈现的样子和传递的感觉是怎样的？
- 评价：如何及何时进行评价？是前端分析、形成性评估还是总结性评估？

一个高质量、成功的展示不太可能通过简单地选择藏品去适应所需主题并安排在博物馆空间展出来而达成,相反,它们源于使用主要和次要信息资源进行深入的历史或科学研究,并导向对主题、子主题、线索、连接点、以及故事线的确认。❷ 因此,细致和专业的研究是制作博物馆展览和展示的基本要求,这种研究必须贯穿项目的发展、规划和设计阶段。❷

一旦确认了展览的概念并完成了一些研究工作,就可以着手展品的选择了。通常,这一步由策展团队负责,他们一般具有对藏品深入的了解,并对展览的不同分区进行考虑。❸ 被选择的展品可能会帮助观众理解这次展览的主题与宗旨,或者说展览的主题和想法突出了对展品的展示。

博物馆的展示类型

19 世纪 40—90 年代的"博物馆时代"(见第一章),不仅藏品数量增长迅速,为了尽可能地展示案例与样本,在博物馆中大量展示展品的情况也十分普遍。今天,博物馆以叙述和主题主导等更专注、更有辨识性的方式进行展示。通过精心挑选和演绎的藏品能更有效地传递信息和想法(并创造更难忘的观众体验),而不只是在展厅里放满展品和配套设施。展品比例根据博物馆的类型而异,但多数情况下,只有藏品总数的 5%~15% 的展品会被展示在经过特别策划的展厅中。❸

不过也可能存在展品太少或提供的信息太少的情况。这些博物馆对氛围、设计及艺术性过于追求,反而使得展品和展览的教育初衷被丢失了。必须在合理的展品数量与有意义的观众体验之间谨慎平衡。

根据展览的目的、受众、主题、藏品、诠释、设计及布置,不同的人用不同的方式来描述和区分博物馆中藏品展示的方式。❷ 任何类型的博物馆都可以采用以下叙述的展示方法,并且大多数展览和展示都处于多种目的混合使用的状况。每个博物馆都必须决定最适合自身空间的方法。㉝

审美的或沉思式的方法

这种方法最常见于艺术博物馆,当然也可以被其他类型的博物馆采用。这个方法可以让艺术作品、图像、物品或标本在没有任何其他语境材料的辅助下,仅凭美感和趣味、意义和质量而被展示和欣赏。㉞这些展示往往是低密度的,物品按照日期或风格发展的顺序线性排列。这类方法中,在随附的诠释中提供有限的细节是很常见的。语音导览和带有教学或互动元素的手持数字设备可以增加所提供的信息量,也可以开展人工导览。

概念的、语境的、主题的或教学的方法

这些方法更可能在历史和科学博物馆中使用。在这类博物馆中,物品是为了在上下文中被看到,并共同讲述一个故事,交流一个想法或话题,或使人们能够探索一个整体的叙述或主题。㉟这些展示可能以线性方式排列,循着一个故事情节或一系列的时间关系。展品可能比上文沉思式的方法中的数量更多、展示得更密集。展览的诠释可能是分层次采用几种不同的方法。观众有机会检查和比较展品,探索它们之间的关系,并发现其中的含义。

一种被称为"过程"的展示方法与这种方法有关:采用讲故事和背景信息的方式来讨论某事物的运行原理、制作过程,或探索其发生的原因。㊱这种过程方法经常出现在科学博物馆中。

系统的方法

系统性展示往往出现在科学和自然历史博物馆中,在这些博物馆中,标本的全面收集是随着时间的推移而建立的,并以系统的方式排列。这些展示可能涉及一个特定的主题、话题或类型，也可能会考察不同标本之间的时间变化和相互关系。这种方法有时对普通观众来说是最没有吸引力的，但对专家和专业教学来说是非常有益的。[37]

最近，许多博物馆已经允许公众访问库藏的藏品。[38]这些"开放"的或"可访问"的仓库可以成为被更加"精心策划"的展示区的宝贵辅助，让公众更容易接触到以系统方式排列的物品，也许是按照类型、材料或尺寸来分组。

探索的方法

将开放式仓库或博物馆主要展示区中的藏品进行无顺序展示，允许不经连续链接的观察和联系。开放式仓库如果能够转变为"发现中心"则往往是最成功的——在这里，观众被鼓励去探索标本或物品，自己去发现其中的意义。[39]这种方法中，提供的诠释中的细节有限，而更多的信息则可能会以数字化的展册链接或人工导览的形式呈现。

环境、居住地、情境联想或重建的方法

这种方法的特点是密集地展示不同种类的藏品，以一种可信的方式或一个想象的环境来重现某个时间点或特定的栖息地。它们可能被放在一个展示柜中，或者在观众可以走过的环境中展示，其体验甚至可能扩展至整个建筑或场地。这种展示在自然历史博物馆和社会历史博物馆中最为常见，与其相关的是"空间设置"，用于社会历史博物馆、历史财产或需要室内再造的情况。

互动与参与式的方法

一些展览鼓励观众进行动态的互动和对话：这可能与诠释性的材料（实体的或是数字化的），可被允许触摸或制作复制品的藏品，或者作为导览员、诠释人员和示范员的工作人员或志愿者相挂钩。这种方法在科学博物馆中最常使用，但在历史博物馆中也同样有效。观众也可以通过"参与性"的方法介入到内容的创造和策划中来（这个想法将在第八章中进一步探讨）。㊵

展示设计

除了考虑叙事和主题之外，博物馆还必须以吸引人的、有逻辑的和无障碍的方式安排展示空间、物品、事实、想法和信息，以便观众能够亲身接触到它们，并与它们进行有效的互动。㊶这将增强博物馆提供娱乐性和刺激性体验的能力；向各种观众传达有关藏品和主题的信息，使他们能够以自己的速度和深度探索博物馆所展示的主题，以符合他们的兴趣、专业知识或身份。㊷

博物馆希望传递的信息可通过设计和视觉来表达：如何平衡展品的排列和呈现、布局和视觉原则对实现项目的既定目标至关重要。㊸观众可以通过以下3种方式与展品互动，被其所吸引。

- 本能层面：对展品本身，以及展品外在感觉作出反应。通常是一种快速和表层的判断。
- 行为层面：展品如何传达其功能、性能或实用性。
- 思想层面：展品留给观众的思想、感觉或意象。㊹

如果展品在这些方面未对观众产生影响，那么它就不会有吸引力和趣味。展品的呈现方式可加强观众与展品不同层面的互动。策展人不是受过训练的设计师，但是在处理展示和展览工作时，了解一些设计的关键要素是非常有用的。㊺这项工作的某些方面概述如下。

空间/室内设计

设计团队应该考虑如何利用博物馆的空间，以最有效的方式让观众理解展览目的，同时让大家享受其中的乐趣。开发展示的空间元素可以创造凝聚力，传达特定的意义、情绪和感受，并激发大家的反馈。㊻

博物馆陈列和展览设计中一般对空间的考量包括：

- 在何处及如何介绍和叙述展示或展览。
- 观众将如何在空间中移动或如何以特定方式控制他们的行动。
- 使用什么引导系统来指引观众。
- 成组的观众可能会如何使用这些空间。
- 观众是否可以轻松有效地观看藏品和随附的内容。
- 如何避免空间中的瓶颈或死角。
- 哪些诠释性系统可以使用及在哪里使用。

博物馆展示的传统方法是在长方形展厅的墙上安排物品、陈列柜和诠释内容，也许还会在展厅中间安排一些展柜和展品。今天，人们通常会看到展厅被分割开来，观众被鼓励在一系列（通过使用屏幕墙、面板或分区创造的）空间中移动，并在各种不同的展柜、结构和平台上进行展品展示。㊼以这种方式去适应和调整不同的空间可以增加多样性和刺激性、实现节奏变化、引入惊喜和期待、鼓励仔细审视或好奇心，并使展示或展览的不同区域以不同的方式呈现，也许还能创造或激发某些情绪和情感。㊽

我们知道，在文化和社会习俗的鼓励下，英国和美国的博物馆观众有某些共同的行为倾向。这些行为包括：

- 进入博物馆后始终向右转。
- 沿着右手的墙进行参观，将注意力集中在展厅右侧的展示。
- 停下，留意展厅右侧的第一件展品。
- 留意展览中最先展出的展品或展陈。

101

除了考虑叙事和主题之外,博物馆还必须以吸引人的、有逻辑的和无障碍的方式安排展示空间、物品、事实、想法和信息,以便观众能够亲身接触到它们,并与它们进行有效的互动。

- 绕开光线较暗的区域和部分。
- 在展览结束时减少对藏品和展陈的关注。
- 花更多的时间沿着通往出口的最短路线观赏展品或展陈。
- 被多彩明亮的空间和藏品所吸引。
- 发觉那些更大、更引人注目的藏品。
- 体验博物馆专有的由于精神和体力的刺激而带来的疲劳,毕竟精神高度集中只能维持大约30分钟。❹

设计师可以通过不同的技巧改变观众接近藏品或参观,以及在空间内移动的方式。他们可能会使用颜色、光线、空间布局的变化(操作),不同类型的动线、地标及出入口;简介牌/题注/标题;展品柜、窗户和门;以及其他实体的障碍物都可以被设计师以不同方式加以利用:❺

- 无结构型:观众可自己掌握参观的节奏,决定优先参观什么,对什么感兴趣。这种无定向、以展品为主的方法不适合故事线的构建。
- 建议型: 鼓励以线性或辐射性的移动方式带领人们沿着一条路线参观。❺ 不仅给予观众一个框架,同时大家也能自由地选择。不过这种方法会很大程度地依赖所设计的元素是否有效。
- 定向型:限制会更多并且非常严谨,观众会在引导下参观展览,并围绕着主题和故事情节的发展而精心构建体验。观众几乎没有看什么的选择,也没有多少机会在结束前离开:这有时会导致一种被困住的感觉并造成瓶颈。❺

观众在博物馆空间中追求的运动模式会对他们的体验产生重大影响。利用空间语法的方法,通过对客流的研究和可视化,可以确定观众流动的趋势和重复模式。❺ 对这些数据的分析可以改善空间的

使用，并进行修改以改善观众的整体体验。㊾

在考虑藏品的排列时空间的考量也是很重要的，这样才能增加藏品的影响力，突出它们的重要性，并鼓励观众仔细观察它们。㊿ 展品周围的空间太小或太大都会改变观众感受它们的方式（例如，让它们看起来微不足道或导致它们被忽视）。藏品之间及藏品在空间中如何排列（例如，开放的展示、展柜、展墙）也需要考虑，并在所有展位上仔细组织，以便于观众观看藏品、无障碍体验和产生视觉冲击力。㊺

藏品的布局与保护

博物馆的展陈和展览包含各种各样的藏品，其中许多都有特定的规则。在设计确认前，应该对每一件将要展出的藏品在藏护和安保需求上进行全面的评估。应制订全面的方案来保护藏品，从围栏和展柜再到展品和观众之间的空间分隔等方面着手。㊼

数百年来，博物馆一直使用展柜（或陈列柜）来展示物品。展柜让物品放在可供观赏的环境中，是维系物品、展厅和观众的纽带，并且有助于为所有展示空间建立移动模式。㊽ 这些展柜还能在一定程度上保护藏品免受盗窃和破坏，包括环境因素（极端温度、湿度、害虫）的破坏。㊾ 展柜有多种不同的类型和规格，应根据预期用途和预算进行研究以选择最合适的类型。理想情况下，博物馆展柜应为藏品提供足够的物理保护（即坚固和稳定）；可上锁，确保藏品安全；能够防尘，防止害虫进入。如果资金充足，则可以为藏品提供能够创造微气候（microclimate）和具备防盗报警系统的展柜。㊿

顺序，时间，移动

展览的路线应被精心设计以收到最好的效果。整个展览应能成功吸引观众的注意力并使其体验到展品的多样性，同时这些体验也应该结合在一起以使其具有连续性。如何创造一个持续并变化的图景、视线、体验顺序，以及意料之外的场景是很重要的。通过门和标志性物件引导观众进入展览或进入某一段路线，并鼓励他们参与到更广泛的主题和叙事中。通过一些技巧，具有戏剧性的、重要的或标志性的展品可能成为展览的高光时刻，激发观者的兴趣。当观众走向它们时，戏剧性效果可能会超出预期。❺

线条与形式

　　线条是所有设计元素中最具活力的：它可以引导视线，暗示观者的移动和方向，改变空间或展体的比例，并促使观者产生不同的感觉。❻线条可能是真实的，可能是简单的感觉，也可能是暗示的，从而引起观众的注意；眼睛可以从空间的一个点移动到另一个点：它们可以是一种有效的方式来统一展示和将这些点组合在一起。

　　我们回应与空间相关的形式：在博物馆展陈中，应考虑展品的形状、大小和体积，以便为其创建适当的展示空间，并将它们放置在展馆内最好的位置（例如，将展品放置在展柜前或单独置于展柜中会吸引注意力，让人产生兴趣）。❸要仔细考虑展品的视觉冲击力、重量分布、形状或质量、视觉方向，以及这些要素之间的平衡。

明度和色调

　　一件藏品的明度或色调是用来衡量其明暗程度的，这也会对照在藏品上的光线总量有影响。明度可以为藏品添加视觉特征：明度较暗会让人感觉沉重，而明度较亮则看起来更轻盈。通过博物馆展示、展览中的照明来实现明暗对比是一种非常有效的设计工具：它可以帮助建立主题重点、视觉和构图顺序，改变观众对展品大小和距离的感知，激发观众或接受或排斥的不同情绪和感觉，创造戏剧性和关注焦点，以及鼓励观者的某些定向移动。❹

色彩

　　色彩在博物馆空间和展览中会让人留下难忘的印象，这种记忆通常是持久的，可以用来增强观众的反应和体验。色彩及其明度常常能够建立和保持展览的连续性，并将不同的元素结合在一起。⑮ 反之，颜色亦可用来创造多样性和对比，增加或减少空间的感知大小或改变其比例。色彩也会刺激后期的情绪反应，并能影响观众的情绪、反应和想法。颜色强度是另一个考虑因素：低强度的颜色通常比饱和的颜色对物体的影响更小，因此应谨慎使用明亮的颜色，通常仅用于表示强调。

纹理

　　博物馆里的藏品往往不允许观众触摸，然而藏品的纹理或它所展示的背景和环境是可以在视觉上得以感知的。在所有展陈中，不同藏品的纹理属性和二维效果的关系都应精细平衡。

设计步骤

　　展示、展览设计过程所涉及的正式程度会根据项目性质与规模、组织的特定文化、涉及的员工数量、由内部完成设计及制作还是外包这些因素而所有不同。

　　如果外包给设计公司／承建商，则需要通过招标。一份初步的设计大纲（或计划）会提供给感兴趣的公司。⑯ 最终的计划书会由博物馆的项目团队进行审核。计划书中应包含以下细节：

- 项目目标（可以很宽泛，也可以很具体）。
- 项目性质（内容，时间框架，可能的目标，主题，介绍初步想法，对藏品的特殊安排）。
- 目标群体及预期的观众反馈。

通过博物馆展示、展览中的照明来实现明暗对比是一种非常有效的设计工具：它可以帮助建立主题重点、视觉和构图顺序，改变观众对展品大小和距离的感知，激发观众或接受或排斥的不同的情绪和感觉，创造戏剧性和关注焦点，以及鼓励观者的某些定向移动。

- 展览所需空间、规模、特征或限制。
- 时间线和交付日期。
- 预算。可能会由博物馆提前规定,或者博物馆也能参考设计者的建议。㊏

一旦确认了合作公司并签署合同,就要遵循设计的 3 个步骤。㊌

1 设计初案 / 概念设计

向设计方展示展览空间,提供可用预算的建议,并简要介绍项目的规模、性质、概念、主题、信息、预期受众和诠释的目标。设计师会收到一份草拟的藏品清单及注释内容初稿。设计团队将创建视觉效果草图、显示人流和路线循环的概念草图与图表、空间应用、所有诠释性内容的布局和位置。此阶段还应说明展览的外观与感觉(例如建议的色彩、字体、样式、图形、饰面和材料)。㊍

2 设计研发

设计团队会制作展览的故事板,并提供关于诠释方法及布局的清晰构想。平面图、剖面图和立面图,组件设计的图纸 / 计划也是设计的一部分(如展柜、模型、透视图和互动装置)。应制订图形计划表、材料和饰面计划,照明及标识也都应被列出。机械、电路系统的集成和修改、所需的硬件及软件设计,其性能和规范这些技术要素都需说明。㊎在此阶段应完成并商定成本估算和工作计划,同时应制定最终的展品清单和诠释性内容。也可以与潜在受众一起对概念和设计进行评估。

3 最终的设计方案

在这一阶段,藏品清单和所有诠释性内容的草案都应完成并提供给设计团队。可以通过制作一个最终的设计包,其中说明展示或展览涉及的每个元素（包括如何搭建），应呈现观展路线的平面图、立面图、展览分区及子分区、展品位置、平面设计和诠释性内容的设计、照明和视听元素。还应为制作和费用做最终计划，确定并与各方商定生产和交付的时间表。最终的设计方案一旦通过，则可以着手施工图纸及规格，以显示如何将展陈在指定空间内进行构建和适应。同时，可能会需要制作一系列设计包（如一般的搭建工程、木工与制作工程、视听硬件、试听软件、平面、安装等）发给潜在制造商和供应商。

展示及展览的制作

根据博物馆的政策，与展览相关的全部或部分工程都需进行招标（例如，建造和制作展陈及其部件、文字、平面、视听系统、灯光、装置所涉及的材料和供应商）。❼❶ 在任何情况下，合同的制定都应该反映相关的图纸、协议和施工文件。博物馆的项目团队必须仔细监督制作过程中的任何修改并进行协商，同时应考虑对质量和成本的相关影响。❼❷

展示或展览的搭建和安装应根据项目进度进行严格管理。❼❸ 需要精心准备和规划以确保项目高质量按时交付，而不会影响博物馆的藏品和声誉。

第七章
藏品的诠释

在博物馆里陈列和展示藏品，不仅有机会讲述它们的故事，还能促进思想和信息的交流，塑造向公众投射展品的意义。❶博物馆的诠释指的是博物馆有意或无意间向观众传达的所有信息。从文字到人工导览，从数字化互动到有组织的活动，这些信息通过不同的方式传递给公众。如今，博物馆的诠释较少局限于指令说明或专家的声音，而是更多以公众为主，与其建立对话并促进交流。❷此外，那些精心策划的展陈能创造出变革性的体验：通过展示展品及为观众提供诠释性信息，公众可以从更大程度或不同程度的理解中受到启发，欣赏新层次的意义；并且发现，他们对于某个历史或当代问题的态度、价值观、观点和看法已发生改变。❸让公众主动探索，自由选择学习、互动和参与也成为当今博物馆陈列和展览的理念，这些理念能有效地给公众带来更好的体验，这也是当代观众所期待的。

对藏品的思考

在研究传达信息的各种相关技巧以前，有必要考虑策展人可能希望就博物馆的藏品传达什么信息。策展人选择展示某件藏品，可能是因为他们觉得这件藏品在某些程度上很有趣，或者与之相关的信息可能对公众有价值，又或者它可以带给我们一个特别的故事。在展览中，一件藏品可能只是简单地被附上识别信息，或更进一步展现与其相关的背景信息，或进一步被诠释。❹但博物馆的工作人员如何考虑和诠释一件物品将取决于以下因素：

- 研究的数量和类型（以及时间）。
- 研究人员的专业水平。
- 可依据的证明。
- 主办方的目标和使命。
- 展示目的（这可能是一种循环关系）。

物品跟文本一样，具有符号和意义。❺而它们的意义始终扎根于社会和文化系统、信仰和行为中：物质文化（物件）的意义由社会中共享的意义系统所构建，同时也受限于创造它和让它留存的文化和历史环境。❻策展人试图构建意义，证明这些藏品在当下的重要性，让观众以不同的方式思考它们。在博物馆里，物品已被带离其原址，脱离其原有的社会功能，被赋予特殊的特权地位，脱离物件流通的正常世界，并在其护理、使用、拥有权和存储方面都被赋予了新的价值。因此，观众的体验总是受到博物馆赋予这些物品的意义和价值所影响。

此外，博物馆为观众提供了接触实物的可能，并通过考虑实物与人、地点和时间的关系，使观众能够探索他们的世界。与物品的交互可以让观众体验不同类型的人文感受，学会欣赏他人过去和当下的生活，并对人类的关键方面进行反思。在第四章中阐述了对藏品进行信息记录以撰写"藏品传记"，这对于思考藏品的作用，以及人与物件之间创造意义的社会互动的方法（以及这些意义如何随着时间推移而变化）至关重要。❼考虑藏品的生平故事，藏品之间，以及藏品与人之间的关系是在博物馆展示或其他项目中对藏品进行定位和探索的有用方法。

博物馆馆藏中的每一件物品都需要进行深入的研究、检查和记在博物馆里陈列和展示藏品,不仅有机会讲述它们的故事,还能促进思想和信息的交流,塑造向公众投射展品的意义。

录，其内容包括：

- 创作者/作者/艺术家简介。
- 藏品在被纳入馆藏以前及以后的简介（例如谁曾拥有该藏品、如何拥有、何时何地拥有）。
- 各个材料元素的故事。
- 藏品的制作、设计及分布信息。
- 藏品的使用、交换、变化、移动、破坏或保管信息。
- 与藏品相关的组织、机构和个人信息。
- 当下与藏品有关联的人和地点。❽

思考藏品的方式不同，会赋予其不同的价值、意义，提供更丰富独特的注释，还能带给公众更广阔的主题和想法。通常，人们倾向根据一件藏品的功能和年代来进行考虑，并根据其性质来进行诠释。但我们也应尝试用其他方法来考察物品，例如：

- 创意或发明：设计和制作物品的技术和概念。
- 设计：藏品制作使用的材料和装饰、成本，其关联、风格和功能。
- 材料：用于制作物品的材料来自哪里，为什么使用它们？
- 市场：藏品的经济史。
- 藏品是为谁、由谁、为何、何处、如何、何时制造的？
- 使用：藏品是为什么和什么时候被使用的，其功能或目的是什么，随着时间的推移它是如何变化的？
- 艺术：藏品的美学意义及风格特征。
- 关联：该藏品的公共、个人和社会关联随着时间推移和文化不同是如何变化的？该藏品是否有象征意义？❾

以上列表并非详尽无遗，还有很多其他的理论观点和方法。通过这些方法，藏品将因不同的目标、研究或项目（例如采用公共、地方、经济、社会、性别、家庭、殖民/军事史或宗教、教育、科学和医学史领域内的方法）被考量和检验。这些藏品可以成为研究、参考和娱乐的起点，让公众在参观时思考并对新的信息提出疑问。❿肯·阿诺德（Ken Arnold）探讨了早期博物馆是如何形成的，这些博物馆以收集各种物品来研究和探寻世界，去钻研、调查和实验。阿诺德认为，博物馆在呈现藏品时应该回归这些原则，创造对话和联系，促进令人好奇的惊喜，重新点燃物品和故事中的奇迹。我们应该考虑利用藏品来讲述故事，并通过探索、想象和实验的方式在与观众的对话中引发知识的创造。⓫

诠释的规划

"诠释"在博物馆语境中的含义广泛，一般是对物品展示的方式、主题和话题进行描述形容，同时包括博物馆为了传达信息和想法所设计和使用的一切方法或工具。⓬这些信息只有通过博物馆工作人员的精心规划，才能有效地传达给观众：

- 希望讲述什么故事和信息？传达怎样的含义？希望观众从展览中学到什么及产生的影响（传播目标）是什么？⓭
- 希望将这些含义传达给谁（怎样的观众）？
- 如何让馆藏中的藏品讲述故事？
- 传达信息最合适的方式是什么（会使用到哪种媒介）？⓮

为了解决这些问题，确保观众以最好的方式接受藏品信息和主题，创造高质量的观众体验，博物馆应该制订一个诠释规划。这一核心策略将帮助博物馆找到最有效、最合适的方式与特定的受众进行沟通；确保以观众为中心，创造符合社区利益和需求的体验；为该策略覆盖的所有项目的性质、内容、制作构建结构和形式。⑮

一些较大型的机构可能会有一个自己的诠释策略或规划,这个策略将会阐明博物馆对于诠释、风格、平面、文字及其他沟通方法的整体理念,与机构目标和使命联系密切相关。⑯甚至可能有一个专门负责在整个博物馆内实施统一诠释方法和设计方法的员工或部门成员。⑰可以为个别项目设计单独的诠释规划,这通常对于展陈、展览和教育的规划、执行、监测和评估都是至关重要的。⑱

诠释性内容由谁来制作取决于博物馆的性质、工作人员,以及博物馆过去所举办的展览。在大型博物馆或大型项目中,学科专家或策展人可以进行前期研究,然后将研究内容转交给诠释规划人员或专家,由他们撰写展陈内容。⑲

诠释策略

1957 年,弗里曼·蒂尔登(Freeman Tilden)发表了他著名的"阐释六原则"。这些原则在今天仍然适用,在深化一些场地和项目的阐释时可以此为参考:

1. 若无法让展品与观众的个性或经历通过某种方式产生连接,那么诠释是无效的。
2. 信息本身与诠释并不能画上等号。诠释是从信息里提炼的启示,二者完全不同。不过诠释中包含着信息。
3. 诠释的艺术中容纳了各类艺术,无论所呈现的材料是科学的、历史的还是建筑的。任何艺术从某种层面来说都可以传授。
4. 诠释的目的不在于指导,而在于挑战。
5. 诠释应该强调整体的呈现,而不是部分,是面向所有人而不是某个年龄阶段的人。
6. 面向儿童(比如12岁以下)的诠释内容不应理解为成人段内容

我们在博物馆展厅里向人们展示的内容不能是学术论文，也不能试图强迫人们以某种方式思考，或以说教的方式传递。相反，应该在提供数量和质量足够的信息的基础上，创造鼓励人们近距离观察、探索及发现的环境，让人们做出自己的判断，潜在地改变大家的意识、感知、态度和价值观。

的一种淡化版本，而应遵循从根本上完全不同的方法。为了最好的效果，最好进行区别呈现。[20]

大多数人期望在参观博物馆的过程中获得的都是非正式的学习体验和某种享受。[21]博物馆以任何形式制作的诠释应该易于理解和消化，通过非正式的方式并易于让所有人接受。因此，我们在博物馆展厅里向人们展示的内容不能是学术论文，也不能试图强迫人们以某种方式思考，或以说教的方式传递。相反，应该在提供数量和质量足够的信息的基础上，创造鼓励人们近距离观察、探索及发现的环境，让人们做出自己的判断，潜在地改变大家的意识、感知、态度和价值观。[22]享受是博物馆观众的共同期望，如今，大部分博物馆采用不同技法进行诠释，不仅促进和提高了大众的学习热情，也创造了愉快的体验。

同时我们也不能忘记，博物馆是教育和学习的殿堂，诠释的策略也应响应这一使命。即使是主要希望获得消遣和娱乐体验的观众也会希望获得关于展示、藏品的信息。[23]但人们并没有太多的时间阅读冗长难懂的关于物品的研究文字。相反，诠释应简单有效，为人们对展品的注意力起到支持的作用，而不是分散注意力。[24]如何找到有效的方法对信息分层是关键，它能让人们轻松地阅读，可以根据自己的意愿来决定阅读多少。

我们无法准确控制观众对博物馆中诠释内容的反应：他们不会阅读所有内容，但会深入了解所提供的信息，并经常忽略信息呈现的顺序。乔治·海因（George Hein）和贝弗利·瑟雷尔（Beverley Serrell）的研究列出了博物馆会遇到的一些主要问题，例如：

- 观众只会在不到半数的展品前留步。
- 观众只会花时间在展览的某些单元上。
- 观众会跳过许多要点。

- 观众不会像工作人员所期待的那样经常阅读诠释内容。
- 观众在展品和展览上所花的时间比我们想象的要少得多。
- 观众在半小时以后注意力就很难维持了。㉕

为展览制定一个主体框架,列出主次主题并将其分类,这些方法可以帮助我们克服挑战。㉖博物馆诠释内容不需要单一的话题或主题。然而对于单独的展厅,或者单组展厅组来说,如果诠释内容与一个总体理念和叙述相关,则能让人们获得更丰富的体验,并从中受益匪浅。㉗

博物馆可能会将展览设计成线性或非线性的体验。线性意味着展览有起点和结束,鼓励人们以某种固定的顺序观看展览元素。这样可以让每个板块的信息建立在前一板块的基础上,直到所有板块汇集组建成一件最终的完整作品。可能线性体验是通过时间顺序或空间关系创建的(例如,穿过一座建筑或经历一次旅程)。㉘非线性的设计,有时又叫主题型或故事背景型,观众可以在非特定顺序的前提下探索展览。博物馆依然可以提供一条建议路线并整合到展览设计中,但观众依然可以自由移动。非线性的体验可能是:

- 特定焦点:以一个主题为中心向其他子主题辐射出去。
- 平行主题:在展览的不同部分反复使用特定主题或子主题。
- 独立结构:一个展厅或某个区域里展示与主题无关或仅大体相关的主题,每个单元可独立参观。㉙

诠释的方法

无论通过哪种媒介,博物馆产出的诠释性内容都需与该馆的整体使命、目标和战略相符。策展人需要仔细考虑什么样的诠释方法针对某些特定藏品、物件、展陈和主题是最有效的,不同的诠释对不同类型的观众是否会更有效。每种方法的目的都应在内容构成之前充分确定，明确定义和其迎合的目标受众。诠释设计也受到多方面影响：观众参与度、观众的开发、知名度，甚至创收方面的目标。要在博物馆的教育和观众参与及资金的筹集之间平衡关系并不总是那么容易的。

过去博物馆以文字为主提供关于展品的信息。研究表明，当诠释方法不拘泥于文本时，更能让人接触到信息并能够记住信息。❸ 每个观众的兴趣和学习方式都不同，对博物馆来说明智的做法是设计不同的注释方法，让观众把个人经验与展品联系起来（见第八章，"博物馆受众和学习"，第 139—141 页）。❸ 即使选择标签和文本面板作为主要方法，其内容也可以通过不同的呈现方式（如观念的、平面的、互动的、情感的、物理的）来传递。❸ 从其他领域的发展受到启发并将其纳入博物馆注释方法中（如服装注释、多媒体元素、数字内容）也很符合博物馆的利益。❸

有些诠释方式很直接，有些则是间接的，有些技巧比其他的更复杂。重要的是，所提供的诠释媒介不应该削减人们对展品本身的关注，而是激发人们对展品的好奇心。❸ 有时，诠释方法被分为"静态"和"动态"两类。❸ "静态"方式是指通过单向，而不是双向交流来传递信息的方式：

- 文本/题注/标签
- 模型
- 地图
- 草图
- 照片（也可以同时是博物馆藏品）
- 小册子
- 传单/折页/信息表
- 展览图录

- 透视图/静态场景
- 主题竞赛或游戏
- 讲义

"动态"诠释方法往往涉及公众的参与,并鼓励使用多种感官的亲身体验和多媒体。它们可以扩大和提高观众的体验并增加学习的机会:㊱

- 音频
- 视频和动画
- 导览
- 讲座
- 可触碰展品
- 工作模型/电子动画
- 会话活动
- 演示
- 教育活动
- 第一人称导览
- 角色扮演/现场解说
- 休闲活动
- 亲历历史活动
- 网站
- 社交媒体
- 公共藏品图录
- 数字互动
- 数字游戏
- 增强现实
- 虚拟现实

无论通过哪种媒介，博物馆产出的诠释性内容都需与该馆的整体使命、目标和战略相符。策展人需要仔细考虑什么样的诠释方法针对某些特定藏品、物件、展陈和主题是最有效的，不同的诠释对不同类型的观众是否会更有效。

- 数据可视化
- 沉浸式空间
- 根据特定场地现场表演

其他需考虑事项还包括：

- 诠释的目的（见"诠释的规划"，第114—115页）。
- 受众需求（见"诠释的规划"，第114—115页）。
- 成本：有些方法会比其他方法便宜，有些对于小型博物馆来说则太贵了。
- 对博物馆展品物理状况的影响：例如，如果展览增加了对展品的光照，则要注意展览制作使用的材料是否会对藏品造成损害。
- 使用和无障碍性：所选择的技术是否是观众感到熟悉及舒适的。
- 参与性：如果观众能够参与到主动学习中，而不仅是信息的接收者，学习会变得更容易。
- 可持续性：应考虑技术的未来，以及内容或技术需要更新的频率，或需要多久对组件进度进行补充或更新。这项技术是否依赖于员工的特殊专业知识也是需要计划的。

理想情况下，所有部门的所有输出都应该保持一致，以便结合起来形成统一的博物馆形象；甚至可能会有一种统一的出版样式（尤其是大型博物馆）。

至关重要的是尽可能让更多的观众阅读阐释内容。将阐释内容进行分层是很有用的：有限的内容更方便阅读（例如展签），但也可以通过其他形式（例如网站）为希望了解更多的人提供信息。情况允许的情况下，还可为观众在身体、感官、认知上的特定需求提供自适应设备和替代性方法（例如字体较大的题注、触觉模型、手语注释、音频描述等）。

博物馆文本

展签、题注和其他文字是博物馆中最传统和最常用的诠释形式。[37]有效的诠释文本一般有如下作用：

- 帮助观众理解展厅或展陈。
- 把呈现的信息结构化。
- 提供单件展品或一组展品的信息并用故事线进行串联。

博物馆的观众没有时间、精力或兴趣阅读大量复杂的文字，也不想因此感到不知所措：大量研究表明，观众只会花很少的时间去阅读单独的题注和文字面板。[38]但文本内容依然是博物馆展览中宝贵的组成部分：

- 吸引观众，鼓励他们观看展品或内容。
- 解答观众可能会对博物馆展览主题产生的疑问。
- 纠正误区或误解。
- 鼓励观众在博物馆产生积极的关注力。
- 将呈现的信息与熟悉的经验或知识联系起来。
- 使观众能够进行类比并将想法转变为故事。[39]

重要的是需要思考展览中包含的所有文本内容、设计和定位。[40]文本元素需要相互协作以实现诠释计划的目标（例如讲述一个故事，展示一件或多件藏品，探索一个想法或概念），并且在编写文本时应该始终考虑所面对的特定受众。[41]文本应具有明确的顺序、结构和层次（例如标题文字、介绍面板、主题/组合/分区面板、展柜面板不同的机构在层次结构、形式、布局和字数限制的确切性质上也不同,有时在同一家博物馆内的不同展示或展览中的要求也不同。但最重要的是,我们一旦为某个特展创建了这种层次结构,就不要再偏离该制度,当然有时藏品的再次展出可能会改变这一规则。

和展品标签）。㊷这种层次结构对不同类型的文字进行了明确的区分，有助于观众更快更容易地找到他们想要的信息。不同的机构在层次结构、形式、布局和字数限制的确切性质上也不同，有时在同一家博物馆内的不同展示或展览中的要求也不同。但最重要的是，我们一旦为某个特展创建了这种层次结构，就不要再偏离该制度，当然有时藏品的再次展出可能会改变这一规则。㊸

博物馆文本的呈现

文本的呈现和组织方式应贯彻于其字体、颜色、文字大小和排版等元素上。一个内容紧凑、清晰、专业的展示能鼓励观众与展品互动，并理解博物馆试图传达的信息。㊹这些文字应该做到尽可能简要易懂，并让不同的观众都感到没有阅读障碍，以下是一些建议指南：㊺

- 使用无衬线字体［如Arial（艾瑞尔）和Verdana（维丹娜）字体］。
- 避免使用装饰性字体，如果展览的主题适合使用装饰性字体，那么可在主标题上应用。
- 使用统一的字体。
- 选择使用合适的文字大小，在一定距离下方便更多的观众阅读（文字大小的选择取决于文字被安排的位置）。
- 不同类型的展签使用不同大小的文字。
- 文字左对齐。
- 展签上的文字或文字面板周围需要留白。
- 文字每行限制在50~60个字符。
- 避免在行尾使用连字符。
- 避免使用大写、粗体或斜体，除非是简短的标题或强调的内容。

- 避免使用柔和的色调或色彩：一般来说，博物馆文本最易理解和最有效的配色是在白色或灰白色背景上配黑色（或类似深色）的文本。
- 不要将文本与藏品在墙面周围绕排。
- 不要将文本叠加在繁复的背景图上。
- 避免使用会导致眩光或反射的材料。
- 避免将文本放置在阴影、狭窄的角落或挡住观看藏品的视线（无论是直接挡住还是在观众阅读其他文字的时候间接遮挡）。
- 将文字面板和展签放在能够方便尽可能多的观众观看的一定高度。
- 为观众提供足够光线以便于阅读。
- 文字面板和展签的摆放位置要确保位于相关展品临近处。需仔细考虑是否将多个展签组合在一起，是放在展品的下方还是一侧，以及是否需要配备相应的编号。这样能避免诠释性文字的存在感盖过体积较小的展品，不过也因此意味着观众需要多花一些力气才能将展品与其展签匹配起来。
- 确保展签对视障人士的可读性，或确保有可用的替代格式。 ㊻

博物馆文本的内容

撰写适合观众的博物馆文本时需要仔细斟酌其内容，这对掌握丰富专业知识的策展人来说可能是一项艰巨任务。在创作文本时，策展人应始终考虑文本的目标受众：他们的知识水平、教育程度和特定特征将决定内容的性质和呈现方式。㊼ 创作有效的文本内容需要练习和投入：理想情况下，应以简明、清晰和易懂的方式传达所有相关信息，激发观众的好奇心并鼓励大家继续观看展品，而不是含混不清或过于简化。㊽

许多文本作者都已制定了撰写博物馆文本的有效方法，以下列

出一些要点：㊾

- 文本应以吸引观众注意，让观众想进一步了解主题为目的。
- 参考一些与展品相关的内容并将其与撰写的内容相结合，这通常是能起到鼓励观众阅读的好的做法。
- 内容应该以活跃的语气撰写，以简单、对话式、直接的方法呈现。
- 内容应该能激发观众思考和学习的能力。㊿
- 提供的信息应清晰并与展品有关联，便于阅读和理解。
- 观众不可能看完展品相关的所有文字内容，也不可能按照我们预期的顺序去阅读。为此，每段文字需保证内容的独立。
- 所有的文字内容需逻辑严密，有序呈现（呈现文字的层次和结构能对此有帮助，例如使用标题和副标题是一个好的解决方式）。
- 文本可以与平面图形、图表、模型或照片相结合，这能让阅读变得更有趣，让观众调动起他们的其他感官。
- 专门为12~13岁年龄的群体准备一套文本内容是非常好的做法（不过如果有额外信息或包括了针对更专业的受众的信息的话，则对应年龄可能会提升到15岁）。(51)
- 涉及专业知识的文字需要塑造和提炼，才能吸引非专业公众并无碍于理解。应避免使用专家专用词汇、技术术语、学名、很长的词或不熟悉的词。(52)
- 应尽量减少从句、过长短语和复合句，把冗长或复杂的表达分解成简短的文字。头韵法（alliteration）、感叹号和引语虽然有时也很有效，但应谨慎使用，并仅在推进叙述时使用。(53)
- 应避免晦涩的参考引用、指涉生活方式的比喻或假设、笑话和口语化的短语，或可能会让某些观众感到受排斥或被疏远的表达。
- 撰写的内容应该反映广泛人群的兴趣、生活经历、文化、种族和社会经济地位。(54)
- 博物馆应确保内容与时俱进，与社会的主流价值观和关注点一致，并反映多种观众的态度。[55]
- 文本可以是互动的（例如以询问、提出难题或挑战的形式），能鼓励观众和策展人对话并允许观众自己进行探索。[56]
- 可用内容来传达情绪、感受并探索态度和信念。
- 可以考虑协议文本内容制作的替代性方式：例如通过与观众合作来制作内容，或允许他们对内容做出回应，编辑属于他们自己的内容。[57]

视听方法/数字技术/多媒体

博物馆中对音频和视频的使用是司空见惯的，这类技术涉及的范围很广。视听工具可以为展示或展览增添很多内容，并且可具有多种功能。然而，高质量的影音产品在调试、安装、运行和维护方面有时会很昂贵。因此，应仔细斟酌它们在满足博物馆诠释策略目标方面的作用。[58]

语音导览是这一类型中最传统的方式，公众在四处浏览的同时获取正在展出的历史建筑或遗址内的物品的信息。应仔细斟酌音频的内容性质和所使用的声音：讲述者的性别、年龄或口音等因素可能会影响不同听众对内容的接收。语气和细节水平也是主要决定因素：音频内容是由专业演员还是内部员工完成？以第一人称还是第三人称呈现？内容是否能够让所有观众轻松理解？还是主要面向专业群体？

数字媒体可以通过不一样的而且更动态的方式提供关于展品或主题信息的交流机会，并因此增强学习体验。[59]这些技术还可以促进诠释内容的层次的建立，提供更深入的信息，并对旨在调查上下文、用途和/或过程的诠释方法上来说很有用。[60]这类输出的例子包括：

- 网站
- 动画
- 视频
- 游戏（通过博物馆主机或通过其他设备上访问的游戏）
- 手机应用软件
- 手持设备（含文本、音频、动画、游戏等一体设备）
- 互动式体验
- 多感官式体验
- 沉浸式体验
- 虚拟展览和导览
- 社交媒体
- 适地性服务
- 增强现实
- 360度的视频
- 虚拟现实
- 数据视觉化 ❻

　　博物馆应该尽可能将数字技术融入到展览和诠释方法中。这不仅是一种简单而低成本的方法，同时也是能实现大规模传递的资源密集型方式。目前还没有一种方法或模型能满足所有博物馆或展览的需求，因为这取决于博物馆和特定展览的目的。

　　在博物馆中使用数字媒体并非没有挑战，创造数字产品需要专业的技术、艺术技能、分析技能和生产技能，还可能需要聘用外包商。❷ 当每天都有大量观众使用数字工具和媒体时，风险是很高的。数字化诠释内容在博物馆的数量应该根据观众的期望和需要来设置与平衡。过多的数字化注释反而会疏远那些本身倾向传统诠释、沉思型体验或探索型体验的人。

亲身体验

人们对博物馆的观念和期待正在发生改变。观众在参观时被要求调动多种感官来亲身体验，他们不再会感到惊讶。事实上，人们对活动的类似期待一直在增加 。场所感的设计可以帮助观众把自己和过去联系起来，并重新感受过去的那一刻：鼓励观众去听、去闻、去触碰，甚至去品尝，这些都是会涉及的体验。亲身体验可能就像展示一样简单，允许观众触摸物件，与工作模型互动，或换上特定的服饰。工艺课程等活动可以帮助观众了解展品是如何制作的，它们的用途是什么，如何使用，以及了解制作和使用的人是哪些。（对展览的）创造性响应（比如当代艺术委托创作）和特定场域的互动表演（比如沉浸式戏剧表演）可以利用特定实体环境（这里指的情况是博物馆或历史遗址/建筑）的属性、品质和意义，为观众提供不同类型的体验。

参与感和观众的贡献

从传统角度来说，博物馆的阐释一向很重视策展人或专家的声音，并把他们视为（往往是唯一的）权威。展示和展览也是展示学术活动的手段。[5] 今天，这一方法则时常受到挑战，博物馆通过给观众更多的机会来贡献内容以缓和这种诠释上的权威。这也让博物馆环境里出现多种声音和观点的可能性越来越大。一个展览或一些项目的策划者/作者可以与外部合作者共享，或者可能会要求观众对内容做出贡献。那些因传统环境被低估，或被歪曲的群体，可以通过这种方式重新参与到博物馆活动中。

数字化方式可以进一步促进这种交流，允许更多样和更广泛的观众与博物馆的内容互动，对博物馆的内容做出贡献而无须亲自到场。这种方式还能让人们与博物馆的互动更灵活和多样化，同时与场所感的设计可以帮助观众把自己和过去联系起来，并重新感受过去的那一刻：鼓励观众去听、去闻、去触碰，甚至去品尝，这些都是会涉及的体验。

数字化方式可以进一步促进这种交流，允许更多样和更广泛的观众与博物馆的内容互动，对博物馆的内容做出贡献而无须亲自到场。这种方式还能让人们与博物馆的互动更灵活和多样化，同时与展品、工作人员和其他观众建立联系。

展品、工作人员和其他观众建立联系。❻例如，社交媒体平台允许观众对博物馆的藏品或作品进行评论，可以创建在线目录以供公众评论和贡献；公众也可以有机会通过博物馆的网站（例如博客和虚拟展览）共同创作内容。❻

第八章
博物馆的受众

博物馆有一个明显的优势,即能够以真实物品与个人邂逅的形式提供独特的体验,激发好奇心并与过去建立有形的联系。今天,博物馆不再是自上而下、仅能听到策展专家的独家权威话语的教学场所;相反,博物馆优先考虑观众并设法为其提供有意义的相关经验,从而实现联系、对话和参与。❶正如斯蒂芬·威尔(Stephen Weil)宣称的,今天的博物馆是为了某些人设计的,而不仅仅是为了某物而设。❷本章探讨的是博物馆受众和博物馆中的学习及参与。

博物馆的策展人在过去和现在都一直是教育者。他们被要求以各种形式,并通常通过多种方法向一系列受众提供信息和想法的阐释和展示。了解博物馆受众学习的方式,和掌握分析、衡量博物馆输出有效性的方法可以极大地帮助策展人开展教育工作。

博物馆体验

许多不同的因素都会决定博物馆的参观体验,影响观众与展品互动的方式和博物馆员工希望传达的信息。博物馆无法控制所有,但可以影响其中一些因素。艾琳·胡珀-格林希尔(Eilean Hooper-Greenhill)的博物馆沟通整体模型强调了诸如博物馆建筑、工作人员、定位、商店/咖啡角/洗手间、活动和出版物这些元素如何影响观众的感知与态度,并塑造他们的体验:这不仅仅是关于展览和藏品。❸

约翰·福尔克（John Falk）和林恩·迪尔金（Lynn Dierking）断言，我们在博物馆中的体验受到了多种不同因素组合起来、同时作用的影响：其中包括我们在参观时的个人、社会、物理环境。❹海因进一步指出，为了让博物馆为观众提供最佳的体验，首先应满足他们的实际需求。❺人们通常选择休闲活动，因为这些活动提供积极和肯定的体验，让人觉得值回票价。因此博物馆需要提供让观众感到宾至如归、舒适、愉快、有趣和有益的环境，让藏品、想法与观众彼此邂逅。❻

业内对于博物馆作为娱乐场所和教育场所的性质一直存在着争论。正如第一章所示，许多博物馆原本是作为教育场所而建立的，其灵感来自汇聚在一起并被有目的地进行安排的物品收藏。对于大多数博物馆来说，提供正式和非正式的学习体验仍然是首要任务。然而，博物馆也可以且应该成为观众享受富有创造性和想象力的体验的地方。博物馆是更广泛的休闲和旅游业的一部分，并与其他娱乐休闲的提供者争夺公众的休闲时光：众所周知，许多观众来到博物馆是因为他们知道自己将在其中度过愉快的时光。❼此外，博物馆领域的持续成功和博物馆为了接触新观众做出的周全努力鼓励了不同类型的人群前来参观。❽这些新的观众不太可能具有任何专业知识，并且可能在寻找令人兴奋、愉快，且不太复杂的内容。博物馆应采用和适应许多娱乐业或其他组织中所使用的技术，或许更强调平易近人、令人感到愉快甚至惊叹的体验。今天的博物馆通常也更可能去探索与其活动相关的商业可能性：例如商店、企业赞助、企业租用，或引起轰动的展览。

另外，我们知道许多观众会来博物馆寻求与真实藏品的邂逅和真实的体验。这可能是有机会看到由某位知名艺术家创作的备受推崇的作品，与某个历史事件或人物相关的藏品或地点，或者可能是通过（实体的或数字化的）交互式设备或活动来探索和理解理论或想法。❾还有其他一些观众可能正在寻求更简单的和沉思式策展人通常对他们工作所在的博物馆所持有的藏品负责。虽然展览和展示是博物馆使用藏品的关键方式，但藏品还能够激发和支持范围广泛的其他活动。

的体验，或希望不借助任何诠释性或交互性内容即与藏品建立联系的机会。

由于这些互补而非矛盾的情况，当代博物馆的角色、展示和展览（通常由策展人产出）应该兼具教育性和娱乐性。所有博物馆都需仔细考虑其内容和活动中教育和娱乐之间的特殊平衡，并应该与博物馆的类型、博物馆已经拥有并希望在未来吸引的观众类型、博物馆的使命和旨在探索的主要主题，以及馆藏中藏品的性质相适配。❿

藏品在博物馆教育中的作用

策展人通常对他们工作所在的博物馆所持有的藏品负责。虽然展览和展示是博物馆使用藏品的关键方式，但藏品还能够激发和支持范围广泛的其他活动。重要的是，策展人要对一系列能够鼓励受众接触博物馆藏品并与之互动的其他方式非常熟悉。

博物馆通过其大部分的活动（向受众）提供了学习的机会。"教育计划"或者"教育部分"这样的术语在过去通常被用来指代为了学校、儿童和其家长安排的正式课程和活动。⓫这种狭义定义虽然现已过时，但正式和结构化的博物馆学习或教育项目能够帮助博物馆集中精力，这样的项目仍然是大多数机构的主要产出。⓬但这样的项目不应该仅为儿童和学校团体而设计和提供：所有年纪、背景和情况的个人都可以从博物馆的学习体验中受益，并且他们的需求应该得到满足。⓭此外，博物馆与学校提供学习的方式不同，与之相反，博物馆是非正式的、自由选择的学习场所，邀请观众按照自己的方式与节奏进行学习，因此与正式环境相比更可能提供多样化知识传播项目。⓮另一个优势是，博物馆中的学习活动能够通过有效的方法传递，使观众能够探索其感受、态度、信仰和价值。⓯

博物馆藏品可以成为面向所有年龄层观众的广泛活动的出发点，

博物馆的策展人可以利用自身的知识计划和产出以下部分或全部内容：

- 在博物馆或外部场地进行讲座、会谈和示范活动。
- 课程、研讨会和活动项目（能够令人掌握新技能或得到创造性的产出）。
- 导览或实地/探索考察。
- 由博物馆工作人员主导的学校课程活动。
- 运用博物馆准备的资源进行的学校或其他团体的自主学习式参观。
- 向学校或其他当地团体（例如医院、老年观众、社团、偏远地区的社区）提供藏品借展。
- 比赛和测验/学习游戏。
- 教育示范。
- 表演（如舞蹈和戏剧）和角色扮演活动。
- 历史再现或再创作活动。
- 特别兴趣课程。
- 为博物馆专业人员提供培训。❶

没有一个模式是能够适用于所有博物馆的，并且每个项目都必须符合博物馆的性质、整体主题、使命与定位、馆藏、空间、员工专业、目标受众和资金状况并与之互补。❶

一些博物馆将有足够的条件聘请专业人员来负责设计和提供学习计划。而在较小的机构中这类工作则需要其他员工与外部承包商和支援合作实施：因此策展人必须至少掌握学习课程所规划和要传递的基本知识。❶一些博物馆也许能够为"学习课程"得以实施制定空间：应注意确保这些空间不会与博物馆展示和收藏脱节，并保留儿童和学校专用的区域。

博物馆受众和学习

更加以观众为中心的方式运作和创造受众可能会想要多次使用的体验、活动和"产品",将有益于所有博物馆。包括策展人在内的博物馆员工应采取行动了解观众及他们的需求和兴趣,因为观众想要的并不总是博物馆工作人员提供的体验。[19] 此类调查研究还可以帮助博物馆考虑如何自我推销,考虑推销的对象并通过加强其文化相关性来确保自身能在未来生存下来。

通过了解人们在博物馆中学习、接受和构建知识的方式与他们在该领域的需求及体验,能够支持并加强博物馆为观众设计的内容和体验。[20] 许多专家已经设计了理论帮助我们理解人们的学习方式,并对博物馆体验的发展产生了影响:这些理论包括行为主义学习、建构主义学习、主动学习、体验式学习、探究式学习和社会认知等理论。[21] 对这些理论的理解,以及了解其在博物馆活动中的应用方式能够加强活动的教育和演绎方面的产出,将有助于策展人作为教育者的工作。

认知发展和建构主义学习理论认为,我们应该通过积极构建自己的知识的方式学习,如果我们能够进行实践,找到自己的答案,将新旧知识联系起来,我们就能够更容易地学习。[22] 博物馆就是会打造这种学习方式的地方。[23] 海因声称,博物馆可以采用这些学习理论并让观众能够将自己已知的东西与其在参观中看到、所做的和遇到的新事物联系起来,即"建构主义博物馆"。[24] 体验式学习理论表明,知识是通过将生活经验转化为当前思维模式的循环,这是一种直接的体验,而不仅是对于理论上的想法的考虑。[25] 博物馆是打造这类学习方式的地方,在这里可以促进这样的体验。[26]

博物馆还应该利用发现式学习、探究式学习和基于问题的学习等理论来创造体验。所有体验都涉及学习者进行自主探究,以发展其思维和学习技能，促进社会和文化知识在现实世界中的应用。这种体验式的和真实的学习环境可以通过基于问题的学习技能得到加强，即学生尝试按照自己的步调解决现实的问题并应用于现实生活。㉗ 鼓励好奇心和实验也可以成为学习的有效方法：研究表明，"激发好奇心"可以使学习更有价值、更愉快，并有助于对信息的记忆。㉘

正式课堂之外的环境通常为学习者提供更多的社交互动机会，其中一些互动可以促进各种类型的学习及技能的发展。㉙ 这一理论的支持者认为，当信息在一个"实践群体"中的学习者（和其教导者）之间以合作和协作的方式进行传播和处理时，学习是更加有效的。㉚

霍华德·加德纳（Howard Gardner）的多元智能理论表明人类拥有多种形式的智能，这一理论深受教育工作者欢迎，激发了人们对于听说读写和逻辑—数学以外的其他形式的智能的兴趣，并鼓励人们使用更广泛的方法进行教学以适应个人优势。该理论还表明，我们可以通过多种不同的方式学习，有些人可能通过以下一种或多种方法来使学习变得更容易：

1. 音乐—节奏（音乐、旋律、节奏）式。
2. 视觉—空间（图像、空间适应、想象）式。
3. 听说读写（单词、说话、写作、阅读）式。
4. 逻辑—数学（数字、逻辑思维、解决问题）式。
5. 肢体—动觉（身体体验、行动、移动、触摸）式。
6. 人际交往（社交体验、与他人交流）式。
7. 内省（自我反思、保持客观性）式。
8. 自然主义（创意、自然世界、与自然的联系）式。
9. 存在（2009年更新，无法从感官获得的宏观信息）式。㉛

霍华德·加德纳还认为，学习者可以通过自己觉得可以接受并感觉舒适的 5 类不同的"切入点"或方法来接入教学主题。博物馆

可以利用这些信息为观众提供不同类型的活动和机会，让他们以不同的方式介入到各种主题中，启发不同的学习方式。㉜

1. 审美型：对物件或主题在形式上和感官上的质量做出回应。
2. 叙事型：回应某个主题或物件的叙事元素。
3. 逻辑/量化型：通过使用演绎推理或数值思考来参与某事。
4. 基础型：考虑更广泛的概念和哲学问题。
5. 体验型：通过用手或身体做某事来回应主题或物件。㉝

博物馆中有效的诠释性和学习活动会将线性的、结构化或说教式的方法与动态、互动、多媒体和多感官的技术结合，并提供参与性和社会性学习的机会。㉞

了解和发展博物馆受众

并非所有的博物馆观众都一样：其年龄、性别、种族、国籍、社会群体、受教育水平、宗教、兴趣、价值观和态度各不相同。博物馆的受众将是一组各自不同、离散的群体，他们将以不同的方式行动和思考。㉟ 清晰地了解博物馆的受众（他们是谁、知道什么、如何行动，以及如何在博物馆这样的地方学习）能够帮助策展人和其他博物馆工作人员为观众创造有意义的、愉快的，以及观众愿意参与的体验。㊱ 这种了解还能够帮助策展人确定博物馆当前服务的需求水平，谁是服务的观众及如何改进这些服务。㊲

很重要的是，博物馆还必须为尽可能广泛的人群服务，并培养其吸引新受众的能力。我们知道，人群中对博物馆的参与度分布并不均等：有些人比其他人更难以参观博物馆和参与其中（例如，处于较低社会经济背景或来自少数群体的人）。许多博物馆的成立旨在使公众能够获得教育体验，而这类体验不应只针对特定的观众。

这意味着要尽力与那些尚未成为博物馆观众的人，或过去被忽视的人打交道。[38] 针对这一问题的市场调查应纳入博物馆的前瞻性计划和营销计划中，并且必须制订正式的观众发展计划。[39]

观众分类和受众细分

博物馆可以通过收集数据来进行定义并对不同的观众群体展开分析。以这种方式对观众群体、其需求和观看习惯进行分类可以帮助策展人和其他博物馆工作人员了解他们的观众并确定观众的期望、态度和需求。应该将收集的定性数据和定量数据混合，以便根据数字、统计数据、行为和感受来识别与受众相关的趋势和模型。[40] 这些数据可能通过观众调查/问卷、访谈、评价卡/册、参与性练习（例如投票、在线论坛、时间和动机研究、观众贯彻、观众和理想相关者焦点小组，以及社交媒体反馈）来进行收集。[41] 这些活动可能由博物馆的内部员工跟进，也可能由外部机构实施。

受众检查的一种方法是定义某些人口统计学的类别并将访问者划分为子类别（例如，生活所处阶段、性别、社会经济地位、居住地、教育水平、就业和文化背景）。然而，人口统计范畴的属性只是可能影响访问者行为的因素之一：对心理标准的检查有助于更深入地了解观众并实现观众态度细分，而非行为细分。针对观众的问题将为揭示其个性、价值观、态度、兴趣和生活方式而设置。这将有助于博物馆了解观众所掌握的，并能够获得对观众的参观目的、参观时的关注点，以及对易接受的信息和想法产生影响的已有经验和指示。[42]

对博物馆观众进行分组的另一种方法是考虑其参观的动机。[43] 在 1983 年，托莱多艺术博物馆（Toledo Museum of Art）对观众在业余时间前来博物馆的动机进行了一项研究，该研究将博物馆机构视作更广泛的休闲产业的一部分。[44] 这项研究强调了观众在决定将哪些消遣作为优先考虑的一些因素：

博物馆可以通过收集数据来进行定义并对不同的观众群体展开分析。以这种方式对观众群体、其需求和观看习惯进行分类可以帮助策展人和其他博物馆工作人员了解他们的观众并确定观众的期望、态度和需求。

- 与人的相处，或社交互动。
- 做一些有价值的事情。
- 在周围环境中感到舒适和自在。
- 挑战新体验。
- 有机会学习。
- 积极地参与。

同样在1999年，史密森尼协会（Smithsonian Institute）的安德鲁·佩卡里克（Andrew Pekarik）、扎哈瓦·多林（Zahava Doering）和大卫·卡恩斯（David Karns）考虑了观众在博物馆中可能寻求的体验类型，并根据4个主要激励因素将其分为几类：

- 看到真实的藏品（以藏品为中心）。
- 获取信息和新见解（以信息为中心）。
- 与朋友或家人共度美好时光（以社交为中心）。
- 拥有安静、能够反思、对个人有益的体验（以内省为中心）。[45]

在博物馆中创造能够符合前两项研究所提到的特性体验并能够让观众有所发现，有助于增加观众人数和提高满意度，促进更多的回访并吸引新的受众。

其他系统还被设计以用于对博物馆观众的某些属性、动机、态度和行为进行分组并定义观众群体。[46]例如，福尔克建议我们应该将观众视为具有一系列不同动机、身份和希望得到满足的对象。福尔克的博物馆观众体验模型聚焦于与观众身份相关联的动机，并考虑了观众前来参观的具体原因，及认可和组织参观的具体原因：

- 探索者：这些观众受到好奇心的驱使，他们喜欢知识并设法获得更多信息。
- 促进者：这些观众倾向于受社交动机驱使而进行参观。
- 体验寻求者：这些观众将博物馆视为一个重要的目的地，并将参观视为"必须完成"的事情。
- 专业人士/爱好者：这些观众具有一定程度的专业知识。
- 充电者：这些观众正在寻求一种能够带来沉思的、具有精神性的和/或恢复性的体验。❹

在观察到博物馆吸引了某些特殊类型、具有特定身份的观众后，福尔克又增加了两个观众类别：

- 亲缘关系寻求者：这些观众来到某个特定的博物馆，是因为该馆能为他们的传统和人格意识而发声。
- 恭敬的朝圣者：这些观众感到有责任感或有义务参观博物馆。❹

福尔克指出，这7个身份不是固定的，而是会随时间的推移变化，访问者可能一次具有多种身份。他建议博物馆可以使用这一模型来预测谁可能会参观博物馆，他们可能会在参观中做什么，以及从长远来看他们可能会从参观中获得怎样的意义和体验。

还有许多其他方法可以思考和分类博物馆的观众群体，确定他们可能会（或不会）来博物馆的原因，以及他们在博物馆里想做什么。不同的博物馆会采用不同的系统来考虑自己的观众，一些大型博物馆或遗产组织有条件聘请研究机构对其观众进行彻底的分析，并对不同的需求和要求进行分类。❹

博物馆资源及体验评估

评估博物馆中开展的活动也会有助于博物馆工作人员创造更有

在博物馆中创造能够符合前两项研究所提到的特性体验并能够让观众有所发现,有助于增加观众人数和提高满意度,促进更多的回访并吸引新的受众。

效的体验。博物馆策展人通常有责任确保将评估纳入项目计划,并在适当的时候及为了特定的目的而实施,因此了解这种评估活动与策展人的工作是息息相关的。

评估可以帮助博物馆:

- 考虑他们提供的内容哪些运作良好而哪些欠佳,以及这些内容如何运作和为什么运作。
- 采取能够连续成功的措施或改进不起作用和错误的地方。
- 确定优势和劣势:决定未来将资源导向何处、如何改进未来工作和最佳的实践方式。
- 表明博物馆是负责任的,所运行的项目、计划和活动有效并符合目的。
- 集中精力,为项目提供框架和明确目标。
- 鼓励博物馆和其利益相关团体之间的对话。
- 不仅在观众人数或收入方面,而且在对观众生活的影响方面阐明博物馆所做的工作的价值。
- 向资助者/赞助人/高级管理层展示博物馆工作的价值,并展示其项目/计划/事件/活动的影响,以证明继续或寻求未来资助的合理性。

可以对博物馆的各种"产品"(例如展示、展览、学习活动)进行评估,并分几个阶段进行:

- 在设计和创造产品之前(前期)。
- "产品"生产期间(形成阶段)。
- 产品交付并处于运营/过程中(总结性阶段)。㊿

进行这种评估的技术包括:对目标受众(群)、主题专家、博物馆员工和其他利益相关者——这些代表性群体或个人的关注；利用观众样本作为模型或试行；观察或跟踪观众；通过随机采访或小组讨论直接寻求观众的反馈；征求外部专家的批判性评价。(51)重要的是要在一开始就考虑如何及何时评估所有项目或活动，其中将包括考虑如何评估目标是否已经达成和成功的衡量标准是什么。

衡量（产品）影响力

衡量博物馆提供的产品是否成功的需求日益增加。(52)衡量产品的影响力有助于博物馆展示其价值、获得合理性并保持对博物馆的支持；确保将资金和精力用在满足观众需求的最优产品和服务上；并强调博物馆的公共和财务管理责任。

一些对于成功的衡量可能依赖于可以定量测量的简单易懂的标准：

- 观众数量。
- 网站互动。
- 通过门票销售和商业活动获得的利润。
- 护理的藏品数量。
- 呈现的展览数量。
- 旅游和投资类型的收入价值，博物馆促进当地旅游业再生的水平。

博物馆还必须能够展示其开展的活动会如何对观众产生社会层面和思想层面的积极影响。这类成功的标志可能更难用简短的事实和数字来衡量。博物馆提供独特的机会，通过对过去的反映而为观众带来如下益处：

- 帮助访问者构建新知识并在未来使用。
- 扩大接受教育和完成教育的机会（这可能会提高就业能力）。
- 为自由选择的学习、创造性和想象力的表达和探索提供环境。
- 在感受成就感的机会中鼓励对知识和学习的热情。
- 为观众提供交流和学习社交技能的机会。
- 帮助观众发展新的技能和能力、自信、自我意识、自尊和动力。
- 提供变革性的体验（例如，鼓励对新的态度、价值观和想法的探索和采用）。
- 创造分享知识的机会，激发批判性思维、好奇心和创造力。
- 为观众和社区的幸福与福祉做出贡献。
- 鼓励场所意识、自豪感、归属感，以及社区精神和独特性。
- 帮助改善和鼓励边缘化人群及有健康问题的人们的生活。
- 为人们提供了解和理解彼此生活和信仰差异的机会。
- 鼓励人们对当代社会、时事、伦理问题、社会正义和人权、平等、多样性、歧视进行反思，并为更美好的未来努力。
- 帮助保护自然环境和应对气候变化。[53]

衡量和阐明以上许多潜在成果的价值可能会极具挑战性，尤其是当这些成果涉及的益处是无形的和主观的时候。博物馆必须尝试创新并设计一系列方法来做到这一点。

主动参与

博物馆与观众交流并邀请受众与其互动的方式已经发生了变化：我们不再依赖讲座和演示这样的纯粹教学形式来提供学习体验。一般来说，人类更喜欢主动参与的体验，而不是被动观察。体验式学习或"边做边学"的好处可以通过博物馆中进行的某些活动来获得，

例如触摸藏品和动手类活动。㊾

还可以有更进一步的博物馆参与体验：观众希望的是他们在其他组织和活动中可能会有的个性化的社交和主动参与的同等机会。㊿为了成功和繁荣，有时甚至只是为了生存，博物馆都必须采取措施让以税金、捐赠和入场费等形式为其提供资金的公众参与其中。今天，公众越来越愿意，也越来越有能力和渴望去参与和面对知识建设与思想交流，而不是被动接受作为唯一的"真相传播者"或"文化权威"的博物馆的"官方"信息。㊺

博物馆策展人应认识到并接受公众在参与和共创方面的偏好，并努力确保所设计和呈现的产出能反映出偏好的变化。这种方法并不意味着博物馆必须进行大规模的转变，完全放弃现有的展陈、展览和阐释方法。成功的博物馆展陈能够为观众提供自己探索内容的方式；不是告知要思考什么而是让人探索和选择含义；能让观众在参观前、期间和之后与主题、想法、和工作人员进行的互动产生关联；能让人们用思想、身体或感官的方式参与新知识的构建；能让大家感受展览与自身兴趣和关注点的联系；能够唤起对想象力的运用和感受、感官的探索。㊼博物馆馆藏的藏品可以成为与博物馆工作人员合作的社区成员的对话与反思的起点，从而构建新的意义和对话。㊽

博物馆工作人员可以邀请和授权观众作为合作伙伴加入，并让他们更频繁、更密切地参与博物馆的内容创作及战略、规划、决策的制定。㊾一方面，可能是观众受邀发表评论、投票、贡献自己的想法、与他们讨论想法或参与社群咨询工作。另一方面，它也可能是更大的贡献：可能是创作一件艺术作品、进行现场活动或表演，共同策划展览，实施馆藏管理的某方面工作，影响诠释性项目或计划，采取行动塑造和指导某场展览或活动的过程和内容，或为战略性规划和决策做贡献。更具野心的计划可能是让公众成员得以在博物馆空间内自行规划和举办整个展览或活动。㊿所有这些活动都可以加强博物馆作为公共资源的作用：博物馆成为民主的组织和讨论区，社

区利益、关切内容和观点都能在博物馆的活动和内容中有所反映。❶

今天的博物馆也渴望解决与包容性、扩大参与范围,以及赋权相关的问题。博物馆通过增强包容度、努力消除障碍并向更多观众开放体验机会的一种主要方式是确保其藏品、内容和活动反映广泛的生活经历、传统及尽可能多的人的兴趣和关注点。博物馆空间在实体和思想层面上都平易近人也是很重要的:少数群体和与主流不同的声音必须得到体现,并且应该创造能够体现各种群体和能力不同的人的需求,并让其感到空间的舒适。

接触政策及计划

由于其担任的公共机构的角色,博物馆的一个核心职责是应向广大观众提供接触其馆藏和记录的机会,另一个核心职责则是为了未来而保存博物馆护理之下的藏品。这两项优先任务并非总是相互兼容。在本书第四章,"藏品管理政策"(见第55—56页)中讨论了博物馆制定和实施的藏品管理政策的必要性,这一政策中会包含一份文件,以概述博物馆让观众接触藏品并与观众建立联系的目标及其达成计划:接触政策及计划。策展人通常负责制定这些政策,并负责寻找能够满足一定程度的接触需求,同时还能确保藏品得到妥善护理的解决方案。

接触政策及计划中设定的想法和程序会帮助博物馆在有义务允许公众接触藏品和需要保护所有可能敏感的藏品及数据之间维护平衡。肯定会有需要做出艰难决定并实施保护博物馆藏品的政策的时候,也会以某些方式对接触藏品进行限制。这类文件将概述以下要点:

- 博物馆在公众接触方面必须运行的法律框架。
- 谁可以接触藏品,接触什么藏品,何时、如何及出于何种原因进行接触。

博物馆策展人应认识到并接受公众在参与和共创方面的偏好,并努力确保所设计和呈现的产出能反映出偏好的变化。

- 在某些类型的接触上必须实行的所有条件（例如，监督和操作级别，是否允许拍照）。
- 接触某些藏品或访问某些信息的所有限制：其限制对象可能包括任何对藏品、个人安全或状态造成潜在威胁的敏感和机密藏品、信息及记录。
- 如何及由谁批准接触行为，以及启动接触的程序。
- 对某些接触类型的记录和监督要求。
- 博物馆对于收藏出借和借入的态度。
- 博物馆对于藏品版权、知识产权和摄影的政策。
- 藏品和博物馆场地在商业用途上的限制。
- 对于接触程度可能产生重要影响的所有因素（如藏品安全和藏护要求，人身安全问题，或对易受伤害的成人及儿童的保护）。[62]
- 博物馆如何确保处在所有年龄、性别、种族、社会经济背景、身体或心理能力、教育水平和居住地中的观众都能获得在物理、思想、社会、地理和文化层面上最好的接触体验。
- 博物馆如何评估体验并识别和去除不必要的接触障碍（例如观众研究和接触体验审查）。

第四部分
博物馆策展人

第九章
今天的策展人

今天的博物馆

　　20 世纪 70 年代和 80 年代兴起了新博物馆学运动，学者和博物馆从业者开始反思博物馆的功能及这些机构与社会之间的关系。❶这一运动思潮被称为"新博物馆学"，对博物馆在社会和文化的价值与意义方面的地位和权威提出了疑问。❷新博物馆学认为，博物馆应从原来仅关注馆藏护理和策展这样的功能性角色转变为在社会中承担更大的社会和政治角色。博物馆需要更加以人为本，服务并代表更多样化的公众，在与观众互动时应采用新的沟通形式，通过对话完成知识的创造和交流。❸1971 年，邓肯·卡梅隆（Duncan Cameron）认为博物馆不仅是"殿堂"也是"论坛"：应该既是一个官方文化机构和权威空间，又是让平民对话和讨论的场所。❹几年后，肯尼斯·哈德逊（Kenneth Hudson）建议博物馆需对其工作性质保持质疑，博物馆不仅是智力探索的地方，还应成为情感和感官体验的场所。❺1983 年，威尔主张博物馆需要在"以物为中心"还是"以人为中心"之间，即作为研究机构和公共教育机构之间找到平衡。❻

　　这些新的思潮及过去超过 50 年的重大政治和经济压力，让博物馆从盲目地关注研究和展示藏品转向考虑观众体验和互动，并提供更多面向观众的服务。❼虽然保留了一些最初的原则和核心活动，如学术、探索和公共教育，但机构内部已经发生了巨大的变化。博物馆已在去精英化和去排他性方面取得了一些进步，许多博物馆已向以下方向转型：

- 提供寓教于乐的体验。
- 面向更多的社会阶层开放。
- 在博物馆展示方式、内容和活动中代表更多元化的历史、文化和生活方式。
- 让公众更多地参与和投入到博物馆的内容和服务中。
- 追求有助于解决社会问题的活动。❽

虽然博物馆在现代社会中的功能发生了变化，但实际上"新博物馆学"运动的全部愿景并没能在所有的博物馆和部门中实现。许多作者认为，这种方法只是部分地、偶尔地被不同的国家、机构和博物馆工作人员所采纳。他们主张做更多的工作，以达到机构的开放和包容，并积极为全社会服务。❾

博物馆的劳动力

上述变化不可避免地影响了博物馆劳动力的性质，以及许多博物馆工作人员的角色。由于博物馆策展人的历史角色是服务于富有的藏家或知名团体的一些专业且具备学术知识的保管人，因此传统意义上的策展人是馆藏的专业守门人，只允许特定的观众进入博物馆。❿因此，学者型策展人在过去占工作团队中的绝大多数，他们承担了博物馆的主要职能。直到20世纪中期，学术研究都仍是许多策展人的主要活动，运营、行政和公共教育工作只是次要职责。

从20世纪70年代起，博物馆开始意识到其公共角色的重要性，开始思考如何更好地服务社会，博物馆的行业概念也随之发展。随着20世纪中期以来博物馆数量的增加（见第一章，"今日的博物馆"，第 10—12 页），博物馆的工作人员数量也在增加。要估算任何一个国家的博物馆部门工作人员的总数是很困难的。如第一章所述，国际博物馆委员会的成员从 1974 年的 1000 人增加到 2006 年的 18 万人左右。⓫世界各地博物馆部门工作人员数量的增加导致了博物馆工作人员的"专业化"，以及劳动力的专业化和复杂性的提高。⓬1965 年，国际博物馆委员会承认了至少有 11 种不同类别的博物馆专业人士，包括"招聘教育专业范围的博物馆策展人、科学实验室人员、艺术品修复师、藏护技术人员……"和涉及"视听技术、（展览）安装布置、照明、温湿控制、安保、图书馆技术和文献的技术人员"。⓭

此外，传统的策展职责，如收藏、藏品管理和登记工作、藏护、研究和展陈及诠释的制作这类工作已划分得更加严格：在一些博物馆，这些工作会交给具有专门技能和职称的工作人员负责。⓮"策展"仍然被认为是一个高度熟练、特定学科的职业。今天，世界各地已经建立了许多专门针对策展的本科和研究生培训课程，选择范围从艺术管理到涉及一系列学科和各种对象的策展实践。⓯

博物馆策展人的定位

博物馆工作性质的变化及强调公众参与和观众体验的趋势，不可避免地对学者型策展人的传统角色产生影响。总的来说，在过去超过 50 年的时间里，博物馆策展人的数量并未与其他工作人员的人数呈现相同的增长速度。⓰博物馆中策展人的比例随博物馆的特殊性而变化：一家机构的使命和目标可能更强调研究，需要雇用更多的学科专家策展人，而在其他博物馆，这可能不是一个优先考虑的选项。

策展人在开展学术研究、交流对历史文物、过去生活和文化理解方面仍然发挥着重要且关键的作用。有时，他们作为文化和遗产守护者的角色被忽视，取而代之的是展览或项目中有更显眼产出的博物馆部门。但如果没有策展人在博物馆中履行藏品的收藏、保存、管理和与研究有关的其他职能，这些产出是不可能实现的。策展人必须找到方法在藏品安全、保存和记录（将其保存在不对公众开放的黑暗的仓库中是最有效的方法）与通过研究、展示和处理为公众提供寓教于乐机会的愿望之间达成平衡。❼

未来的策展人

　　管理、照顾和研究藏品是当今策展人工作的重要方面。策展人还需要务实、灵活、善于交际，在与公众交流和教育，与同事、供应商和利益相关者沟通，作为项目管理者和组织者，人员管理、财务管理和商业活动，技术运营和数字产出管理这些方面也具备多种其他技能。许多策展人积极地倡导其工作在促进公众参与和学习方面的价值，并对相关的投入进行宣传。❽

　　正如本书所指出的，博物馆在过去超过 50 年的时间里发生了巨大的变化：现在强调观众、参与性、探索性、体验式和探究式的学习，强调关联性和可触达性。大多数博物馆现在鼓励公众参与对话，策展人不再被视为唯一的权威专家，他的任务是找到呈现多视角和实现个人意义的展览和活动的方法。博物馆策展人可能是一位历史学家，但基本上也必须能够跟踪当代社会的发展、趋势和问题，以便将博物馆的藏品和作品与更广泛的人性，以及当下观众的生活和焦点联系起来。❾

　　能在工作中使用计算机是对博物馆策展人职业的一个基本要求。事实上，这种技能在今天已司空见惯，以至于工作描述中甚至不需要提到它。未来的博物馆策展人需要具备在数字技术和虚拟平台方面的知识和专长，而不仅是电脑的基本使用能力。博物馆的活动和诠释内容不仅在博物馆的物理空间中进行，也在虚拟空间且很可能在公域虚拟空间中进行，这为内容和参与创造了大量的新机会。博物馆策展人需要接受技术发展、未来趋势，以及虚拟意义上的展示和交流方式，并相应地调整自身的产出。

今天，许多策展人职位的工作描述指出候选人需要采用"创新、创意和动态"的方法（经常使用"最新的技术和数字媒体"），通过这些方法来"吸引新的观众"并使博物馆更具吸引力。博物馆不仅在同行内相互竞争，同时还与休闲娱乐行业的其他组织竞争，这意味着策展人还需协助博物馆在提供展览和活动的同时，创造娱乐体验，吸引更多不同的人来参观。这可能是一个激励机会：策展人要能适应并为现代博物馆在扩大参与、鼓励更多互动和增加观众数量方面的使命提供大量的支持。这种对以寻找原创和鼓励的方式来展示信息和吸引公众的不懈呼吁也可能是一种挑战，并且有时会盖过研究学科专业知识发展等其他板块的策展职能。

博物馆藏品和研究的价值

实现创建"具有挑战性的、令人兴奋的和意想不到的邂逅"的愿景的一种方法是重新审视 18 世纪和 19 世纪许多博物馆在收藏和研究藏品的初创原则，并思考它们在今天的各类活动中的持续价值。博物馆可以提供其他娱乐产业无法给予的独特体验：与真实的历史藏品进行真正的接触。博物馆藏品的价值需要我们持续发掘研究，确保藏品被保存的初衷：促进智力层面的刺激和社会学习，激发好奇心和自我反思，并促进沉思、审美或情感体验。

在拥抱技术进步和改变观众期望的同时，还需把注意力和资源放在确保和维持博物馆的体验真实性和准确性上。为此，我们要持续致力于研究。[20] 从早期的博物馆到今天，策展人的地位和职责的变化对博物馆实践产生了重大影响。20 世纪后期的新博物馆学运动加剧了这场辩论，在过去超过 40 年的时间里，博物馆展览内容向以观众为中心倾斜，这无疑丰富了博物馆的内容，扩大了公众的参与度。然而在某些情况下，博物馆工作的重点也从藏品照料与研究转移，这就直接导致特定学科的工作人员的淘汰，并对研究的重要性、学术活动和学术合作伙伴关系产生质疑，认为这些活动能带来的益处有限（且不具有成本效益）。博物馆在确保和维持公共资金方面所面临的挑战增加了这方面的困难。一些博物馆不再将原始研究和基于藏品的研究视为其核心功能的关键，并降低了该工作的优先级。还有一些博物馆的管理人员可能会对是否支持以学术研究为主的项目犹豫不决，因为他们担心这类项目可能会持续很长时间，但不论是学术影响还是产出都无法带来好的效益。而在另一些博物馆，工作人员可能觉得他们没有技能和经验来从事这种被认为是学术性的活动。

通常，策展专家和策展专长在博物馆的地位并不清晰，研究对观众体验质量方面的价值也没有得到认可。㉑如果围绕藏品研究的专业知识及与学术机构的合作消失，博物馆的准确性、真实性和可信赖性将被破坏，这将十分危险。㉒另一个风险是，藏品在履行博物馆职能方面的价值正在被低估，并正在被纯粹互动式、参与式，以及技术性的媒介所取代。一个更极端的结果是，博物馆可能会发现自己正在生产和推广低质量的内容，这正是由于内容开发有限和肤浅造成的。

博物馆虽然不是大学或研究中心，但博物馆可以产生研究成果并且支持其公众参与的活动，提高藏品的价值。由博物馆工作人员和公众利用藏品进行的研究不仅可以发现新的知识与素材，还能创作出原创性的诠释性内容及更多的成果。一些博物馆的建立是为了将藏品用于教学或参考（自然历史、考古或艺术藏品可能最为常见）；藏品的教学价值已被证实，以藏品为基础和以探究为基础的教学方法可以通过研究活动来加强。㉓通过发现以前在主流历史中未被体现和代表的多样化人群的观众新信息和生活，研究可以扩大博物馆馆藏吸引力的方法。新信息的发现也可以帮助博物馆对所管理的那些富有争议的历史藏品进行进一步的认识和探索。

第六章，"展示和展览概念的产生"（见第 94—96 页）中介绍了博物馆应制定明确的研究政策；研究政策需规定博物馆在短期和长期研究中的承诺、愿景和优先项。该政策说明将来会开展哪些研究，由谁主持，在什么时间段内进行，使用什么资源，以及这些研究如何匹配或加强博物馆的使命和活动。这一块的工作也会受到其他行为的支持，即通过与外界的组织及专家建立紧密联系，同时获得更多资源。外在组织可以包括博物馆观众、研究人员、学生、独立的行业合作伙伴和商业伙伴。这些贡献者可以为项目带来不同的观点，补充专业知识和额外的技能。

每个博物馆的藏品都有其独特之处，这些藏品的价值也带来了研究的可能性。但不同的博物馆对研究的重要性及其所带来的价值的态度是有差异的。策展研究必须是博物馆的核心，不能孤立地进行，而需与博物馆的公共产出和长期发展相结合。研究也不应被视为博物馆活动的奢侈附属品，而应视作核心工作的一部分，它能够为博物馆未来的计划及优先级项目提供信息并得到反哺。致力于在广泛学科中为研究创造机会只会让博物馆变成实力更强的相关活跃机构。推动一个有动力的研究项目，支持研究人员的研究方案，并为其提供时间和资源来继续研究活动和发展专业知识，这一点至关重要。

注释

除非另有说明,否则在线参考资料在 2019 年 7 月至 2020 年 1 月可访问。由于人名较多且重复也较多,故姓氏完整保留,名字用字母缩写表示,除同姓不同名的情况需要保留名字缩写外,其余均只在首次出现时显示名字缩写。正文已提过的姓名和作品不再显示英文。

介绍

❶ 见 E. 亚历山大(E. Alexander)和 M. 亚历山大(M. Alexander)所著《运动中的博物馆》(*Museums in Motion*)第 3 版第 192 页,2017 年于兰纳姆,罗曼和利特尔菲尔德(Rowman and Littlefield)出版社出版。

❷ 见 A. 乔治(A. George)所著《策展人手册》(*The Curator's Handbook*)第 2 页,2015 年于伦敦,泰晤士和哈德逊(Thames & Hudson)出版社出版。

❸ 见 J. 哈里森(J. Harrison)所著 "20 世纪 90 年代博物馆理念"(Ideas of Museums in the 1990s),出自 G. 科萨内(G. Corsane)编辑,《遗产、博物馆和画廊:导读》(*Heritage, Museums and Galleries: An Introductory Reader*)第 39 页,2005 年于伦敦,劳特里奇(Routledge)出版社出版。

❹ 有关该工作领域的介绍见 G. 埃德森(G. Edson)所著 "博物馆管理"(Museum Management),出自 P. 博伊兰(P. Boylan)编辑,《博物馆经营实用手册》(*Running a Museum: A Practical Handbook*)第 147—160 页,2004 年于巴黎,国际博物馆委员会出版。

❺ 见乔治所著《策展人手册》第 8 页。

第一章 什么是博物馆?

❶ 见国际博物馆委员会网页发表的文章 "关于 ICOM"(About ICOM)(日期不详),网址链接:http://umac.icom.museum/membership/about-icom/(2018 年 10 月 10 日访问)。

❷ 见国际博物馆委员会网页 2016 年发表的文章 "任务与目标"(Missions and Objectives),网址链接:https://icom.museum/en/about-us/missions-and-objectives/(2018 年 10 月 10 日访问)。

❸ 见国际博物馆委员会网页 2018 年发表的文章 "博物馆定义"(Museum Definition)。

❹ 见 G. 刘易斯(G. Lewis)所著 "博物馆责任与职业道德规范"(The Role of

163

Museums and the Professional Code of Ethics），出自博伊兰编辑，《博物馆经营实用手册》第 4 页。

❺ 能帮助定义博物馆实践和理论的主要方面的一本书是 A. 德斯瓦莱（A. Desvallées）和 F. 迈瑞思（F. Mairesse）所著《博物馆学重要概念》（*Key Concepts of Museology*），2010 年于巴黎，阿尔芒·柯林（Armand Colin）出版社出版。

❻ 见 M. 瓦尔希默（M. Walhimer）所著《博物馆 101》（*Museums 101*）第 6 页，2015 年于兰纳姆，罗曼和利特尔菲尔德出版社出版。

❼ 世界上第一个植物园被排除在以下讨论之外，与博物馆相区分，尽管前者通常被称为比萨大学的物理花园，建于 1543 年，用于大学的学习和教学。

❽ 见 V. 莱昂（V. León）所著《古代巾帼精英》（*Uppity Women of Ancient Times*），1995 年于伯克利，科纳里出版社（Conari Press）出版。

❾ 见刘易斯所著"博物馆责任与职业道德规范"，出自博伊兰编辑，《博物馆经营实用手册》第 1 页。

❿ 见 L. 伍利所著《乌尔的考古发掘——伦纳德·伍利爵士的 12 年工作记录》（*Excavations at Ur–A Record of Twelve Years' Work by Sir Leonard Woolley*），1955 年于伦敦，欧内斯特·本恩（Ernest Benn）出版社出版；伍利所著《"迦勒底的"乌尔：最终报道，乌尔的考古发掘》（*Ur'of the Chaldees': The Final Account, Excavations at Ur*），1982 年于纽约，赫伯特（Herbert）出版社出版。

⓫ 见 J. 阿布特（J. Abt）所著"公共博物馆的起源"（The Origins of the Public Museum），出自 S. 麦克唐纳（S. Macdonald）编辑，《博物馆研究手册》（*A Companion to Museum Studies*）第 115 页，2006 年于莫尔登，布莱克威尔（Blackwell）出版社出版。

⓬ 见 E. 亚历山大和 M. 亚历山大所著《运动中的博物馆》第 3 页，托勒密一世希望效仿受教于亚里士多德的亚历山大大帝。

⓭ 见 E. 亚历山大和 M. 亚历山大所著《运动中的博物馆》第 4 页。

⓮ 见阿布特所著"公共博物馆的起源"，出自麦克唐纳编辑，《博物馆研究手册》第 117 页。

⓯ 见阿布特所著"公共博物馆的起源"，出自麦克唐纳编辑，《博物馆研究手册》第 117 页。

⓰ 见 E. 舒尔茨（E. Schulz）所著"收藏史与博物馆历史笔记"（Notes on the History of Collecting and of Museums），出自 S. 皮尔斯编辑，《诠释藏品及

收藏》（Interpreting Objects and Collections）第 175—187 页，1994 年于伦敦，劳特里奇出版社出版。

⑰ 见阿布特所著"公共博物馆的起源"，出自麦克唐纳编辑，《博物馆研究手册》第 123 页。

⑱ 见刘易斯所著"博物馆责任与职业道德规范"，出自博伊兰编辑，《博物馆经营实用手册》第 2 页。

⑲ 老约翰·特拉德斯坎特曾是查理一世国王的花园、葡萄园与桑蚕的管家。

⑳ 被认为是诺亚方舟的参考。

㉑ 见 R.F. 欧夫内尔（R.F. Ovenel）所著《阿什莫林博物馆，1683—1894 年》（The Ashmolean Museum, 1683–1894）第 22 页，1986 年于牛津，克拉伦登出版社（Clarendon Press）出版。

㉒ 见阿布特所著"公共博物馆的起源"，出自麦克唐纳编辑，《博物馆研究手册》第 125 页。

㉓ 见国际博物馆委员会网页 2018 年发表的文章"博物馆定义"。

㉔ 见 E. 米勒（E. Miller）所著《那个高贵的陈列柜：英国博物馆历史》（That Noble Cabinet: A History of the British Museum）第 28—63 页，1974 年于雅典，俄亥俄大学出版社（Ohio University Press）出版。

㉕ 相关更多内容及后续变化，见 D. 卡什（D. Cash）所著《通向博物馆文化：1753—1836 年的大英博物馆》（Access to Museum Culture: The British Museum from 1753 to 1836），2002 年第 133 号大英博物馆临时文件。

㉖ 见刘易斯所著"博物馆责任与职业道德规范"，出自博伊兰编辑，《博物馆经营实用手册》第 3—4 页。

㉗ 见刘易斯所著"博物馆责任与职业道德规范"，出自博伊兰编辑，《博物馆经营实用手册》第 70—81 页。

㉘ 见 A. 伯顿（A. Burton）所著《维多利亚时期英国博物馆的发展及对艺术社会的贡献》（The Development of Museums in Victorian Britain and the Contribution of the Society of Arts），RSA 历史研究威廉·希普利（William Shipley）小组 2010 年第 16 号临时文件。

㉙ 见 K. 希（K. Hill）所著《1850—1914 年英国公共博物馆的文化与等级》（Culture and Class in English Public Museums, 1850–1914），2005 年于奥尔德肖特，阿什盖特（Ashgate）出版社出版。

㉚ 见博伊兰所著"博物馆行业"（The Museum Profession），出自麦克唐纳编辑，《博物馆研究手册》第 415 页；G. 德克斯特·洛德（G. Dexter Lord），G.

基扬（G. Quiang），安来顺（A. Laishun）和 J. 希梅内斯（J. Jimenez）编辑，《中国博物馆发展》（*Museum Development in China*），2019 年于兰纳姆，罗曼和利特尔菲尔德出版社出版。

㉛ 见博伊兰所著"博物馆行业"，出自麦克唐纳编辑，《博物馆研究手册》第 415 页。

㉜ 见 S. 内尔（S. Knell）编辑，《藏品保管》（*Care of Collections*）第 2 页，2005 年于阿宾顿，劳特里奇出版社出版。

㉝ 见 J. 哈里森所著"20 世纪 90 年代博物馆理念"，出自科萨内编辑，《遗产、博物馆和画廊：导读》第 42 页。

㉞ 对使命宣言的编写和使用有益的指导见 G. 安德森（G. Anderson）所著《博物馆使命宣言：建立一个独特身份》（*Museum Mission Statements: Building a Distinctive Identity*），2000 年于华盛顿特区，美国博物馆协会出版。

㉟ 有关博物馆应遵守的标准和道德的更多信息，见刘易斯所著"博物馆责任与职业道德规范"，出自博伊兰编辑，《博物馆经营实用手册》第 6—16 页。

㊱ 见英国艺术委员会在网上发表的"关于认证"（About Accreditation），出自英国博物馆认证计划（网页），网址链接：https://www.artscouncil.org.uk/accreditation-scheme/about-accreditation（2019 年 7 月 18 日访问）。

㊲ 见 T. 安布罗斯（T. Ambrose）和 C. 潘恩（C. Paine）所著《博物馆基础》（*Museum Basics*）第 3 版第 14 页，2006 年于阿宾顿，劳特里奇出版社出版。

㊳ 见安布罗斯和潘恩所著《博物馆基础》第 6 页。

㊴ 见 J. 哈里森所著"20 世纪 90 年代博物馆理念"，出自科萨内编辑，《遗产、博物馆和画廊：导读》第 42 页。

㊵ 见 M. 弗利（M. Foley）和 G. 麦克弗森（G. McPherson）所著"作为休闲方式的博物馆"（Museums as leisure），出自《国际遗产研究杂志》（*International Journal of Heritage Studies*）2000 年第 6 卷第 2 号，第 161—174 页。

㊶ 见 W. 博伊德（W. Boyd）所著"博物馆的问责：法律、条例、道德及认证"（Museum accountability: laws, rules, ethics and accreditation），出自《策展人：博物馆杂志》（*Curator: The Museum Journal*）1991 年第 34 卷第 3 号，第 165—177 页；G. 阿什沃思（G. Ashworth）所著《遗产计划：对话城市变化管理》（*Heritage Planning: Conservation as the Management of Urban Change*），1991 年于格罗宁根，杰奥·珀尔斯（Geo Pers）出版社出版，援引自 B. 格雷厄姆（B. Graham），阿什沃思和 J. 滕布里奇（J. Tunbridge）所著"遗产的使用与滥用"（The Uses and Abuses of Heritage），出自科萨内编辑，《遗产、

博物馆和画廊：导读》第 29 页。

㊷ 见格雷厄姆，阿什沃思和滕布里奇所著"遗产的使用与滥用"，出自科萨内编辑，《遗产、博物馆和画廊：导读》第 29 页。

㊸ 见 M. 内格里（M. Negri）编辑，《1977—1983 年欧洲的新博物馆》（*New Museums in Europe 1977–1983*），1984 年于米兰，马佐塔（Mazzotta）出版社出版；E. 古瑞安（E. Gurian）所著"模糊的界限"（A blurring of the boundaries），出自《策展人：博物馆杂志》1995 年第 38 卷第 1 号，第 31—37 页；S. 威尔所著《对博物馆的重新思考与其他冥思》（*Rethinking the Museum and Other Meditations*）第 55—56 页，1990 年于华盛顿特区，史密森尼协会出版社（Smithsonian Institution Press）出版。

㊹ 见 J. 哈里森所著"20 世纪 90 年代博物馆理念"，出自科萨内编辑，《遗产、博物馆和画廊：导读》第 39 页。

㊺ 见 J. 哈里森所著"20 世纪 90 年代博物馆理念"，出自科萨内编辑，《遗产、博物馆和画廊：导读》第 39 页；D. 卡梅隆所著"博物馆，是寺庙还是论坛"（The museum, a temple or the forum），出自《策展人：博物馆杂志》1971 年第 14 卷第 1 号，第 11—24 页。

㊻ 见威尔所著《对博物馆的重新思考与其他冥思》第 55—56 页。

㊼ 更多内容见 P. 维尔戈（P. Vergo）编辑，《新博物馆学》（*The New Museology*），1989 年于伦敦，瑞克新图书（Reaktion Books）出版社出版。

㊽ 见格雷厄姆，阿什沃思和滕布里奇所著"遗产的使用与滥用"，出自科萨内编辑，《遗产、博物馆和画廊：导读》第 29 页；B. 安德森（B. Anderson）所著《想象的社群：民族主义起源与传播的思考》（*Imagined Communities: Reflections on the Origin and Spread of Nationalism*）第 2 章，1991 年于伦敦，维索（Verso）出版社出版。

㊾ 关于博物馆社会价值的更多内容，见 A. 纽曼（A. Newman）所著"通过资本的概念理解博物馆、画廊和遗产的社会影响"（Understanding the Social Impact of Museums, Galleries and Heritage through the Concept of Capital），出自科萨内编辑，《遗产、博物馆和画廊：导读》第 228—240 页。

㊿ 见安布罗斯和潘恩所著《博物馆基础》第 9 页。

51 见格雷厄姆，阿什沃思和滕布里奇所著"遗产的使用与滥用"，出自科萨内编辑，《遗产、博物馆和画廊：导读》第 29 页。

52 关于博物馆对于旅游业和国家经济的影响，更多内容见格雷厄姆，阿什沃思和滕布里奇所著"遗产的使用与滥用"，出自科萨内编辑，《遗产、博物馆和画廊：导读》第 29 页；R. 普伦蒂斯（R. Prentice）所著"遗产：'新'旅游业的关键部门"（Heritage: A Key Sector in the 'New' Tourism），出自科萨内编辑，《遗产、博物馆和画廊：导读》第 243—256 页。

第二章　收藏政策、构成及实施

❶ 见 R. 菲利普斯（R. Phillips）所著"囤积者"（The accumulator），出自《普通精神病学档案》（Archives of General Psychiatry）1962 年第 6 卷，第 474—477 页；J. 鲍德里亚所著"物体系"（The System of Collecting），出自 J. 埃尔斯纳和 R. 卡迪纳尔编辑，《收藏的文化》（The Cultures of Collecting）第 22 页，1994 年于伦敦，瑞克新图书出版社出版；J. 西蒙斯（J. Simmons）所著《大小事：藏品管理政策》（Things Great and Small: Collections Management Policies）第 2 版第 61 页，2018 年于兰纳姆，罗曼和利特尔菲尔德出版社出版。

❷ 见鲍德里亚所著"物体系"，出自埃尔斯纳和卡迪纳尔编辑，《收藏的文化》第 8 页。

❸ 见 R.J. 莱恩（R.J. Lane）所著《让·鲍德里亚》（Jean Baudrillard）第 72 页，2000 年于纽约，劳特里奇出版社出版。

❹ 见皮尔斯所著《论收藏：欧洲传统收藏调查》（On Collecting: An Investigation into Collecting in the European Tradition）第 16 页，1995 年于伦敦，劳特里奇出版社出版；R. 贝尔克（R. Belk），M. 瓦伦多夫（M. Wallendorf），J. 谢里（J. Sherry）和 M. 霍尔布鲁克（M. Holbrook）所著"消费文化中的收藏"（Collecting in a Consumer Culture），出自《高速公路和购物大道：自消费者行为奥德赛的自然主义研究》（Highways and Buyways: Naturalistic Research from the Consumer Behavior Odyssey）第 8 页，1990 年于普罗沃，消费者研究协会（Association for Consumer Research）出版。

❺ 见皮尔斯所著《论收藏：欧洲传统收藏调查》第 14 页。

❻ 见鲍德里亚所著"物体系"，出自埃尔斯纳和卡迪纳尔编辑，《收藏的文化》第 8 页。

❼ 见皮尔斯所著"收藏的冲动"（The Urge to Collect），出自皮尔斯编辑，《诠释藏品及收藏》第 157—159 页。

❽ 见鲍德里亚所著"物体系"，出自埃尔斯纳和卡迪纳尔编辑，《收藏的文化》第 16 页。

❾ 见 F. 贝克兰（F. Baekeland）所著"艺术收藏的心理层面"（Psychological

Aspects of Art Collecting），出自皮尔斯编辑，《诠释藏品及收藏》第 215 页。

⑩ 见鲍德里亚所著"物体系"，出自埃尔斯纳和卡迪纳尔编辑，《收藏的文化》第 7 页。

⑪ 见埃尔斯纳和卡迪纳尔所著"介绍"（Introduction），出自埃尔斯纳和卡迪纳尔编辑，《收藏的文化》第 3 页。

⑫ 见贝克兰所著"艺术收藏的心理层面"，出自皮尔斯编辑，《诠释藏品及收藏》第 206 页。

⑬ 见 L. 瓦康（L. Wacquant）所著"习惯"（Habitus），出自 J. 贝克特（J. Becket）和 Z. 米兰（Z. Milan）编辑，《经济社会学国际百科全书》（*International Encyclopaedia of Economic Sociology*）第 316 页，2005 年于伦敦，劳特里奇出版社出版。

⑭ 见 B.S. 透纳（B.S. Turner）所著《状态》（*Status*）第 66 页，1988 年于米尔顿·凯恩斯，开放大学出版社（Open University Press）出版；P. 布尔迪厄所著"符号权力"（Symbolic power），出自《人类学批判》（*Critique of Anthropology*）1979 年第 13 卷，第 77—85 页。

⑮ 见 J. 加文塔（J. Gaventa）2003 年于发展研究所（Institute of Development Studies）的布莱顿参与小组（Brighton Participation Group）发表的线上文章"卢克斯之后的权利：卢克斯以来的权利理论概述及其在发展中的应用"（Power after Lukes: An overview of theories of power since Lukes and their application to development），网址链接：https://www.powercube.net/wp-content/uploads/2009/11/power_after_lukes.pdf（2018 年 10 月 13 日访问）。编者注：这里指的应是史蒂文·卢克斯（Steven Lukes）。

⑯ 见安布罗斯和潘恩所著《博物馆基础》第 134 页。

⑰ 见麦克唐纳所著"收藏实践"（Collecting Practices），出自麦克唐纳编辑，《博物馆研究手册》第 81 页。

⑱ 见麦克唐纳所著"收藏实践"，出自麦克唐纳编辑，《博物馆研究手册》第 81 页。

⑲ 见鲍德里亚所著"物体系"，出自埃尔斯纳和卡迪纳尔编辑，《收藏的文化》第 7 页。

⑳ 见贝尔克所著"收藏家和收藏"（Collectors and Collecting），出自皮尔斯编辑，《诠释藏品及收藏》第 317—326 页；皮尔斯所著"重新考虑收藏"（Collecting Reconsidered），出自皮尔斯编辑，《诠释藏品及收藏》第 193—204 页。

㉑ 见"收藏方法"（Collecting Methods），出自 D. 弗莱明（D. Fleming），潘恩和 J. 罗德斯（J. Rhodes）编辑，《博物馆的社会历史》（*Social History in*

Museums）第 176—208 页，1993 年于伦敦，英国皇家出版局（HMSO）出版。

㉒ 见麦克唐纳所著"收藏实践"，出自麦克唐纳编辑，《博物馆研究手册》第 81 页。

㉓ 见 E. 尼克尔森（E. Nicholson）和 E. 威廉姆斯（E. Williams）所著"为博物馆藏品建立工作定义"（Developing a working definition for the museum collection），出自《内线》（*Inside Line*）2002 年秋季刊，第 1—4 页。

㉔ 见 E. 亚历山大和 M. 亚历山大所著《运动中的博物馆》第 188 页。

㉕ 见麦克唐纳所著"收藏实践"，出自麦克唐纳编辑，《博物馆研究手册》第 81 页。

㉖ 见安布罗斯和潘恩所著《博物馆基础》第 140 页。

㉗ 见西蒙斯所著《大小事：藏品管理政策》第 37—38 页。

㉘ 见 M. 韦尔（M. Ware）所著《博物馆收藏政策和租借协议》（*Museum Collecting Policies and Loan Agreements*），1988 年发表于独立博物馆协会（Association of Independent Museum）第 14 号 AIM 指南。

㉙ 见 N. 梅里曼（N. Merriman）所著"博物馆收藏和可持续性"（Museum collections and sustainability），出自《文化趋势》（*Cultural Trends*）2008 年第 17 卷第 1 号，第 3—21 页，期刊 DOI 序列号：10.1080/09548960801920278。

㉚ 见麦克唐纳所著"收藏实践"，出自麦克唐纳编辑，《博物馆研究手册》第 81 页。

㉛ 见 T. 索拉（T. Sola）所著"重新定义收藏"（Redefining Collecting），出自内尔编辑，《博物馆和收藏的未来》（*Museums and the Future of Collecting*）第 2 版，第 187—196 页，2016 年于阿宾顿，劳特里奇出版社出版。

㉜ 见"收藏政策"（Collecting Policies），出自弗莱明，潘恩和罗德斯编辑，《博物馆的社会历史》第 171—175 页。

㉝ 见国际博物馆委员会网页 2004 年发表的文章"ICOM 博物馆道德规范"（ICOM Code of ETHICS for Museums），网址链接：https://icom.museum/wp-content/uploads/2018/07/ICOM-code-En-web.pdf（2018 年 12 月 12 日访问）。关于该组织的细节见第一章。

㉞ 见 S. 希尔豪斯（S. Hillhouse）所著《藏品管理：一本使用指南》（*Collections Management: A Practical Guide*）第 30 页，2009 年于剑桥，收藏信托（Collections Trust）出版；J. 尼克斯（J. Nicks）所著"藏品管理"（Collections Management），出自 B. 洛德（B. Lord），G. 德克斯特·洛德和 L. 马丁（L. Martin）编辑，《博物馆规划手册：可持续空间、社会和运营》（*The Manual of Museum Planning: Sustainable Space, Facilities, and Operations*）第 3 版，2012 年于兰纳姆，阿尔塔米拉出版社（AltaMira Press）出版；刘易斯

所著"博物馆责任与职业道德规范",出自博伊兰编辑,《博物馆经营实用手册》第 7 页。

㉟ 有关该主题的一些有趣的案例研究,见 N. 布罗迪(N. Brodie)和 K. 沃克·塔布(K. Walker Tubb)所著《非法古文物:盗窃文化和考古学的灭绝》(*Illicit Antiquities: The Theft of Culture and the Extinction of Archaeology*),2012 年于伦敦,劳特里奇出版社出版。

㊱ 见 H. 库鲁维拉(H. Kuruvilla)所著《博物馆法律词典》(*A Legal Dictionary for Museums*),2016 年于兰纳姆,罗曼和利特尔菲尔德出版社出版,是获取有关博物馆面临的关键法律问题和担忧的实用指南。

㊲ 见国际博物馆委员会网页 2004 年发表的文章"ICOM 博物馆道德规范"。

㊳ 一些实用的指南包括:P. 阿斯克鲁德(P. Askerud)和 E. 克莱门特(E. Clément)所著《防止非法贩运文化财产:关于实施联合国教科文组织 1970 年公约的资源手册》(*Preventing the Illicit Traffic in Cultural Property: A Resource Handbook for the Implementation of the 1970 UNESCO Convention*),1997 年于巴黎,联合国教科文组织文化遗产部出版;P. 奥基夫(P. O'Keefe)所著《对联合国教科文组织 1970 年关于非法贩运公约的评论》(*Commentary on the UNESCO 1970 Convention on Illicit Traffic*),2002 年发表于莱斯特,艺术与法律学院。

㊴ 见联合国教科文组织 1970 年颁布的《关于禁止和防止非法进出口文化财产和非法转让其所有权的方法的公约》;国际统一私法协会(UNIDROIT)1995 年颁布的《国际统一私法协会关于被盗或非法出口文物的公约》,网址链接:https://www.unidroit.org/instruments/cultural-property/1995-convention(2019 年 9 月 12 日访问)。

㊵ 见 A. 法伊(A. Fahy)所著"介绍"(Introduction),出自法伊编辑,《藏品管理》(*Collections Management*),1994 年于阿宾顿,劳特里奇出版社出版。

㊶ 见刘易斯所著"博物馆责任与职业道德规范",出自博伊兰编辑,《博物馆经营实用手册》第 13 页;L. 普罗特(L. Prott)所著"非法交通"(Illicit Traffic),出自博伊兰编辑,《博物馆经营实用手册》第 197—205 页;另见 R. 索恩斯(R. Thornes)所著《通过国际文献标准保护文物》(*Protecting Cultural Objects Through International Documentation Standards*),1995 年于圣莫尼卡,盖蒂艺术史信息计划(The Getty Art History Information Programme)出版。

㊷ 在英国,文化传媒和体育部,文化财产单位颁布了有关收集和借用文化材料

的尽职调查的指南：文化传媒和体育部，文化财产单位所著《打击非法贸易：博物馆、图书馆和档案馆关于收藏和借用文化材料的尽职调查指南》（*Combating Illicit Trade: Due Diligence Guidelines for Museums, Libraries and Archives on Collecting and Borrowing Cultural Material*），2005 年于伦敦，文化传媒和体育部出版。英国博物馆协会也发表了指南，见"收购：关于收购的道德及实用性指导"（Acquisition: Guidance on the ethics and practicalities of acquisition），出自《道德准则：博物馆协会道德委员会的建议》（*Ethical Guidelines: Advice from the Museums Association Ethics Committee*），2004 年发表于协会网站，网址链接：https://www.museumsassociation.org/download?id=11114（2019 年 7 月 18 日访问）。

㊸ 见 J. 考特尼（J. Courtney）编辑，《博物馆专业人士法律指南》（*The Legal Guide for Museum Professionals*）第 1 至第 3 章，2015 年于纽约，罗曼和利特尔菲尔德出版社出版。

㊹ 见麦克唐纳所著"收藏实践"，出自麦克唐纳编辑，《博物馆研究手册》第 81 页。

㊺ 有关这方面的更多信息，见 W. 洛根（W. Logan）和 K. 里维斯（K. Reeves）编辑，《痛苦与羞耻：处理"困难"的遗产》（*Places of Pain and Shame: Dealing with 'Difficult' Heritage*），2009 年于伦敦，劳特里奇出版社出版；J. 梅里曼（J. Merryman）所著《帝国主义、艺术，和归还》（*Imperialism, Art, and Restitution*），2006 年于纽约，剑桥大学出版社（Cambridge University Press）出版；J. 杨（J. Young）和 C. 巴克（C. Buck）编辑，《文化挪用的道德伦理》（*The Ethics of Cultural Appropriation*），2009 年于纽约，威立－布莱克威尔（Wiley-Blackwell）出版社出版。

㊻ 有关此问题的更多信息，见 C. 温特尔（C. Wintle）所著"非殖民化博物馆：以帝国和联邦机构为例"（Decolonising the museum: the case of the Imperial and Commonwealth Institutes），出自《博物馆与社会》（*Museum and Society*）2013 年第 1 卷第 2 号，第 185—201 页；R. 奥尔德里奇（R. Aldrich）所著"后殖民欧洲的殖民博物馆"（Colonial Museums in a Postcolonial Europe），出自 D. 托马斯（D. Thomas）编辑，《后殖民欧洲的博物馆》（*Museums in Postcolonial Europe*）第 12—31 页，2010 年于伦敦，劳特里奇出版社出版；T. 巴林格（T. Barringer）和 T. 弗林（T. Flynn）编辑，《殖民主义和藏品：帝国、物质文化和博物馆》（*Colonialism and the Object: Empire, Material Culture and the Museum*），1998 年于伦敦，劳特里奇出版社出版；J. 麦肯齐（J. MacKenzie）所著《博物馆和帝国：自然历

史、人类文化和殖民身份》（*Museums and Empire: Natural History, Human Cultures and Colonial Identities*），2009 年于曼彻斯特，曼彻斯特大学出版社（Manchester University Press）出版；S. 朗艾尔（S. Longair）和 J. 麦卡利尔（J. McAleer）编辑，《策展帝国：博物馆和大英帝国体验》（*Curating Empire: Museums and the British Imperial Experience*），2012 年于曼彻斯特，曼彻斯特大学出版社出版。

❹ 见 A. 洛尔德（A. Lorde）所著"大师的工具永远不会拆除大师的屋子"（The Master's Tools Will Never Dismantle the Master's House），出自洛尔德所著《局外人姐妹：散文和演讲》（*Sister Outsider: Essays and Speeches*）第 110—114 页，2007 年于杜鲁门斯堡，十字出版社（Crossing Press）出版；S. 卡西姆（S. Kassim）所著"博物馆不会被非殖民化"（The museum will not be decolonised），2017 年发表于非营利机构"媒体多元化"（Media Diversified），网址链接：https://mediadiversified.org/2017/11/15/the-museum-will-not-be-decolonised/（2019 年 9 月 12 日访问）。

❹ 见 S. 瓦达（S. Vawda）所著"博物馆与不公正认识论：从殖民主义到非殖民主义"（Museums and the epistemology of injustice: from colonialism to decoloniality），出自《国际美术馆》（*Museum International*）2019 年第 71 卷第 1 号，第 72—79 页。

❹ 见 C. 克雷普斯（C. Kreps）所著"改变道路规则：后殖民主义和博物馆人类学的新伦理"（Changing the Rules of the Road: Postcolonialism and the New Ethics of Museum Anthropology），出自 J. 马斯汀（J. Marstine）编辑，《劳特里奇博物馆伦理指南：重新定义 21 世纪博物馆伦理》（*The Routledge Companion to Museum Ethics: Redefining Ethics for the 21st-Century Museum*），2011 年于纽约，劳特里奇出版社出版。

❺ 有关这种争议的更多信息见 E. 巴尔坎（E. Barkan）和 R. 布什（R. Bush）所著《认领石头/命名骨头：文化财产和国家与民族认同的谈判》（*Claiming the Stones / Naming the Bones: Cultural Property and the Negotiation of National and Ethnic Identity*），2003 年于洛杉矶，盖蒂（Getty）出版社出版；J. 库诺（J. Cuno）所著《谁的文化？博物馆的承诺和对文物的争论》（*Whose Culture? The Promise of Museums and the Debate Over Antiquities*），2012 年于普林斯顿，普林斯顿大学出版社（Princeton University Press）出版；J. 格林菲尔德（J. Greenfield）所著《文化瑰宝的回归》（*The Return of Cultural Treasures*）第 3 版，2007 年于纽约，剑桥大学出版社出版；K. 菲茨·吉本斯

（K. Fitz Gibbons）编辑，《谁拥有过去？文化政策、文化财产和法律》（*Who Owns the Past? Cultural Policy, Cultural Property, and the Law*），2005 年于新不伦瑞克省，罗格斯大学出版社（Rutgers University Press）出版。

(51) 另见 A. 弗多利亚克（A. Vrdoljak）所著《国际法、博物馆和文物归还》（*International Law, Museums and the Return of Cultural Objects*），2006 年于纽约，剑桥大学出版社出版。

(52) 见内尔编辑，《博物馆和收藏的未来》第 87 页。

(53) 关于这一问题的更多内容见库诺所著《谁的文化？博物馆的承诺和对文物的争论》；埃尔斯纳和卡迪纳尔编辑，《收藏的文化》第 57 页。

(54) 见 C. 弗福德（C. Fforde），J. 休伯特（J. Hubert）和 P. 特恩布尔（P. Turnbull）编辑，《逝者及其财产：原则、政策和实践中物归原地》（*The Dead and their Possessions: Repatriation in Principle, Policy and Practice*），2002 年于伦敦，劳特里奇出版社出版。

(55) 关于此问题的更多内容见 V. 卡斯曼（V. Cassman），N. 奥德高（N. Odegaard）和 J. 鲍威尔（J. Powell）编辑，《人类遗骸：博物馆和学士机构的指南》（*Human Remains: Guide for Museums and Academic Institutions*），2008 年于兰纳姆，阿尔塔米拉出版社出版。

(56) 见"2004年人体组织法"（Human Tissue Act 2004）第47节，出自英国政府网站，"专业人士指南"（Guidance for Professionals）板块。

(57) 见文化传媒和体育部线上报告"人类遗骸工作组报告"（Working Group on Human Remains Report），2003 年 11 月 14 日，网址链接：https://webarchive.nationalarchives.gov.uk/+/http://www.culture.gov.uk/reference_library/publications/4553.aspx（2019 年 9 月 9 日访问）；文化传媒和体育部线上报告"博物馆遗骸护理指南"（Guidance for the Care of Human Remains in Museums），2005 年。此外，任何英国博物馆展示历史不足 100 年的人类遗骸都需要获得人体组织管理局（Human Tissue Authority）的批准。

(58) 见索拉所著"重新定义收藏"，出自内尔编辑，《博物馆和收藏的未来》第 187—196 页。

(59) 另见 S. 耶科维奇（S. Yerkovich）所著《博物馆伦理实用指南》（*A Practical Guide to Museum Ethics*），2016 年于兰纳姆，罗曼和利特尔菲尔德出版社出版；M. 马拉罗（M. Malaro）和 I. 迪安吉利斯（I. DeAngelis）所著《博物馆藏品管理法律入门》（*A Legal Primer on Managing Museum Collections*）第 3 版，2012 年于华盛顿特区，史密森尼书籍（Smithsonian Books）出版社出

版；P. 戴维斯（P. Davies）编辑，《博物馆和藏品处理争论》（*Museums and the Disposals Debate*），2011 年于爱丁堡，博物馆及其他（MuseumsEtc）出版社出版；威尔编辑，《有关退藏的简易读本》（*A Deaccession Reader*），1997 年于华盛顿特区，美国博物馆协会出版。

⓺⓪ 见安布罗斯和潘恩所著《博物馆基础》第 138 页。

⓺① 见 L. 史密斯（L. Smith）所著"退藏"（Deaccessioning），出自《登记员季刊》（*Registrars' Quarterly*）1992 年冬季刊，第 1—2 页。

⓺② 在英国有一个著名案例，即北安普顿区委员会 2014 年向北安普顿博物馆和美术馆下令，令其将馆藏中的一件 4000 年历史的古埃及谢凯姆卡（Sekhemka）石灰石雕像在佳士得拍卖行出售。

⓺③ 见英国博物馆协会 2015 年发表并刊登于其网站的《博物馆道德规范》，网址链接：https://www.museumsassociation.org/download?id=1155827（2019 年 1 月 7 日访问）。

⓺④ 见刘易斯所著"对博物馆藏品的处理态度"（Attitudes to Disposal from Museum Collections），出自法伊编辑，《藏品管理》；刘易斯所著"退藏和 ICOM 道德规范"（Deaccessioning and the ICOM Code of Ethics），出自《ICOM 新闻》（*ICOM News*）2003 年第 56 卷第 1 号；西蒙斯所著《大小事：藏品管理政策》第 63 页。

⓺⑤ 见国际博物馆委员会网页 2004 年发表的文章"ICOM 博物馆道德规范"。

⓺⑥ 见威尔编辑，《有关退藏的简易读本》第 100 页。

⓺⑦ 见西蒙斯所著《大小事：藏品管理政策》第 64 页。

⓺⑧ 见马拉罗所著"藏品管理政策"（Collection Management Policies），出自法伊编辑，《藏品管理》。

⓺⑨ 见西蒙斯所著《大小事：藏品管理政策》第 91 页。

⓻⓪ 见 T. 施勒思（T. Schlereth）所著"为了未来回忆的当代收藏"（Contemporary collecting for future recollecting），出自《博物馆研究杂志》（*The Museum Studies Journal*）1984 年第 1 卷第 3 号，第 23—30 页。

第三章　新藏品的研究及入藏

❶ 见西蒙斯所著《大小事：藏品管理政策》第 46 页。

❷ 见 A. 罗伯茨（A. Roberts）所著"清单和档案记录"（Inventories and Documentation），出自博伊兰编辑，《博物馆经营实用手册》第 31—32 页。

❸ 见 N. 拉德金（N. Ladkin）所著"藏品管理"（Collections Management），

出自博伊兰编辑，《博物馆经营实用手册》第 20 页。

④ 见西蒙斯所著《大小事：藏品管理政策》第 47 页。

⑤ 见 B. 米勒（B. Miller）和 A. 麦库恩（A. McKune）所著"慷慨的精神：博物馆作为受赠者：标准、最佳实践及道德和法律责任"（In a generous spirit: museums as donees: standards, best practice and ethical and legal responsibilities），出自《博物馆》（*Museum*）2011 年第 90 卷第 4 号，第 50—52 页；R. 弗里兰（R. Vreeland）所著"捐赠流程及程序大纲"（Donation process and procedure outline），出自《博物馆》2011 年第 90 卷第 4 号，第 52—53 页。

⑥ 见西蒙斯所著《大小事：藏品管理政策》第 51 页。

⑦ 见西蒙斯所著《大小事：藏品管理政策》第 50 页。

⑧ 见韦尔所著《博物馆收藏政策和租借协议》。

⑨ 更多信息见第二章，"收藏的法律及道德要求"和"敏感藏品的收藏"。

⑩ 见 E. 亚历山大和 M. 亚历山大所著《运动中的博物馆》第 199 页。

⑪ 见 E. 亚历山大和 M. 亚历山大所著《运动中的博物馆》第 199 页。

⑫ 见 D. 达德利（D. Dudley）和 I. 威尔金森（I. Wilkinson）编辑，《博物馆登记方法》（*Museum Registration Methods*）第 14 页，1989 年于华盛顿特区，美国博物馆协会出版。

⑬ 见收藏信托，"藏品入馆表格"（Object entry forms）板块，2017 年，网址链接：https://collectionstrust.org.uk/resource/object-entry-forms/（2019 年 1 月 30 日访问）；R. 巴克（R. Buck）和 J. 吉尔摩（J. Gilmore）编辑，《MRM5：博物馆登记方法》（*MRM5：Museum Registration Methods*）第 5 版，2010 年于华盛顿特区，美国博物馆协会出版社（AAM Press）出版；马拉罗和迪安吉利斯所著《博物馆藏品管理法律入门》。

⑭ 见西蒙斯所著《大小事：藏品管理政策》第 46 页。

⑮ 见西蒙斯所著《大小事：藏品管理政策》第 45 页。

⑯ 见 S. A. 霍尔姆（S. A. Holm）所著《事实与文物：如何记录博物馆藏品》（*Facts and Artefacts. How to Document a Museum Collection*）第 10—12 页，1998 年于剑桥，博物馆文档协会（MDA）出版。

⑰ 见罗伯茨所著"清单和档案记录"，出自博伊兰编辑，《博物馆经营实用手册》第 33 页。

⑱ 见霍尔姆所著《事实与文物：如何记录博物馆藏品》第 13—17 页。

⑲ 见安布罗斯和潘恩所著《博物馆基础》第 145 页。

⑳ 见霍尔姆所著"退出文件记录"（Exit Documentation），出自霍尔姆所著《事实与文物：如何记录博物馆藏品》第26—30页；收藏信托，"光谱相关资源"（Spectrum Related Resources）板块，"退出表格"（Exit forms），2017年，网址链接：https://collectionstrust.org.uk/resource/object-exit-forms/（2019年1月30日访问）。

㉑ 见霍尔姆所著《事实与文物：如何记录博物馆藏品》第26—30页。

第四章　对藏品进行分类、记录和编目

❶ 见西蒙斯所著"藏品照看和管理：历史、理论和实践"（Collections Care and Management: History, Theory, and Practice），出自C.麦卡锡（C. McCarthy）编辑，《国际博物馆研究手册：博物馆实践》（International Handbook of Museum Studies: Museum Practice）第221—247页，2015年于伦敦，威立－布莱克威尔出版社出版。

❷ 关于藏品管理的主要领域的实用概述，见刘易斯所著"博物馆责任与职业道德规范"，出自博伊兰编辑，《博物馆经营实用手册》第7—11页。

❸ 见内尔所著"导言：收藏护理的背景"（Introduction: The Context of Collections Care），出自内尔编辑，《藏品保管》。

❹ 见希尔豪斯所著《藏品管理：一本使用指南》第3页；P.约翰逊（P. Johnson）所著"馆藏管理和发展介绍"（Introduction to Collection Management and Development），出自约翰逊所著《馆藏发展的基本原理》（Fundamentals of Collection Development）第2版，2018年于芝加哥，美国图书馆协会（American Library Association）出版。

❺ 见希尔豪斯所著《藏品管理：一本使用指南》第3页。

❻ 见博伊兰编辑，《博物馆经营实用手册》第17—18页。

❼ 见马拉罗和迪安吉利斯所著《博物馆藏品管理法律入门》第43页。

❽ 见西蒙斯所著《大小事：藏品管理政策》第6页。

❾ 这里提到的所有计划和程序均在第二章至第五章进行详细探讨。

❿ 以英国为例，包括1996年《财富法》（Treasure Act）、1998年《数据保护法》（Data Protection Act）、2000年《信息自由法》（Freedom of Information Act）、1995年《残疾人法》（Disability Act）、2010年《平等法》（Equality Act）、2004年《人体组织法》（Human Tissue Act）。

⓫ 见希尔豪斯所著《藏品管理：一本使用指南》第16页。

⓬ 见M. L.安德森（M. L. Anderson）所著"一个清晰的观点：博物馆透明度

的案例"（A clear view: the case for museum transparency），出自《博物馆》2010 年第 89 卷第 2 号，第 48—53 页。

⑬ 见 J. 加德纳（J. Gardner）所著"从自发的到综合的收藏战略规划"（From Idiosyncratic to Integrated Strategic Planning for Collections），出自麦卡锡编辑，《国际博物馆研究手册：博物馆实践》第 203—220 页。

⑭ 见瓦尔希默所著《博物馆 101》第 135 页。

⑮ 见 S. 斯通（S. Stone）所著"记录藏品"（Documenting Collections），出自 J. 汤普森（J. Thompson）编辑，《策展手册》（Manual of Curatorship）第 2 版第 215 页，1992 年于牛津，巴特沃思－海涅曼（Butterworth-Heinemann）出版社出版；H. 阿什比（H. Ashby），G. 麦肯纳（G. McKenna）和 M. 斯蒂夫（M. Stiff）所著《文化信息管理的光谱知识标准》（SPECTRUM Knowledge Standards for Cultural Information Management），2001 年于剑桥，博物馆文档协会出版。

⑯ 见收藏信托，"光谱 5.0 介绍"（Introduction to Spectrum, 5.0），光谱（网站），2017 年 9 月，网址链接：https://collectionstrust.org.uk/spectrum/spectrum-5/（2019 年 2 月 13 日访问）。

⑰ 见收藏信托，"所有程序"（All procedures），光谱（网站），2017 年 9 月，网址链接：https://collectionstrust.org.uk/spectrum/procedures/（2019 年 10 月 13 日访问）。

⑱ 见国际博物馆委员会网页 2004 年发表的文章"ICOM 博物馆道德规范"。

⑲ 见罗伯茨所著《馆藏文档规划》（Planning the Documentation of Museum Collections），1985 年于剑桥，博物馆文档协会出版；西蒙斯所著"藏品照看和管理：历史、理论和实践"，出自麦卡锡编辑，《国际博物馆研究手册：博物馆实践》第 221—247 页。

⑳ 见斯通所著"记录藏品"，出自汤普森编辑，《策展手册》第 213 页。

㉑ 见索恩斯所著《通过国际文献标准保护文物》，第 10—20 页。

㉒ 见斯通所著"记录藏品"，出自汤普森编辑，《策展手册》第 213 页。

㉓ 见 H. 埃里克森（H. Eriksen）和 I. 昂格尔（I. Unger）所著《小型博物馆编目手册》（The Small Museums Cataloguing Manual），2009 年于悉尼，澳大利亚博物馆（Australian Museum）出版。

㉔ 见 C. 高斯登（C. Gosden）和 Y. 马歇尔（Y. Marshall）所著"物品的文化传记"（The cultural biography of objects），出自《世界考古学》（World Archaeology）1999 年第 31 卷第 2 号，第 169—178 页；A. 阿帕杜莱（A.

Appadurai）所著"介绍"（Introduction），出自阿帕杜莱编辑，《物品的社会经历：文化视角下的商品》（*The Social Life of Things: Commodities in Cultural Perspective*）第 3—63 页，1988 年于剑桥，剑桥大学出版社出版；I. 科比托夫（I. Kopytoff）所著"物的文化传记：作为过程的商品化"（The Cultural Biography of Things: Commoditization as Process），出自阿帕杜莱编辑，《物品的社会经历：文化视角下的商品》第 64—91 页。

㉕ 见西南地区博物馆和美术馆联盟（South Western Federation of Museums and Galleries）所著"发展藏品管理框架"（Developing a Collections Management Framework），收藏信托网站，2015 年。

㉖ 见罗伯茨所著"清单和档案记录"，出自博伊兰编辑，《博物馆经营实用手册》第 39 页。

㉗ 见西蒙斯所著《大小事：藏品管理政策》第 57 页。

㉘ 关于数字技术如何改变博物馆实践的更多信息，见 P. 马蒂（P. Marty）和 K. 伯顿·琼斯（K. Burton Jones）所著《博物馆信息学：人、信息和技术》（*Museum Informatics: People, Information, and Technology in Museums*）第 3 部分，2009 年于纽约，劳特里奇出版社出版。

㉙ 见罗伯茨所著《馆藏文档规划》第 20 页；罗伯茨所著"清单和档案记录"，出自博伊兰编辑，《博物馆经营实用手册》第 40—44 页。

㉚ 见霍尔姆所著《事实与文物：如何记录博物馆藏品》第 37 页。

㉛ 见罗伯茨所著"清单和档案记录"，出自博伊兰编辑，《博物馆经营实用手册》第 33—35 页。

㉜ 见霍尔姆所著《构建博物馆物品名称词库指南》（*Guidelines for Constructing a Museum Object Name Thesaurus*），1993 年于剑桥，博物馆文档协会出版。

㉝ 见 E. 奥尔纳（E. Orna）所著《建立自己的词库：分步指南》（*Build Yourself a Thesaurus: A Step by Step Guide*），1983 年于诺威奇，在逃天使（Running Angel）出版社出版。

㉞ 见霍尔姆所著《事实与文物：如何记录博物馆藏品》第 24—25 页。

㉟ 见西南地区博物馆和美术馆联盟所著"发展藏品管理框架"，出自收藏信托网站。

第五章 藏品的装卸、存储和藏护

❶ 见第一章。

❷ 见安布罗斯和潘恩所著《博物馆基础》第 163 页；内尔所著"导言：收藏护

理的背景",出自内尔编辑,《藏品保管》第 1 页。

❸ 本章讨论的许多方面的更多细节可在尾注引用的资料中找到;国际博物馆委员会网页 2004 年发表的文章"ICOM 博物馆道德规范"2.18—2.24 中对于博物馆藏品保管的推荐。

❹ 见安布罗斯和潘恩所著《博物馆基础》第 163 页。

❺ 见希尔豪斯所著《藏品管理:一本使用指南》第 49 页。

❻ 见盖蒂藏护研究所(Getty Conservation Institute)所著"预防性藏护"(Preventative Conservation),出自内尔编辑,《藏品保管》第 83—87 页。

❼ 见 C. 卡普尔(C. Caple)所著"介绍"(Introduction),出自卡普尔编辑,《博物馆的预防性藏护》(*Preventive Conservation in Museums*),2012 年于伦敦,劳特里奇出版社出版;盖蒂藏护研究所所著"预防性藏护",出自内尔编辑,《藏品保管》第 83—87 页。

❽ 有关博物馆藏护方面的策略、计划和管理,见 S. 基恩(S. Keene)所著《博物馆中的藏护管理》(*Managing Conservation in Museums*),1996 年于牛津,巴特沃思 – 海涅曼出版社出版。

❾ 见 S. 米哈尔斯基(S. Michalski)所著"藏品的护理及维护"(Care and Preservation of Collections),出自博伊兰编辑,《博物馆经营实用手册》第 78—83 页。

❿ 见米哈尔斯基所著"藏品的护理及维护",出自博伊兰编辑,《博物馆经营实用手册》第 78—83 页。

⓫ 见 L. 布洛克(L. Bullock)所著"光是腐坏的代言人"(Light as an Agent of Decay),出自卡普尔编辑,《博物馆的预防性藏护》第 II.5 部分。

⓬ 见米哈尔斯基所著"藏品的护理及维护",出自博伊兰编辑,《博物馆经营实用手册》第 78—79 页。

⓭ 见 P. 威尔逊(P. Wilson)所著"泰特美术馆中为透纳典藏建造的克洛画廊:照明策略与实践"(The Clore Gallery for the Turner Collections at the Tate Gallery: Lighting Strategy and Practice),出自内尔编辑,《藏品保管》第 1 页。

⓮ 见安布罗斯和潘恩所著《博物馆基础》第 172 页。

⓯ 见 H. 劳埃德(H. Lloyd)和 K. 利斯戈(K. Lithgow)所著"恶化的物理因素:灰尘和污垢"(Physical Agents of Deterioration: Dust and Dirt),出自卡普尔编辑,《博物馆的预防性藏护》第 II 部分;S. 诺伯特(S. Norbert)和 P. 班克斯(P. Banks)所著"室内空气污染:对文化和历史材料的影响"(Indoor Air Pollution: Effects on Cultural and Historic Materials),出自内尔编辑,《藏

品保管》第 135—146 页。

⑯ 更多信息见 S. 布拉德利（S. Bradley）和 D. 西克特（D. Thickett）所著"纵观污染问题"（The Pollution Problem in Perspective），出自卡普尔编辑，《博物馆的预防性藏护》第 II.4 部分。

⑰ 见西蒙斯所著《大小事：藏品管理政策》第 114 页。

⑱ 见 B. 鲍威尔（B. Powell，著）和 M. 理查德（M. Richard，前言）所著《藏品保管：文物保管和装卸图解手册》（Collection Care: An Illustrated Handbook for the Care and Handling of Cultural Objects），2016 年于兰纳姆，罗曼和利特尔菲尔德出版社出版。

⑲ 见英国国民信托（National Trust）所著《国民信托后勤手册》（The National Trust Manual of Housekeeping），2011 年于伦敦，国民信托出版。

⑳ 见 S. 赖得（S. Rydera）和 A. 门德斯（A. Mendez）所著《在考虑综合虫害管理的基础上进行空间设计和计划——达尔文中心第 2 期》（Designing and Planning Space with IPM in Mind–The Darwin Centre Phase Two，译者注：IPM 即 Integrated Pest Management，指综合虫害管理），2014 年于第 11 届国际储藏物保护大会（11th International Working Conference on Stored Product Protection）上发表。

㉑ 有关这方面的更多信息，见博物馆害虫工作组（The Museum Pests Working Group，简称 MP-WG）网站，"监控"（Monitoring），出自《博物馆害虫》（Museum Pests），2019 年发表，网址链接：https://museumpests.net/monitoring-introduction/（2019 年 5 月 8 日访问）；D. 平尼格（D. Pinniger）所著《文化遗产的综合虫害管理》（Integrated Pest Management in Cultural Heritage），2015 年于伦敦，原型出版社（Archetype Publications）出版；平尼格所著《害虫管理实用指南》（Pest Management–A Practical Guide），2008 年于伦敦，收藏信托出版，以及《大小房屋中的害虫》（Pests in Houses Great and Small），2018 年于伦敦，英国遗产（English Heritage）出版。

㉒ 伯明翰博物馆与收藏信托合作开发了一种有助于识别害虫和制订行动计划的实用工具：2015 年由 A. 克罗斯曼（A. Crossman）和平尼格合作开发的网页"是什么正在蚕食您的藏品？"（What's Eating Your Collection?），网址链接：http://www.whatseatingyourcollection.com/（2019 年 5 月 8 日访问）；博物馆害虫工作组网站，"识别"（Identification），出自《博物馆害虫》，2019 年发表，网址链接：https://museumpests.net/identification/（2019 年 5 月 8 日访问）。

㉓ 有关这方面的更多解决方法见博物馆害虫工作组网站，"解决方案"（Solutions），出自《博物馆害虫》，2019 年发表，网址链接：https://museumpests.net/solutions/（2019 年 5 月 8 日访问）。

㉔ 见 M. 林尼（M. Linnie）所著"博物馆害虫防治：化学品的使用和相关健康问题"（Pest Control in Museums: The Use of Chemicals and Associated Health Problems），出自内尔编辑，《藏品保管》第 234—239 页。

㉕ 见米哈尔斯基所著"相对湿度和温度指南"（Relative Humidity and Temperature Guidelines），出自卡普尔编辑，《博物馆的预防性藏护》第 II.6 部分。

㉖ 见内尔所著"导言：收藏护理的背景"，出自内尔编辑，《藏品保管》第 7 页。

㉗ 见 E. 亚历山大和 M. 亚历山大所著《运动中的博物馆》第 220 页。

㉘ 见 S. 斯坦尼福斯（S. Staniforth）所著"国民信托辖内房屋的光与环境控制和测量"（Light and Environmental Control and Measurement in National Trust Houses），出自内尔编辑，《藏品保管》第 177—222 页；M. 卡萨尔（M. Cassar）所著《博物馆和画廊环境管理指南》（Environmental Management Guidelines for Museums and Galleries），1995 年于伦敦，MGC 和劳特里奇出版社出版。

㉙ 见 E. 怀利（E. Wylie）和 S. 布罗菲（S. Brophy）所著《绿色博物馆：环境实践入门》（The Green Museum: A Primer on Environmental Practice），2008 年于兰纳姆，阿尔塔米拉出版社出版。

㉚ 见安布罗斯和潘恩所著《博物馆基础》第 177 页。

㉛ 见瓦尔希默所著《博物馆 101》第 132 页。

㉜ 有关这方面的更多信息见 N. 斯托洛（N. Stolow）所著《藏护与展览：包装、运输、存储和环境方面的考虑》（Conservation and Exhibitions: Packing, Transport, Storage and Environmental Considerations），1987 年于伦敦，巴特沃思 – 海涅曼出版社出版；R. 默文（R. Mervin）和 M. F. 梅克伦堡（M. F. Mecklenburg）所著《运输中的艺术品：包装和运输画作手册》（Art in Transit: Handbook for Packing and Transporting Paintings），1991 年于华盛顿特区，国家美术馆（National Gallery of Art）出版。

㉝ 见 G. 迈尔斯（G. Miles）所著"藏品装卸"（Object Handling），出自卡普尔编辑，《博物馆的预防性藏护》第 II.1 部分；B. 鲍威尔和理查德所著《藏品保管：文物保管和装卸图解手册》第 56 页。

㉞ 关于此类政策的更多指南见 R. 巴克和吉尔摩编辑，《MRM5：博物馆登记

方法》；B. 鲍威尔和理查德所著《藏品保管：文物保管和装卸图解手册》；大英博物馆所著《文物、民族志和绘画艺术的存储、展览和装卸指南》（*A Guide to the Storage, Exhibition and Handling of Antiquities, Ethnographia and Pictorial Art*），1990 年于伦敦，大英博物馆出版社出版。还有许多线上资源可提供藏品装卸、包装和运输领域的指南及工作包。

㉟ 见美国国家公园管理局（National Park Service）网站，"如何选择手套：为藏品给管理人员准备的概述"（How To Select Gloves: An Overview For Collections Staff），出自《美国国家公园管理局藏护活页》（*National Parks Service, Conserve O Gram*）第 1 号（共 12 号），2010 年 9 月发表的文章，网址链接：https://www.nps.gov/museum/publications/conserveogram/01-12.pdf（2019 年 4 月 9 日访问）。

㊱ 见 F. 豪伊（F. Howie）编辑，《博物馆和画廊的安全》（*Safety in Museums and Galleries*），1987 年于伦敦，巴特沃思 – 海涅曼出版社出版。

㊲ 有关存储的更多信息见 J. 希尔伯里（J. Hilberry）和 S. 温伯格（S. Weinberg）所著"博物馆藏品存储"（Museum Collections Storage），出自内尔编辑，《藏品保管》第 155—175 页；卡普尔所著"藏护技术：存储中的预防性藏护"（Conservation Skills: Preventive Conservation – Storage），出自卡普尔编辑，《博物馆的预防性藏护》第 III 部分；拉德金所著"藏品管理"，出自博伊兰编辑，《博物馆经营实用手册》第 24—25 页；大英博物馆所著《文物、民族志和绘画艺术的存储、展览和装卸指南》。

㊳ 见内尔所著"导言：收藏护理的背景"，出自内尔编辑，《藏品保管》第 8 页。

㊴ 见 G. 埃利斯·伯考（G. Ellis Burcaw）所著《博物馆工作介绍》（*Introduction to Museum Work*）第 3 版第 102 页，1983 年于兰纳姆，阿尔塔米拉出版社出版。

㊵ 某些类别的藏品会受益于特定的存储条件，应从以下方面寻求指导：西蒙斯所著《大小事：藏品管理政策》；B. 阿佩尔鲍姆（B. Applebaum）所著《藏品环境保护指南》（*Guide to Environmental Protection of Collections*），1991 年于麦迪逊，声景出版社（Sound View Press）出版；K. 巴赫曼（K. Backmann）所著《藏护问题：给收藏家和策展人的指南》（*Conservation Concerns: A Guide for Collectors and Curators*），1992 年于华盛顿特区，史密森尼协会出版社出版；英国国民信托所著《国民信托后勤手册》。

㊶ 见西蒙斯所著《大小事：藏品管理政策》第 56 页。

㊷ 见内尔所著"导言：收藏护理的背景"，出自内尔编辑，《藏品保管》第 6 页。

㊸ 相关指导见 P. 奥莱丽（P. O'Reilly）和 A. 洛德（A. Lord）所著《基本状况

报告手册》（*Basic Condition Reporting: A Handbook*），1988年于纽约，东南登记员协会（South East Registrars'Association）出版；M. 克拉维尔（M. Clavir）所著“预防性藏护的伦理和理论”（Ethics and Theory in Preventive Conservation），出自卡普尔编辑，《博物馆的预防性藏护》第III部分；D. 凡·霍恩（D. Van Horn），H. 库里根（H. Culligan）和C. 米吉特（C. Midgett）所著《基本状况报告》（*Basic Condition Reporting*）第4版，2015年由东南登记员协会，于兰纳姆，罗曼和利特尔菲尔德出版社出版。

㊹ 见西蒙斯所著《大小事：藏品管理政策》第119页。

㊺ 见瓦尔希默所著《博物馆101》第135页；英国艺术委员会2014年6月在网上发表的《认证指导》（*Accreditation guidance*），网址链接：https://www.artscouncil.org.uk/sites/default/files/download-file/FINAL_201406_GuidanceSection2_PrintFriendly.pdf（2019年4月9日访问）。

㊻ 见安布罗斯和潘恩所著《博物馆基础》第191页。

㊼ 见内尔所著“导言：收藏护理的背景”，出自内尔编辑，《藏品保管》第5页。

㊽ 见埃利斯·伯考所著《博物馆工作介绍》第102页。

㊾ 见内尔所著“导言：收藏护理的背景”，出自内尔编辑，《藏品保管》第5页。

㊿ 见P. 坎农－布鲁克斯（P. Cannon-Brookes）所著“策展学者在藏护中的作用”（The Role of the Curator Scholar in Conservation），出自内尔编辑，《藏品保管》第47—50页。

(51) 见马拉罗所著“藏品管理政策”，出自法伊编辑，《藏品管理》第18页。有关博物馆风险管理的更多信息见R. 沃勒（R. Waller）所著《藏品保存风险模型》（*A Risk Model for Collection Preservation*），国际博物馆委员会文物保护委出版，2002年里约热内卢第13届三年会议重印本第102—107页；E. 梅里特（E. Merritt）编辑，《为您的资产投保：博物馆的设施和风险管理》（*Covering Your Assets: Facilities and Risk Management in Museums*）第46—48页，2005年于华盛顿特区，美国博物馆协会出版；N. 格温（N. Gwinn）和J. 威尔海瑟（J. Wellheiser）编辑，《为最坏的情况做准备，为最好的计划做准备：保护我们的文化遗产免受灾难》（*Preparing for the Worst, Planning for the Best: Protecting our Cultural Heritage from Disaster*），2005年于慕尼黑，索尔（Saur）出版社出版。

(52) 更多信息见梅里特编辑，《为您的资产投保：博物馆的设施和风险管理》第46—48页；J. 阿什利－史密斯（J. Ashley-Smith）所著“风险分析”（Risk Analysis），出自卡普尔编辑，《博物馆的预防性藏护》第III部分；阿什利 – 史密斯所著《藏品藏护风险评估》（*Risk Assessment for Object Conservation*），1999 年于伦敦，巴特沃思 – 海涅曼出版社出版。

(53) 见西蒙斯所著《大小事：藏品管理政策》第 119 页。

(54) 有关这方面的更多信息见 D. 利斯顿（D. Liston）编辑，《博物馆安全与保护：给文化遗产机构的手册》（*Museum Security and Protection: A Handbook for Cultural Heritage Institutions*），1993 年于伦敦，劳特里奇出版社出版；资源：博物馆、档案馆与图书馆委员会（Resource：The Council for Museums, Archives and Libraries）所著《博物馆、档案馆和图书馆的安全使用指南》（*Security in Museums, Archives and Libraries: A Practical Guide*），2003 年于伦敦，资源（Resource）出版；P. 吉拉塞克（P. Jirásek）所著“博物馆安全，包括灾害防治”（Museum Security including Disaster Preparedness），出自博伊兰编辑，《博物馆经营实用手册》第 177—196 页。

(55) 见吉拉塞克所著“博物馆安全，包括灾害防治”，出自博伊兰编辑，《博物馆经营实用手册》第 177 页。

(56) 见安布罗斯和潘恩所著《博物馆基础》第 199 页。

(57) 应仔细权衡将藏品固定在墙上的需求，并考虑在灾难发生时，可能需要快速移走藏品时发生的情况。

(58) 见安布罗斯和潘恩所著《博物馆基础》第 199 页。

(59) 更多相关信息见 S. 卡克特（S. Cackett）所著“防灾规划”（Disaster Planning），出自汤普森编辑，《策展手册》第 487—490 页；J. 亨特（J. Hunter）所著“博物馆防灾和规划”（Museum Disaster Preparedness and Planning），出自卡普尔编辑，《博物馆的预防性藏护》第 III 部分；I. 詹金斯（I. Jenkins）所著《灾难规划和准备》（*Disaster Planning and Preparedness*），1987 年于伦敦，大英图书馆（British Library）出版。

(60) 见亨特所著“博物馆防灾和规划”，出自卡普尔编辑，《博物馆的预防性藏护》第 240—245 页；I. 詹金斯所著《灾难规划和准备》；吉拉塞克所著“博物馆安全，包括灾害防治”，出自博伊兰编辑，《博物馆经营实用手册》第 187—196 页。

(61) 见内尔所著“导言：收藏护理的背景”，出自内尔编辑，《藏品保管》第 9 页。

(62) 见安布罗斯和潘恩所著《博物馆基础》第 193 页。

(63) 见 E. 格里菲斯（E. Griffith）所著“博物馆的责任和风险管理”（Liability and Risk Management for Museums），出自法伊编辑，《藏品管理》第 277—283 页。

㉔ 见西蒙斯所著《大小事：藏品管理政策》第 121 页。
㉕ 见 P. 诺尔特（P. Nauert）和 C. 布莱克（C. Black）所著《美术保险：艺术博物馆手册》（*Fine Arts Insurance: A Handbook for Art Museums*），1979 年于华盛顿特区，艺术博物馆长协会（Association of Art Museum Directors）出版。
㉖ 见西蒙斯所著《大小事：藏品管理政策》第 121 页。
㉗ 见安布罗斯和潘恩所著《博物馆基础》第 197 页。
㉘ 见拉德金所著"藏品管理"，出自博伊兰编辑，《博物馆经营实用手册》第 27 页。有关购买保险时要考虑的事项的更多详细信息，见马拉罗所著"藏品管理政策"，出自法伊编辑，《藏品管理》第 20—21 页。

第六章　展示藏品

① 见 K. 莫利纽克斯（K. Molineux）所著"永久收藏展示"（Permanent Collection Displays），出自 B. 洛德和 M. 皮亚森特（M. Piacente）编辑，《博物馆展览手册》（*Manual of Museum Exhibitions*）第 2 版第 121 页，2014 年于兰纳姆，罗曼和利特尔菲尔德出版社出版。
② 见 B. 洛德所著"博物馆展览的目的"（The Purpose of Museum Exhibitions），出自 B. 洛德和皮亚森特编辑，《博物馆展览手册》第 7 页。
③ 更多关于知名博物馆对藏品的重新展示、重新诠释和评估的信息见 H. 帕登（H. Paddon）所著《重新展示博物馆藏品：大英博物馆的当代展示和诠释》（*Redisplaying Museum Collections: Contemporary Display and Interpretation in British Museums*），2016 年于阿宾顿，劳特里奇出版社出版。
④ 见 B. 洛德所著"博物馆展览的目的"，出自 B. 洛德和皮亚森特编辑，《博物馆展览手册》第 8 页。
⑤ 见 B. 汉森（B. Hansen）所著《伟大的展品！小型博物馆布展规划和建设手册》（*Great Exhibits! An Exhibit Planning and Construction Handbook for Small Museums*）第 2—4 页，2017 年于兰纳姆，罗曼和利特尔菲尔德出版社出版。
⑥ 见埃利斯·伯考所著《博物馆工作介绍》第 124 页。
⑦ 见莫利纽克斯所著"永久收藏展示"，出自 B. 洛德和皮亚森特编辑，《博物馆展览手册》第 122—123 页；M. 贝尔彻（M. Belcher）所著《博物馆展览》（*Exhibitions in Museums*）第 44 页，2000 年于华盛顿特区，史密森尼协会出版社出版。但也有例外，特别是对展示历史遗产来说，其目的是重新创建历史中的一个特定时刻，因此无须像这样定期更换。
⑧ 见 Y. 赫瑞曼（Y. Herreman）所著"展示、展品和展览"（Display, Exhibits

and Exhibitions），出自博伊兰编辑，《博物馆经营实用手册》第 92 页。

⑨ 见贝尔彻所著《博物馆展览》第 48 页。

⑩ 见 B. 洛德所著"博物馆展览的目的"，出自 B. 洛德和皮亚森特编辑，《博物馆展览手册》第 8 页。

⑪ 见埃利斯·伯考所著《博物馆工作介绍》第 144 页。

⑫ 有关组织此类展览的更多信息见 F. 马塔萨（F. Matassa）所著《组织展览：博物馆、图书馆和档案馆手册》（Organising Exhibitions: A Handbook for Museums, Libraries and Archives）第 9 部分，2014 年于伦敦，方面出版社（Facet Publishing）出版；贝尔彻所著《博物馆展览》第 53—55 页。

⑬ 见赫瑞曼所著"展示、展品和展览"，出自博伊兰编辑，《博物馆经营实用手册》第 95 页。

⑭ 见汉森所著《伟大的展品！小型博物馆布展规划和建设手册》第 1 页。

⑮ 见 E. 博格尔（E. Bogle）所著《博物馆展览规划和设计》（Museum Exhibition Planning and Design）第 88 页，2013 年于兰纳姆，阿尔塔米拉出版社出版。

⑯ 见瓦尔希默所著《博物馆 101》第 59 页。

⑰ 更多合作过程的信息见帕登所著《重新展示博物馆藏品：大英博物馆的当代展示和诠释》第 38—46 页和第 60—65 页；G. 布莱克（G. Black）所著《引人入胜的博物馆：围绕观众参与进行的博物馆发展》（The Engaging Museum: Developing Museums for Visitor Involvement）第 255 页，2012 年于伦敦，劳特里奇出版社出版。

⑱ 见 M. 霍尔（M. Hall）所著《展出》（On Display）第 2 版第 23—24 页，1992 年于伦敦，伦德·休姆夫雷出版社出版。

⑲ 见 B. 洛德所著"博物馆展览的目的"，出自 B. 洛德和皮亚森特编辑，《博物馆展览手册》第 9 页。

⑳ 见汉森所著《伟大的展品！小型博物馆布展规划和建设手册》第 8 页。

㉑ 见贝尔彻所著《博物馆展览》第 4 章；安布罗斯和潘恩所著《博物馆基础》第 96 页。

㉒ 见 B. 洛德所著"展览的想法来自何处？"（Where Do Exhibition Ideas Come From?），出自 B. 洛德和皮亚森特编辑，《博物馆展览手册》第 23 页。

㉓ 见 E. 亚历山大和 M. 亚历山大所著《运动中的博物馆》第 242 页；汉森所著《伟大的展品！小型博物馆布展规划和建设手册》第 16—17 页。

㉔ 见 B. 洛德所著"展览的想法来自何处？"，出自 B. 洛德和皮亚森特编辑，《博

物馆展览手册》第 23 页。

[25] 见帕登所著《重新展示博物馆藏品：大英博物馆的当代展示和诠释》第 38—46 页。

[26] 更多关于展览概念和发展的内容见帕登所著《重新展示博物馆藏品：大英博物馆的当代展示和诠释》；马塔萨所著《组织展览：博物馆、图书馆和档案馆手册》第 1 部分。

[27] 见 L. 迪隆·赖特（L. Dillon Wright）所著"策展和内容发展"（Curatorship and Content Development），出自 B. 洛德和皮亚森特编辑，《博物馆展览手册》第 269 页。

[28] 见 E. 亚历山大和 M. 亚历山大所著《运动中的博物馆》第 242 页。

[29] 见瓦尔希默所著《博物馆 101》第 60 页。

[30] 见 J. 萨默斯（J. Summers）所著《创造可参与的展览》（*Creating Exhibits That Engage*）第 118 页，2018 年于兰纳姆，罗曼和利特尔菲尔德出版社出版。

[31] 见莫利纽克斯所著"永久收藏展示"，出自 B. 洛德和皮亚森特编辑，《博物馆展览手册》第 123 页。

[32] 见 B. 洛德，G. 德克斯特·洛德和马丁编辑，《博物馆规划手册：可持续空间、社会和运营》第 117 页。

[33] 见瓦尔希默所著《博物馆 101》第 59 页；贝尔彻所著《博物馆展览》第 6 章。

[34] 见安布罗斯和潘恩所著《博物馆基础》第 97 页。

[35] 见 B. 洛德所著"博物馆展览的目的"，出自 B. 洛德和皮亚森特编辑，《博物馆展览手册》第 15 页。

[36] 见莫利纽克斯所著"永久收藏展示"，出自 B. 洛德和皮亚森特编辑，《博物馆展览手册》第 127 页。

[37] 见安布罗斯和潘恩所著《博物馆基础》第 97 页。

[38] 见埃利斯·伯考所著《博物馆工作介绍》第 102 页。

[39] 见内尔所著"导言：收藏护理的背景"，出自内尔编辑，《藏品保管》第 9 页。

[40] 关于参与式博物馆方法的更多信息见 N. 西蒙（N. Simon）所著《参与式的博物馆》（*The Participatory Museum*），2010 年，线上书籍，网址链接：http://www.participatorymuseum.org/read/（2019 年 6 月 3 日访问）。

[41] 见 G. 维拉德（G. Velarde）所著《设计展览：博物馆、文物遗产、贸易和世界博览会》（*Designing Exhibitions: Museums, Heritage, Trade and World Fairs*）第 43 页，2001 年于奥尔德肖特，阿什盖特出版社出版。

[42] 见 T. 克洛贝（T. Klobe）所著《展览的概念、规划和设计》（*Exhibitions:*

Concept, Planning and Design）第 2 页，2013 年于芝加哥，芝加哥大学出版社（University of Chicago Press）出版。

㊸ 见克洛贝所著《展览的概念、规划和设计》第 4 页。

㊹ 见 A. 奥托尼（A. Ortony），D. 诺曼（D. Norman）和 W. 雷维尔（W. Revelle）所著"有效功能中的影响和原始影响"（Affect and Proto-affect in Effective Functioning），出自 J. 费洛斯（J. Fellous）和 M. 阿比布（M. Arbib）编辑，《谁需要情绪？大脑遇见机器人》（*Who Needs Emotions? The Brain Meets the Robot*），2005 年于牛津，牛津大学出版社（Oxford University Press）出版。

㊺ 更多关于展陈设计的实用性内容见萨默斯所著《创造可参与的展览》第 10 章。

㊻ 见克洛贝所著《展览的概念、规划和设计》第 5 页。

㊼ 见 E. 亚历山大和 M. 亚历山大所著《运动中的博物馆》第 244 页。

㊽ 见 D. 迪恩（D. Dean）所著《博物馆展览理论及实践》（*Museum Exhibition: Theory and Practice*）第 46 页，1994 年于阿宾顿，劳特里奇出版社出版。

㊾ 见迪恩所著《博物馆展览理论及实践》第 51—52 页。

㊿ 有关此方法背后理论的更多信息见 T. 罗波拉（T. Roppola）所著《为博物馆观众体验而设计》（*Designing for the Museum Visitor Experience*）第 7 章，2014 年于纽约，劳特里奇出版社出版；贝尔彻所著《博物馆展览》第 108—113 页。

㉛ 见汉森所著《伟大的展品！小型博物馆布展规划和建设手册》第 32—33 页。

㉜ 见迪恩所著《博物馆展览理论及实践》第 54—55 页。

㉝ 见 E. 胡珀 – 格林希尔所著"研究观众"（Study Visitors），出自麦克唐纳编辑，《博物馆研究手册》第 362—376 页。

㉞ 见 R. 斯特罗迈尔（R. Strohmaier），G. 斯普伦（G. Sprung），A. 尼舍尔维茨（A. Nischelwitze）和 S. 沙登鲍尔（S. Schadenbauer）所著"使用观众流量可视化来改善博物馆和展览的观众体验"（Using visitor-flow visualization to improve visitor experience in museums and exhibitions），2015 年 1 月 15 日发表于 2015 年博物馆和网络研讨会（Museums and the Web 2015）网站。

㉟ 见迪恩所著《博物馆展览理论及实践》第 55 页。

㊱ 见克洛贝所著《展览的概念、规划和设计》第 7 页。

㊲ 见迪恩所著《博物馆展览理论及实践》第 148 页。

㊳ 见霍尔所著《展出》第 13 章。

㊴ 见贝尔彻所著《博物馆展览》第 122—125 页。

⑩ 见 E. 亚历山大和 M. 亚历山大所著《运动中的博物馆》第 244 页。
⑪ 见克洛贝所著《展览的概念、规划和设计》第 19 页。
⑫ 见迪恩所著《博物馆展览理论及实践》第 37 页。
⑬ 见克洛贝所著《展览的概念、规划和设计》第 10 页。
⑭ 见贝尔彻所著《博物馆展览》第 125—127 页。
⑮ 见克洛贝所著《展览的概念、规划和设计》第 15—17 页。
⑯ 见博格尔所著《博物馆展览规划和设计》第 27 页；霍尔所著《展出》第 42—44 页。
⑰ 更多关于如何发展展览大纲的信息见萨默斯所著《创造可参与的展览》第 5 章；维拉德所著《设计展览：博物馆、文物遗产、贸易和世界博览会》第 3 章；贝尔彻所著《博物馆展览》第 8 章。
⑱ 更多相关信息见博格尔所著《博物馆展览规划和设计》第 27 页；霍尔所著《展出》第 1 部分。
⑲ 见 Y. 唐（Y. Tang）和 Y. 梅兰德（Y. Mayrand）所著"设计"（Design），出自 B. 洛德和皮亚森特编辑，《博物馆展览手册》第 295 页。
⑳ 见唐和梅兰德所著"设计"，出自 B. 洛德和皮亚森特编辑，《博物馆展览手册》第 296 页。
㉑ 见安布罗斯和潘恩所著《博物馆基础》第 110 页。
㉒ 见瓦尔希默所著《博物馆 101》第 60 页。
㉓ 更多关于展览计划和组织的信息见马塔萨所著《组织展览：博物馆、图书馆和档案馆手册》第 2 至第 5 部分；萨默斯所著《创造可参与的展览》第 3 章；维拉德所著《设计展览：博物馆、文物遗产、贸易和世界博览会》第 6 章；贝尔彻所著《博物馆展览》第 7 章；赫瑞曼所著"展示、展品和展览"，出自博伊兰编辑，《博物馆经营实用手册》第 91—104 页。

第七章　藏品的诠释

① 见 E. 亚历山大和 M. 亚历山大所著《运动中的博物馆》第 277 页；G. 海因所著《在博物馆学习》（Learning in the Museum）第 149 页，1998 年于伦敦，劳特里奇出版社出版。这方面的更多信息见 R. 梅森（R. Mason）所著"博物馆，画廊和遗产"（Museums, Galleries and Heritage），出自科萨内编辑，《遗产、博物馆和画廊：导读》第 200—214 页；赫瑞曼所著"展示、展品和展览"，出自博伊兰编辑，《博物馆经营实用手册》第 93 页。
② 见 K. 艾姆斯（K. Ames）所著《思想与图像：发展诠释性历史展览》（Ideas

and Images: Developing Interpretive History Exhibits）第 314 页，1999 年于核桃溪，阿尔塔米拉出版社出版。

❸ 见 B. 洛德所著"博物馆展览的目的"，出自 B. 洛德和皮亚森特编辑，《博物馆展览手册》第 10 页。

❹ 见贝尔彻所著《博物馆展览》第 147 页。

❺ 见皮尔斯所著"藏品的意义"（Objects as Meaning），出自皮尔斯编辑，《诠释藏品及收藏》第 19—29 页。

❻ 见 J. 霍斯金斯（J. Hoskins）所著"介绍"（Introduction），出自霍斯金斯所著《传记性物件：事物如何讲述人们的生活故事》（*Biographical Objects How Things Tell the Stories of Peoples'Lives*），1998 年于纽约，劳特里奇出版社出版；I. 霍德（I. Hodder）所著"象征意义的语境分析"（The Contextual Analysis of Symbolic Meanings），出自皮尔斯编辑，《诠释藏品及收藏》第 12—13 页。更多关于藏品的能动性的内容见霍德所著"考古学理论中的'社会'：历史和当代视角"（The 'Social' in Archaeological Theory: An Historical and Contemporary Perspective），出自 L. 梅斯凯尔（L. Meskell）和 R. 普鲁塞尔（R. Pruecel）编辑，《社会考古学手册》（*A Companion to Social Archaeology*）第 29 页，2003 年于莫尔登，布莱克威尔出版社出版；霍斯金斯所著"能动性，传记和物件"（Agency, Biography, and Objects），出自 C. 蒂利（C. Tilley）等人编辑，《物质文化手册》（*Handbook of Material Culture*）第 79 页，2006 年于伦敦，赛吉出版社（Sage Publications）出版；A. 盖尔（A. Gell）所著《艺术与能动性：一种人类学理论》（*Art and Agency: An Anthropological Theory*）第 95 页，1998 年于牛津，克拉伦登出版社出版；蒂利所著"民族志和物质文化"（Ethnography and Material Culture），出自 P. 阿特金森（P. Atkinson）等人编辑，《民族志手册》（*Handbook of Ethnography*）第 260 页，2001 年于伦敦，赛吉出版社出版；C. 纳佩特（C. Knappett）所著"活力，能动性和人格"（Animacy, Agency, and Personhood），出自《通过物质文化思考：跨学科视角》（*Thinking through Material Culture: An Interdisciplinary Perspective*）第 29 页，2005 年于费城，宾夕法尼亚大学出版社（University of Pennsylvania Press）出版。

❼ 有关此主题的更多信息见阿帕杜莱编辑，《物品的社会经历：文化视角下的商品》；霍斯金斯所著《传记性物件：事物如何讲述人们的生活故事》；N. 托马斯（N. Thomas）所著《纠缠的物件：太平洋的交流、物质文化和殖民主义》（*Entangled Objects: Exchange, Material Culture, and Colonialism in the*

Pacific），1991 年于剑桥，哈佛大学出版社（Harvard University Press）出版。

❽ 有关考虑物质文化和博物馆藏品的更多方式，见皮尔斯所著"关于事物的思考"（Thinking About Things），出自皮尔斯编辑，《诠释藏品及收藏》第 125—132 页。

❾ 见 R. 巴彻勒（R. Bachelor）所著"不看水壶"（Not Looking at Kettles），出自皮尔斯编辑，《诠释藏品及收藏》第 139—143 页；胡珀－格林希尔所著《与藏品一起学习和教学：基于实用技能的方法》（Learning and Teaching with Objects: A Practical Skills Based Approach），1988 年于莱斯特，莱斯特大学博物馆研究系（Department of Museum Studies, University of Leicester）出版。

❿ 一些有用的案例研究说明藏品能拥有的力量，以及在博物馆中对它们进行诠释的一些新方法，一些构建藏品传记的方法见 S. 达德利（S. Dudley）所著《博物馆的物质性：藏品、参与、诠释》（Museum Materialities: Objects, Engagements, Interpretations），2013 年于伦敦，劳特里奇出版社出版。

⓫ 见 K. 阿诺德所著《多宝橱》（Cabinets for the Curious），2006 年于奥尔德肖特，阿什盖特出版社出版；L. 贝德福德（L. Bedford）所著《博物馆展览的艺术：故事和想象如何创造审美体验》（The Art of Museum Exhibitions: How Story and Imagination Create Aesthetic Experiences），2016 年于伦敦，劳特里奇出版社出版。

⓬ 见埃利斯·伯考所著《博物馆工作介绍》第 129 页；萨默斯所著《创造可参与的展览》第 55 页。

⓭ 关于沟通目标的更多信息见皮亚森特所著"诠释的规划"（Interpretive Planning），出自 B. 洛德和皮亚森特编辑，《博物馆展览手册》第 260—261 页。

⓮ 见皮亚森特所著"诠释的规划"，出自 B. 洛德和皮亚森特编辑，《博物馆展览手册》第 251 页。

⓯ 见皮亚森特所著"诠释的规划"，出自 B. 洛德和皮亚森特编辑，《博物馆展览手册》第 252—253 页。

⓰ 见贝尔彻所著《博物馆展览》第 157 页；萨默斯所著《创造可参与的展览》第 54 页。

⓱ 见萨默斯所著《创造可参与的展览》第 55 页。

⓲ 更多关于创建诠释规划的信息见萨默斯所著《创造可参与的展览》第 56—61 页。

⓳ 见迪隆·赖特所著"策展和内容发展"，出自 B. 洛德和皮亚森特编辑，《博

物馆展览手册》第 269 页。

[20] 见 F. 蒂尔登所著《诠释我们的遗产》(*Interpreting Our Heritage*) 第 4 版第 9 页，2008 年于教堂山，北卡罗来纳大学出版社（University of North Carolina Press）出版（初版于 1957 年）。

[21] 见 B. 洛德所著"博物馆展览的目的"，出自 B. 洛德和皮亚森特编辑，《博物馆展览手册》第 13 页。

[22] 见贝尔彻所著《博物馆展览》第 155 页。

[23] 见埃利斯·伯考所著《博物馆工作介绍》第 125 页。

[24] 见霍尔所著《展出》第 47 页。

[25] 见 B. 瑟雷尔所著"注意：博物馆展览中观众时间长度及其分配"（Paying attention: the duration and allocation of visitors' time in museum exhibitions），出自《策展人：博物馆杂志》1997 年第 40 卷第 2 号，第 108—125 页；海因所著《在博物馆学习》第 67 页；P. 麦克玛纳斯（P. McManus）所著"哦是的，他们会这么做：博物馆观众如何阅读展签并与展览文本互动"（Oh, yes, they do: how museum visitors read labels and interact with exhibit texts），出自《策展人：博物馆杂志》1989 年第 32 卷第 3 号，第 174—189 页。

[26] 见皮亚森特所著"诠释的规划"，出自 B. 洛德和皮亚森特编辑，《博物馆展览手册》第 256 页。以这种方式讲故事和叙事可以成为新知识的实用组织结构，见 J. 福尔克和 L. 迪尔金所著《向博物馆学习：观众体验和意义的形成》（*Learning from Museums: Visitor Experiences and the Making of Meaning*），2000 年于兰纳姆，阿尔塔米拉出版社出版。

[27] 见瑟雷尔所著《展签：一种诠释方式》（*Exhibit Labels: An Interpretive Approach*）第 7 页，1996 年于核桃溪，阿尔塔米拉出版社出版。

[28] 见皮亚森特所著"诠释的规划"，出自 B. 洛德和皮亚森特编辑，《博物馆展览手册》第 257 页。

[29] 见皮亚森特所著"诠释的规划"，出自 B. 洛德和皮亚森特编辑，《博物馆展览手册》第 257—258 页。

[30] 见瑟雷尔所著《展签：一种诠释方式》第 163 页。

[31] 另见 C. 舍伯格（C. Sjoberg）所著"在诠释规划中处理学习风格"（Addressing Learning Styles in the Interpretive Plan），出自 B. 洛德和皮亚森特编辑，《博物馆展览手册》第 253 页；贝尔彻所著《博物馆展览》第 153 页。

[32] 见 K. 麦克莱恩（K. McLean）所著《为展览中的人们计划》（*Planning for People in Exhibitions*）第 103—112 页，1993 年于华盛顿特区，华盛顿科技中

心协会（Association of Science-Technology Centers）出版。

㉝ 见 E. 亚历山大和 M. 亚历山大所著《运动中的博物馆》第 236 页。

㉞ 见瑟雷尔所著《展签：一种诠释方式》第 19 页。

㉟ 见麦克莱恩所著《为展览中的人们计划》第 103—112 页；安布罗斯和潘恩所著《博物馆基础》第 78 页。

㊱ 见 E. 亚历山大和 M. 亚历山大所著《运动中的博物馆》第 263 页。

㊲ 见 L. 弗格森（L. Ferguson），C. 麦克卢利希（C. MacLulich）和 L. 拉维利（L. Ravelli）所著《意义和信息：博物馆展览语言指南》（*Meanings and Messages: Language Guidelines for Museum Exhibitions*）第 4 页，1995 年于悉尼，澳大利亚博物馆出版；E. 亚历山大和 M. 亚历山大所著《运动中的博物馆》第 248 页；贝尔彻所著《博物馆展览》第 156 页。

㊳ 例如福尔克所著"将时间用作衡量观众行为展览效果的标准"（The use of time as a measure of visitor behaviour and exhibit effectiveness），出自《园中会议报告：博物馆教育杂志》（*Roundtable Reports: The Journal of Museum Education*）1982 年第 7 卷第 4 号，第 10—13 页；麦克玛纳斯所著"哦是的，他们会这么做：博物馆观众如何阅读展签并与展览文本互动"，发表于《策展人：博物馆杂志》1989 年第 32 卷第 3 号，第 174—189 页；胡珀 - 格林希尔所著《博物馆及其观众》（*Museums and their Visitors*）第 136ff 页，2012 年于伦敦，劳特里奇出版社出版；瑟雷尔所著"注意：博物馆展览中观众时间长度及其分配"，出自《策展人：博物馆杂志》1997 年第 40 卷第 2 号，第 108—125 页。

㊴ 见 C. 斯克里文（C. Screven）所著"激励观众阅读展签"（Motivating visitors to read labels），出自《ILVS 评论：观众行为杂志》（*ILVS Review: A Journal of Visitor Behaviour*）1992 年第 2 卷第 2 号，第 183—211 页；D. 萨姆森（D. Samson）所著"展览观众可用的阅读策略"（Reading Strategies Used by Exhibition Visitors），出自 A. 布莱斯（A. Blais）编辑，《展览媒介中的文字》（*Text in the Exhibition Medium*），1995 年于魁北克，文明博物馆（Musée de la civilisation）出版；萨默斯所著《创造可参与的展览》第 62—66 页。

㊵ 见 S. 比特古德（S. Bitgood）所著"标签设计的基础知识"（The ABCs of label design），出自《观众研究：理论、研究和实践》（*Visitor Studies: Theory, Research and Practice*）1991 年第 3 卷第 1 号，第 115—129 页。

㊶ 见萨默斯所著《创造可参与的展览》第 69—71 页。

㊷ 关于可能的层次、结构和字数的更多信息，见贝尔彻所著《博物馆展览》第

167—168 页；迪隆·赖特所著"策展和内容发展"，出自 B. 洛德和皮亚森特编辑，《博物馆展览手册》第 277—279 页；唐和梅兰德所著"设计"，出自 B. 洛德和皮亚森特编辑，《博物馆展览手册》第 316—318 页。

㊻ 见迪隆·赖特所著"策展和内容发展"，出自 B. 洛德和皮亚森特编辑，《博物馆展览手册》第 277 页。

㊹ 见比特古德所著"诠释性标签发展的实用指南"（Practical Guidelines for Developing Interpretive Labels），出自《观者行为》（Visitor Behaviour）1996 年秋季刊，第 4—15 页。

㊺ 见迪恩所著《博物馆展览理论及实践》第 7 章；博格尔所著《博物馆展览规划和设计》第 173—188 页；澳大利亚博物馆网站，"学习资源"（Learning Resources）板块，"书写文本和展签"（Writing Text and Labels）；保罗·盖蒂博物馆（The J. Paul Getty Museum）网站，"全面指南"（Complete Guide）板块，"成人观众诠释性材料完整指南：展厅文字和图形"（Complete guide to adult audience interpretive materials: gallery texts and graphics），2011 年发表，网址链接：https://www.getty.edu/education/museum_educators/downloads/aaim_completeguide.pdf（2019 年 6 月 7 日访问）；V&A 网站在线资源，"V&A 的展厅文本：十点指南"（Gallery text at the V&A: A Ten Point Guide），2009 年发表，网址链接：http://media.vam.ac.uk/media/documents/legacy_documents/file_upload/10808_file.pdf（2019 年 6 月 7 日访问）；B. 蓬特（B. Punt），S. 斯特恩（S. Stern）和 S. 拉特克利夫（S. Ratcliffe）所著《正确行事：改进展签的工作手册》（Doing It Right: A Workbook for Improving Exhibit Labels），1989 年于布鲁克林，博物馆（The Museum）出版。

㊻ 见麦克莱恩所著《为展览中的人们计划》第 103—112 页；蓬特，斯特恩和拉特克利夫所著《正确行事：改进展签的工作手册》第 32 页；迪隆·赖特所著"策展和内容发展"，出自 B. 洛德和皮亚森特编辑，《博物馆展览手册》第 280 页；霍尔所著《展出》第 16 章；汉森所著《伟大的展品！小型博物馆布展规划和建设手册》第 46—48 页；瑟雷尔所著《展签：一种诠释方式》第 19 章；贝尔彻所著《博物馆展览》第 160—165 页。

㊼ 见瑟雷尔所著《展签：一种诠释方式》第 49 页。

㊽ 见 E. 亚历山大和 M. 亚历山大所著《运动中的博物馆》第 248 页；弗格森，麦克卢利希和拉维利所著《意义和信息：博物馆展览语言指南》第 65 页。

㊾ 见麦克莱恩所著《为展览中的人们计划》第 103—112 页；瑟雷尔所著《展签：一种诠释方式》第 234 页；汉森所著《伟大的展览！小型博物馆布展规划和

建设手册》第 42—44 页。有关平面和模型的更多信息见贝尔彻所著《博物馆展览》第 10 章。

㊿ 见迪隆·赖特所著"策展和内容发展",出自 B. 洛德和皮亚森特编辑,《博物馆展览手册》第 283 页。

㊶ 计算文本可读性的公式和工具包括迷雾指数（Gunning Fog Index）、弗里阅读分级查询表（Fry readability graph）、由麦克劳克林（McLaughlin）创建的"SMOG"可读性公式,以及弗莱士 – 金凯德可读性测试（Flesch-Kincaid readability tests）。贝尔彻所著《博物馆展览》第 165—166 页。

㊷ 见瑟雷尔所著《展签：一种诠释方式》第 6 章。

㊸ 更多信息见瑟雷尔所著《展签：一种诠释方式》第 6 章。

㊹ 见麦克莱恩所著《为展览中的人们计划》第 87 页。

㊺ 见比特古德所著"标签设计的基础知识",出自《观众研究：理论、研究和实践》1991 年第 3 卷第 1 号,第 115—129 页。

㊻ 见胡珀 – 格林希尔编辑,《博物馆的教育作用》（*The Educational Role of the Museum*）第 2 版第 12 页,1999 年于纽约,劳特里奇出版社出版;福尔克和迪尔金所著《向博物馆学习：观众体验和意义的形成》第 131 页;C. 斯坦顿（C. Stainton）所著"声音和图形：在身份和艺术之间建立联系"（Voice and Images: Making Connections Between Identity and Art）,出自 G. 莱因哈特（G. Leinhardt）、K. 克劳利（K. Crowley）和 K. 克努森（K. Knutson）编辑,《在博物馆学习对话》（*Learning Conversations in Museums*）,2002 年于莫瓦,埃尔鲍姆协会（Erlbaum Associates）出版。

㊼ 有关使用这些方法创建展签的更多信息见瑟雷尔所著《展签：一种诠释方式》第 II 部分和第 III 部分。

㊽ 见霍尔所著《展出》第 100 页。

㊾ 见瑟雷尔所著《展签：一种诠释方式》第 208 页。

㉰ 见莫利纽克斯所著"永久收藏展示",出自 B. 洛德和皮亚森特编辑,《博物馆展览手册》第 130 页。

㉱ 关于这些技术更深入的讨论见 N. 布兰肯伯格（N. Blankenberg）所著"虚拟体验"（Virtual Experiences）,出自 B. 洛德和皮亚森特编辑,《博物馆展览手册》第 149—162 页;H. 丁（H. Din）和 P. 赫克特（P. Hecht）所著《数字博物馆思路指南》（*The Digital Museum: A Think Guide*）,2007 年于华盛顿特区,美国博物馆协会出版;L. 塔隆（L. Tallom）和 K. 沃克（K. Walker）编辑,《数字技术和博物馆体验》（*Digital Technologies and the Museum Experience*）,

2008 年于兰纳姆，阿尔塔米拉出版社出版。
- ㉒ 见贝尔彻所著《博物馆展览》第 141—145 页。
- ㉓ 见 E. 亚历山大和 M. 亚历山大所著《运动中的博物馆》第 249 页。
- ㉔ 见 B. 洛德所著"博物馆展览的目的"，出自 B. 洛德和皮亚森特编辑，《博物馆展览手册》第 15 页。
- ㉕ 见莫利纽克斯所著"永久收藏展示"，出自 B. 洛德和皮亚森特编辑，《博物馆展览手册》第 130 页。

第八章　博物馆的受众

- ① 见 E. 亚历山大和 M. 亚历山大所著《运动中的博物馆》第 274 页。
- ② 见威尔所著"从围绕某物到为某人服务：美国博物馆的持续转型"（From being about something to being for somebody: the ongoing transformation of the American museum），出自《代达罗斯》（Daedalus）1999 年第 128 卷第 3 号，第 229—258 页。
- ③ 见胡珀-格林希尔所著《博物馆及其观众》第 58—61 页。
- ④ 见福尔克和迪尔金所著《重访博物馆体验》（The Museum Experience Revisited），2013 年于核桃溪，左海岸出版社（Left Coast Press）出版。
- ⑤ 见海因所著《在博物馆学习》。
- ⑥ 见迪恩所著《博物馆展览理论及实践》第 25 页。
- ⑦ 见 B. 洛德所著"博物馆展览的目的"，出自 B. 洛德和皮亚森特编辑，《博物馆展览手册》第 10 页。
- ⑧ 见 J. 多德（J. Dodd）和 R. 桑德尔（R. Sandell）所著《搭建桥梁：博物馆和画廊新观众开发指南》（Building Bridges: Guidance for Museums and Galleries on Developing New Audiences）第 5 页，1998 年于伦敦，博物馆 & 画廊委员会（Museums & Galleries Commission）出版。
- ⑨ 见 B. 洛德所著"博物馆展览的目的"，出自 B. 洛德和皮亚森特编辑，《博物馆展览手册》第 10 页。
- ⑩ 见埃利斯·伯考所著《博物馆工作介绍》第 144 页。
- ⑪ 见埃利斯·伯考所著《博物馆工作介绍》第 158 页。
- ⑫ 见胡珀-格林希尔所著"博物馆学习的特点和意义"（The Characteristics and Significance of Learning in Museums），出自胡珀-格林希尔所著《博物馆和教育：目的、教学法、表演》（Museums and Education: Purpose, Pedagogy, Performance）第 10 章，2010 年于伦敦，劳特里奇出版社出版。

⑬ 见 Z. 柯林斯（Z. Collins）编辑，《博物馆、成人和人文学科：教育规划指南》（*Museums, Adults and the Humanities: A Guide for Educational Programming*）第 93 页，1984 年于华盛顿特区，美国博物馆协会出版。

⑭ 见安布罗斯和潘恩所著《博物馆基础》第 46 页。

⑮ 见舍伯格所著"在诠释规划中处理学习风格"，出自 B. 洛德和皮亚森特编辑，《博物馆展览手册》第 253 页。更多关于 20 世纪 50 年代由本杰明·布鲁姆（Benjamin Bloom）领导的美国教育心理学家设计的 3 个学习领域，见布鲁姆所著《学习、教学和评估分类法：对布鲁姆教育目标分类法的修订》（*A Taxonomy for Learning, Teaching, and Assessing: A Revision of Bloom's Taxonomy of Educational Objectives*），2001 年于纽约，朗文（Longman）出版社出版。

⑯ 见 C. 布吕宁豪斯－克努贝尔（C. Brüninghaus-Knubel）所著"博物馆功能背景下的博物馆教育"（Museum Education in the Context of Museum Functions），出自博伊兰编辑，《博物馆经营实用手册》第 124—132 页。

⑰ 见 H. 莫法特（H. Moffat）和 V. 伍拉德（V. Woollard）编辑，《博物馆和画廊教育：良好实践手册》（*Museum and Gallery Education: A Manual of Good Practice*）第 2 章，2004 年于核桃溪，阿尔塔米拉出版社出版；布吕宁豪斯－克努贝尔所著"博物馆功能背景下的博物馆教育"，出自博伊兰编辑，《博物馆经营实用手册》第 120—121 页。

⑱ 见安布罗斯和潘恩所著《博物馆基础》第 48 页。

⑲ 见埃利斯·伯考所著《博物馆工作介绍》第 121 页。

⑳ 见贝德福德所著《博物馆展览的艺术：故事和想象如何创造审美体验》第 25，38 页。

㉑ 见 J. 沃森（J. Watson）所著"作为行为主义观点的心理学"（Psychology as the behaviorist views it），出自《心理评论》（*Psychological Review*）1913 年第 20 卷第 2 号，第 158—177 页；I. 巴甫洛夫（I. Pavlov）所著《关于条件反射的讲座：对动物高神经活动（行为）的 25 年客观研究》[*Lectures on Conditioned Reflexes: Twenty-Five Years of Objective Study of the High Nervous Activity (Behavior) of Animals*]，由 W. 霍斯利·甘特（W. Horsley Gantt）翻译，1928 年于纽约，国际（International）出版社出版；B. 斯金纳（B. Skinner）所著《科学与人类行为》（*Science and Human Behavior*），1953 年于纽约，麦克米伦（Macmillan）出版社出版。

㉒ 见 J. 皮亚杰（J. Piaget）所著《儿童智力的起源》（*Origins of Intelligence in the Child*），1936 年于伦敦，劳特里奇出版社和凯根·保罗（Kegan

Paul）出版社联合出版；皮亚杰所著《智力心理学》（*The Psychology of Intelligence*），1950 年于伦敦，劳特里奇出版社和凯根·保罗出版社联合出版；L.S. 维果茨基（L.S. Vygotsky）所著《社会中的心智：高级心理过程的发展》（*Mind in Society: The Development of Higher Psychological Processes*），1978 年于剑桥，哈佛大学出版社出版（原稿作于 1930—1934 年）；J. 杜威（J. Dewey）所著《民主与教育》（*Democracy and Education*），2011 年于米尔顿·凯恩斯，西蒙和布朗（Simon and Brown）出版社出版（原作 1916 年出版）。

㉓ 见胡珀－格林希尔所著《博物馆和视觉文化诠释》（*Museums and the Interpretation of Visual Culture*），2008 年于伦敦，劳特里奇出版社出版。

㉔ 见海因所著《在博物馆学习》。

㉕ 见 D. 科尔布（D. Kolb）所著《作为学习和发展源泉的体验式学习经验》（*Experiential Learning Experience as the Source of Learning and Development*），2003 年于恩格尔伍德克利夫斯，普伦蒂斯·霍尔（Prentice Hall）出版社出版（原作于 1984 年出版）；杜威所著《民主与教育》第 217—218 页。

㉖ 有关博物馆此方法的更多信息见罗波拉所著《为博物馆观众体验而设计》第 3 章。

㉗ 见 J. 布鲁纳（J. Bruner）所著"发现行为"（The act of discovery），出自《哈佛教育评论》（*Harvard Educational Review*）1961 年第 31 卷第 1 号，第 21—32 页；维果茨基所著《社会中的心智：高级心理过程的发展》。

㉘ 见 J. 莫兰（J. Moran）所著"好奇心是永不熄灭的创意火花"（Curiosity is an inextinguishable creative spark），出自《泰晤士高等教育》（*Times Higher Education*）2017 年的线上文章，网址链接：https://www.timeshighereducation.com/comment/curiosity-is-an-inextinguishable-creative-spark（2019 年 8 月 26 日访问）；M. 斯坦格（M. Stenger）所著"为什么好奇心能促进学习"（Why Curiosity Enhances Learning），出自《教育乌托邦》（*Edutopia*），2014 年的线上文章，网址链接：https://www.edutopia.org/blog/why-curiosity-enhances-learning-marianne-stenger（2019 年 8 月 26 日访问）；M. 格鲁伯（M. Gruber）、B. 杰儿玛（B. Gelma）和 C. 兰加纳特（C. Ranganath）所著"通过多巴胺能回路调制海马体依赖学习的好奇的状态"（States of curiosity modulate hippocampus-dependent learning via the dopaminergic circuit），发表于《神经元》（*Neuron*）2014 年第 84 卷第 2 号，第 486—496 页。

㉙ 见福尔克和迪尔金所著《向博物馆学习：观众体验和意义的形成》。

㉚ 见维果茨基所著《社会中的心智：高级心理过程的发展》；J. 麦克德莫特

（J. MacDermott）编辑，《约翰·杜威的哲学》(*The Philosophy of John Dewey*)，1973年于芝加哥，芝加哥大学出版社出版；J. 拉夫（J. Lave）和 E. 温格（E. Wenger）所著《情境学习：合法的边缘参与》(*Situated Learning: Legitimate Peripheral Participation*)，1991年于剑桥，剑桥大学出版社出版。

㉛ 见 H. 加德纳所著《重构智能：21世纪的多元智能》(*Intelligence Reframed: Multiple Intelligences for the 21st Century*)，1999年于纽约，基础书籍（Basic Books）出版社出版。

㉜ 见安布罗斯和潘恩所著《博物馆基础》第48页。

㉝ 见 H. 加德纳所著《重构智能：21世纪的多元智能》第169—172页；H. 加德纳所著《未经教育的头脑》(*The Unschooled Mind*)第245页，1991年于纽约，基础书籍出版社出版；J. 戴维斯（J. Davis）所著《MUSE书》(*The MUSE Book*)，1996年于剑桥，通过哈佛大学/哈佛零项目主席和研究员们（President and Fellows of Harvard College/Harvard Project Zero）出版。

㉞ 见克洛贝所著《展览的概念、规划和设计》第51—52页。一份实用的，关于与 H. 加德纳原理有联系的潜在诠释技法的案例表格见舍伯格所著"在诠释规划中处理学习风格"，出自 B. 洛德和皮亚森特编辑，《博物馆展览手册》第254页；皮亚森特所著"诠释的规划"，出自 B. 洛德和皮亚森特编辑，《博物馆展览手册》第261页。

㉟ 见埃利斯·伯考所著《博物馆工作介绍》第121页。

㊱ 见 C. 斯科特（C. Scott）编辑，《博物馆评估和观众研究：迈向2000年》(*Evaluation and Visitor Research in Museums: Towards 2000*)，1996年于悉尼，动力出版社（Powerhouse Publishing）出版。

㊲ 见伍拉德所著"照顾观众"（Caring for the Visitor），出自博伊兰编辑，《博物馆经营实用手册》第109页。

㊳ 见 M. 胡德（M. Hood）所著"观众研究告诉我们观众为什么来博物馆——以及他们为什么不来"（Audience Research Tells Us Why Visitors Come to Museums – and Why they Don't），出自斯科特编辑，《博物馆评估和观众研究：迈向2000年》第3—10页。

㊴ 见安布罗斯和潘恩所著《博物馆基础》第38页。

㊵ 见伍拉德所著"照顾观众"，出自博伊兰编辑，《博物馆经营实用手册》第111页。

㊶ 见蓬特，斯特恩和拉特克利夫所著《正确行事：改进展签的工作手册》。

㊷ 另见胡珀－格林希尔所著《博物馆和诠释性社群》(*Museums and Interpretive*

Communities），1999 年于悉尼，澳大利亚博物馆观众研究中心（Australian Museum Audience Research Centre）出版。

㊸ 见罗波拉所著《为博物馆观众体验而设计》第 5 章。

㊹ 见胡德所著“远离——为什么人们选择不参观博物馆”（Staying away – why people choose not to visit museums），出自《博物馆新闻》（*Museum News*）1983 年第 61 卷第 4 号，第 50—57 页。

㊺ 见 A. 佩卡里克，Z. 多林和 D. 卡恩斯所著“探索博物馆令人满意的体验”（Exploring satisfying experiences in museums），出自《策展人：博物馆杂志》1999 年第 42 卷第 2 号，第 152—173 页；T. 穆苏里（T. Moussouri）和 G. 鲁索斯（G. Roussos）所著“使用移动计算机技术研究观众动机对参观策略的影响”（Examining the effect of visitor motivation on visit strategies using mobile computer technologies），出自《观众研究：理论、研究和实践》2013 年第 16 卷第 1 号，第 21—38 页。

㊻ 关于这个主题的另一本有趣的书是 S. 威尔肯宁（S. Wilkening）和 J. 钟（J. Chung）所著《博物馆观众的人生阶段：建立一生的参与度》（*Life Stages of the Museum Visitor: Building Engagement Over a Lifetime*），2009 年于华盛顿特区，美国博物馆协会出版社出版。

㊼ 见福尔克所著《身份和博物馆观众体验》（*Identity and Museum Visitor Experience*），2009 年于核桃溪，左海岸出版社出版。

㊽ 见 N. 邦德（N. Bond）和福尔克所著“我是谁？为什么我在这儿（而不在别处）？身份在塑造观众访问动机中的作用”［Who am I? And why am I here (and not there)? The role of identity in shaping tourist visit motivations］，出自《国际旅游研究杂志》（*International Journal of Tourism Research*）2012 年第 15 卷第 15 号，第 430—442 页。

㊾ 见瑟雷尔所著《展签：一种诠释方式》第 5 章。

㊿ 见安布罗斯和潘恩所著《博物馆基础》第 112 页；帕登所著《重新展示博物馆藏品：大英博物馆的当代展示和诠释》第 67—73 页。

(51) 见汉森所著《伟大的展品！小型博物馆布展规划和建设手册》第 56 页。

(52) 见 G. 德克斯特·洛德所著“衡量成功”（Measuring Success），出自 B. 洛德和皮亚森特编辑，《博物馆展览手册》第 39—44 页。

(53) 见 G. 德克斯特·洛德所著“衡量成功”，出自 B. 洛德和皮亚森特编辑，《博物馆展览手册》第 39—44 页；英国博物馆协会网站 2013 年的线上报告，《公众对博物馆社会目的的看法和态度》（*Public Perceptions of–and*

Attitudes to-the Purposes of Museums in Society），网址链接：https://www.museumsassociation.org/download?id=954916（2019年8月22日访问）。

(54) 见H.弗里（H. Fry），S.凯特里奇（S. Ketteridge）和S.马歇尔（S. Marshall）编辑，《高等教育教学手册》（*A Handbook for Teaching and Learning in Higher Education*）第3版，2003年于伦敦，高根页（Kogan Page）出版社出版。

(55) 见布兰肯伯格所著“参与式的展览”（Participatory Exhibitions），出自B.洛德和皮亚森特编辑，《博物馆展览手册》第166页；H.詹金斯（H. Jenkins），K.克林顿（K. Clinton），R.普鲁肖特玛（R. Purushotma），A.J.罗宾逊（A.J. Robison）和M.威格尔（M. Weigel）所著“应对参与式文化的调整：21世纪的媒体教育”（Confronting the Challenges of Participatory Culture: Media Education for the 21st Century）电子版，2009年发表于麦克阿瑟（MacArthur）基金会网站，网址链接：https://www.macfound.org/media/article_pdfs/JENKINS_WHITE_PAPER.PDF（2019年8月29日访问）。

(56) 见J.哈里森所著“20世纪90年代博物馆理念”，出自科萨内编辑，《遗产、博物馆和画廊：导读》第39页；E.亚历山大和M.亚历山大所著《运动中的博物馆》第10页。

(57) 见B.洛德所著“博物馆展览的目的”，出自B.洛德和皮亚森特编辑，《博物馆展览手册》第14页。

(58) 关于如何采用这种方法的实用指南见G.布莱克所著《引人入胜的博物馆：围绕观众参与进行的博物馆发展》。

(59) 见西蒙所著《参与式的博物馆》。

(60) 见布兰肯伯格所著“参与式的展览”，出自B.洛德和皮亚森特编辑，《博物馆展览手册》第171页。

(61) 见B.皮特曼（B. Pitman）所著“缪斯、博物馆和记忆”（Muses, museums, and memories），出自《代达罗斯》1999年第128卷第3号，第1—31页。

(62) 见收藏信托“藏品管理”（Collections Management）板块网站资源。

第九章　今天的策展人

❶ 见D.斯塔姆（D. Stam）所著“见多识广的缪斯”（The Informed Muse），出自科萨内编辑，《遗产、博物馆和画廊：导读》第56—59页。

❷ 见J.哈里森所著“20世纪90年代博物馆理念”，出自科萨内编辑，《遗产、博物馆和画廊：导读》第160—176页；胡珀－格林希尔所著《博物馆和教育：目的、教学法、表演》第27页；W.格里斯沃尔德（W. Griswold）所著《变

化世界中的文化与社会》（*Cultures and Societies in a Changing World*）第 4 版，2013 年于千橡，赛吉出版社出版；T. 贝内特（T. Bennett）所著《博物馆的诞生：历史、理论、政治》（*The Birth of the Museum: History, Theory, Politics*），1995 年于伦敦，劳特里奇出版社出版。

❸ 见 I. 卡普（I. Karp），C. 克里默（C. Kreamer）和 S. 莱文（S. Lavine）编辑，《博物馆与社区：公共文化政治》（*Museums and Communities: The Politics of Public Culture*），1992 年于华盛顿特区，史密森尼协会出版社出版；威尔所著《让博物馆发挥作用》（*Making Museums Matter*），2002 年于华盛顿特区，史密森尼协会出版社出版；西蒙所著《参与式的博物馆》；T. 萨特维茨（T. Satwicz）和 K. 莫里西（K. Morrissey）所著"公共策展：从趋势到研究性实践"（Public Curation From Trend to Research-based Practice），出自 B. 阿代尔（B. Adair），B. 法林（B. Filene）和 L. 科洛斯基（L. Koloski）编辑，《放开？在观众生成的世界中共享历史权威》（*Letting Go? Sharing Historical Authority in a User-Generated World*），2011 年于费城，皮尤艺术与遗产中心（Pew Center for Arts and Heritage）出版；德斯瓦莱和迈瑞思所著《博物馆学重要概念》；K. 梅赛吉（K. Message）所著《新博物馆和文化的形成》（*New Museums and the Making of Culture*），2006 年于牛津，伯格（Berg）出版社出版。

❹ 见卡梅隆所著"博物馆，是寺庙还是论坛"，出自《策展人：博物馆杂志》1971 年第 14 卷第 1 号，第 23 页。

❺ 见 K. 哈德逊所著《20 世纪 80 年代博物馆：世界趋势的调查》（*Museums for the 1980s: A Survey of World Trends*），1977 年于巴黎，联合国教科文组织与麦克米伦出版社联合出版。

❻ 见威尔编辑，"博物馆的多重危机"（The Multiple Crises in our Museums），出自威尔编辑，《美女与野兽：论博物馆、艺术、法律和市场》（*Beauty and the Beasts: On Museums, Art, the Law, and the Market*），1990 年于华盛顿特区，史密森尼协会出版社出版。

❼ 见 M. 罗斯（M. Ross）所著"解读新博物馆学"（Interpreting the new museology），出自《博物馆与社会》2004 年第 2 卷第 2 号，第 84—103 页。

❽ 见 G. 布莱克所著《引人入胜的博物馆：围绕观众参与进行的博物馆发展》第 145 页；克雷普斯所著"当地策展，博物馆与非物质文化遗产"（Indigenous Curation, Museums, and Intangible Cultural Heritage），出自 L. 史密斯和赤川夏子（Akagawa Natsuko）编辑，《非物质遗产：实践与保护政策》（*Intangible Heritage: The Practices and Politics of Safeguarding*）第 2 版第 193—208 页，

2018 年于阿宾顿，劳特里奇出版社出版；桑德尔所著《博物馆，偏见及被重新定义的差异》（*Museums, Prejudice and the Reframing of Difference*），2007 年于伦敦，劳特里奇出版社出版。

⑨ 见 R. 简斯（R. Janes）所著《混乱世界中的博物馆：更迭、置之不理还是崩塌？》（*Museums in a Troubled World: Renewal, Irrelevance or Collapse?*），2012 年于伦敦，劳特里奇出版社出版；R. 哈里森所著《遗产：批判性方法》（*Heritage: Critical Approaches*），2012 年于伦敦，劳特里奇出版社出版。

⑩ 见博伊兰所著"博物馆行业"，出自麦克唐纳编辑，《博物馆研究手册》第 418 页。

⑪ 见博伊兰所著"博物馆行业"，出自麦克唐纳编辑，《博物馆研究手册》第 415 页。

⑫ 见 E. 亚历山大和 M. 亚历山大所著《运动中的博物馆》第 306 页。

⑬ 见纽约国际博物馆委员会会议（International Council of Museums Conference New York）和国际博物馆委员会所著《ICOM 第七届大会论文》（*Papers from the Seventh General Conference of ICOM*），1965 年于纽约，大都会博物馆（Metropolitan Museum）出版；J. 蒂瑟（J.Teather）所著《加拿大博物馆行业指南》（*Professional Directions for Museum Work in Canada*），1978 年于渥太华，加拿大博物馆协会（Canadian Museums Association）出版。

⑭ 见博伊兰所著"博物馆行业"，出自麦克唐纳编辑，《博物馆研究手册》第 415 页。博物馆行业中一些实用的综述见 J. 格拉泽（J. Glaser）和 A. 泽纳图（A. Zenetou）所著《博物馆：工作的地方》（*Museums: A Place to Work*），1996 年于伦敦，劳特里奇出版社出版。

⑮ 见英国艺术委员会和 BOP 咨询公司（BOP Consulting）2016 年于网上发表的《性格的重要性：英国博物馆劳动力的态度，行为和技能》（*Character Matters: Attitudes, behaviours and skills in the UK Museum Workforce*），网址链接：https://www.artscouncil.org.uk/sites/default/files/download-file/ACE_Museums_Workforce_ABS_BOP_Final_Report.pdf（2019 年 9 月 1 日访问）。

⑯ 在一些情况下，英国博物馆的水平并未得到提高，反而下降。2006 年估计英国博物馆中策展人比例为 12%，见博伊兰所著"博物馆行业"，出自麦克唐纳编辑，《博物馆研究手册》第 420 页。

⑰ 见 B. 洛德所著"博物馆展览的目的"，出自 B. 洛德和皮亚森特编辑，《博物馆展览手册》第 9 页。

⑱ 见 N. 科森斯（N. Cossons）所著"奖学金还是自我放纵？"（Scholarship or

Self-Indulgence?），出自 G. 卡瓦纳（G. Kavanagh）编辑，《博物馆条款和专业性》（*Museum Provision and Professionalism*），1994 年于伦敦，劳特里奇出版社出版；W. 麦吉利夫雷（W. McGillivray）所著 "博物馆研究：公理或矛盾"（Museum research: axiom or oxymoron），出自《缪斯》（*Muse*）1991 年第 9 卷第 2 号，第 62—66 页；C. 迈耶（C. Mayer）所著 "当代策展人——濒危物种或勇敢的新职业"（The contemporary curator – endangered species or brave new profession），出自《缪斯》1991 年夏/秋刊，第 34—38 页；R. 斯特朗（R. Strong）所著 "学者还是推销员？未来的策展人"（Scholar or salesman? The curator of the future），出自《缪斯》1988 年第 6 卷第 2 号，第 16—20 页。

⓳ 见乔治所著《策展人手册》第 310 页。

⓴ 见内尔所著 "未来事务的形状：技术景观中的博物馆"（The shape of things to come: museums in the technological landscape），出自《博物馆与社会》2003 年第 1 卷第 3 号。

㉑ 见 G. 布莱克所著《引人入胜的博物馆：围绕观众参与进行的博物馆发展》第 65 页；C. 朗（C. Lang），J. 里夫（J. Reeve）和伍拉德编辑，《响应式博物馆：与 21 世纪的观众合作》（*The Responsive Museum: Working with Audiences in the Twenty-First Century*），2016 年于伦敦，劳特里奇出版社出版。

㉒ 见 N. 麦格雷戈（N. MacGregor）在文化、媒体和体育委员会（Culture, Media and Sport Committee）发表的 "口头证据：文化国家，HC 864"（Oral evidence: Countries of Culture, HC 864），问题 127—185，2016 年，网址链接：http://data.parliament.uk/writtenevidence/committeeevidence.svc/evidencedocument/culture-media-and-sport-committee/countries-of-culture/oral/32902.html（2018 年 5 月 10 日访问）。

㉓ 见 H. 查特吉（H. Chatterjee）所著 "高等教育阶段基于对象的教学：博物馆的教育力量"（Object-based learning in higher education: the pedagogical power of museums），出自《大学博物馆和收藏学报》（*University Museums and Collections Journal*）2010 年第 3 卷，第 179—181 页；R. 杜斯（R.Duhs）所著 "从大学博物馆和收藏中学习：伦敦大学学院"［Learning from university museums and collections in higher education: University College London (UCL)］，出自《大学博物馆和收藏学报》2010 年第 3 卷，第 183—186 页；查特吉所著 "保持必要：基于对象的教育的价值阐述"（Staying essential: articulating the value of object based learning），出自《大学博物馆和收藏学报》2007 年第 2 卷，第 121—125 页。

参考书目

Abt, J., 'The Origins of the Public Museum', in S. Macdonald (ed.), *A Companion to Museum Studies*, Malden, Blackwell, 2006
J. 阿布特所著"公共博物馆的起源",出自 S. 麦克唐纳编辑,《博物馆研究手册》,2006 年于莫尔登,布莱克威尔出版社出版

Adair, B., Filene, B., and Koloski, L. (eds), *Letting Go? Sharing Historical Authority in a User-Generated World*, Philadelphia, Pew Center for Arts and Heritage, 2011
B. 阿代尔,B. 法林和 L. 科洛斯基编辑,《放开？在观众生成的世界中共享历史权威》,2011 年于费城,皮尤艺术与遗产中心出版

Aldrich, R., 'Colonial Museums in a Postcolonial Europe', in D. Thomas (ed.), *Museums in Postcolonial Europe*, London, Routledge, 2010
R. 奥尔德里奇所著"后殖民欧洲的殖民博物馆",出自 D. 托马斯编辑,《后殖民欧洲的博物馆》,2010 年于伦敦,劳特里奇出版社出版

Alexander, E., and Alexander, M., *Museums in Motion*, 3rd edn, Lanham, Rowman and Littlefield, 2017
E. 亚历山大和 M. 亚历山大所著《运动中的博物馆》第 3 版,2017 年于兰纳姆,罗曼和利特尔菲尔德出版社出版

Ambrose, T., and Paine, C., *Museum Basics*, 3rd edn, Abingdon, Routledge, 2006
T. 安布罗斯和 C. 潘恩所著《博物馆基础》第 3 版,2006 年于阿宾顿,劳特里奇出版社出版

Ames, K., *Ideas and Images: Developing Interpretive History Exhibits*, Walnut Creek, AltaMira Press, 1999
K. 艾姆斯所著《思想与图像：发展诠释性历史展览》,1999 年于核桃溪,阿尔塔米拉出版社出版

Anderson, B., *Imagined Communities: Reflections on the Origin and Spread of Nationalism*, London, Verso, 1991
B. 安德森所著《想象的社群：民族主义起源与传播的思考》,1991 年于伦敦,维索出版社出版

Anderson, G., *Museum Mission Statements: Building a Distinctive Identity*, Washington DC, American Association of Museums, 2000
G. 安德森所著《博物馆使命宣言：建立一个独特身份》,2000 年于华盛顿特区,

美国博物馆协会出版

Anderson, M.L., 'A clear view: the case for museum transparency', *Museum*, vol.89, no.2, 2010, 48–53

M.L. 安德森所著 "一个清晰的观点：博物馆透明度的案例"，出自《博物馆》2010 年第 89 卷第 2 号，第 48—53 页

Appadurai, A. (ed.), *The Social Life of Things: Commodities in Cultural Perspective*, Cambridge, Cambridge University Press, 1988

A. 阿帕杜莱编辑，《物品的社会经历：文化视角下的商品》，1988 年于剑桥，剑桥大学出版社出版

Appadurai, A., 'Introduction', in A. Appadurai (ed.), *The Social Life of Things: Commodities in Cultural Perspective*, Cambridge, Cambridge University Press, 1988

A. 阿帕杜莱所著 "介绍"，出自 A. 阿帕杜莱编辑，《物品的社会经历：文化视角下的商品》，1988 年于剑桥，剑桥大学出版社出版

Applebaum, B., *Guide to Environmental Protection of Collections*, Madison, Sound View Press, 1991

B. 阿佩尔鲍姆所著《藏品环境保护指南》，1991 年于麦迪逊，声景出版社出版

Arnold, K., *Cabinets for the Curious*, Aldershot, Ashgate, 2006

K. 阿诺德所著《多宝橱》，2006 年于奥尔德肖特，阿什盖特出版社出版

Arts Council England and BOP Consulting, *Character Matters: Attitudes, behaviours and skills in the UK Museum Workforce* [online report], 2016, https://www.artscouncil.org.uk/sites/default/files/download-file/ACE_Museums_Workforce_ABS_BOP_Final_Report.pdf (accessed 1 September 2019)

英国艺术委员会和 BOP 咨询公司 2016 年于网上发表的《性格的重要性：英国博物馆劳动力的态度，行为和技能》，网址链接：https://www.artscouncil.org.uk/sites/default/files/download-file/ACE_Museums_Workforce_ABS_BOP_Final_Report.pdf（2019 年 9 月 1 日访问）

Arts Council England, 'About Accreditation', UK Museum Accreditation Scheme [website], https://www.artscouncil.org.uk/accreditation-scheme/about-accreditation (accessed 18 July 2019)

英国艺术委员会在网上发表的 "关于认证"，出自英国博物馆认证计划（网页），网址链接：https://www.artscouncil.org.uk/accreditation-scheme/about-accreditation（2019 年 7 月 18 日访问）

Arts Council England, *Accreditation guidance* [web resource], June 2014, https://www.

artscouncil.org.uk/sites/default/files/download-file/FINAL_201406_GuidanceSection2_PrintFriendly.pdf (accessed 9 April 2019)

英国艺术委员会 2014 年 6 月在网上发表的《认证指导》，网址链接：https://www.artscouncil.org.uk/sites/default/files/download-file/FINAL_201406_GuidanceSection2_PrintFriendly.pdf（2019 年 4 月 9 日访问）

Ashby, H., McKenna, G., and Stiff, M., *SPECTRUM Knowledge Standards for Cultural Information Management*, Cambridge, MDA, 2001

H. 阿什比，G. 麦肯纳和 M. 斯蒂夫所著《文化信息管理的光谱知识标准》，2001 年于剑桥，博物馆文档协会出版

Ashley-Smith, J., *Risk Assessment for Object Conservation*, London, Butterworth-Heinemann, 1999

J. 阿什利 – 史密斯所著《藏品藏护风险评估》，1999 年于伦敦，巴特沃思 – 海涅曼出版社出版

Ashley-Smith, J., 'Risk Analysis', in C. Caple (ed.), *Preventive Conservation in Museums*, London, Routledge, 2012

J. 阿什利 – 史密斯所著 "风险分析"，出自 C. 卡普尔编辑，《博物馆的预防性藏护》，2012 年于伦敦，劳特里奇出版社出版

Ashworth, G., *Heritage Planning: Conservation as the Management of Urban Change*, Groningen, Geo Pers, 1991

G. 阿什沃思所著《遗产计划：对话城市变化管理》，1991 年于格罗宁根，杰奥·珀尔斯出版社出版

Askerud, P., and Clément, E., *Preventing the Illicit Traffic in Cultural Property: A Resource Handbook for the Implementation of the 1970 UNESCO Convention*, Paris, UNESCO, Division of Cultural Heritage, 1997

P. 阿斯克鲁德和 E. 克莱门特所著《防止非法贩运文化财产：关于实施联合国教科文组织 1970 年公约的资源手册》，1997 年于巴黎，联合国教科文组织文化遗产部出版

Australian Museum, 'Learning Resources', 'Writing Text and Labels'

澳大利亚博物馆网站，"学习资源"板块，"书写文本和展签"

Bachelor, R., 'Not Looking at Kettles', in S. Pearce (ed.), *Interpreting Objects and Collections*, London, Routledge, 1994

R. 巴彻勒所著 "不看水壶"，出自 S. 皮尔斯编辑，《诠释藏品及收藏》，1994 年于伦敦，劳特里奇出版社出版

Backmann, K., *Conservation Concerns: A Guide for Collectors and Curators*, Washington DC, Smithsonian Institution Press, 1992

K. 巴赫曼所著《藏护问题：给收藏家和策展人的指南》，1992 年于华盛顿特区，史密森尼协会出版社出版

Baekeland, F., 'Psychological Aspects of Art Collecting', in S. Pearce (ed.), *Interpreting Objects and Collections*, London, Routledge, 1994

F. 贝克兰所著"艺术收藏的心理层面"，出自 S. 皮尔斯编辑，《诠释藏品及收藏》，1994 年于伦敦，劳特里奇出版社出版

Barkan, E., and Bush. R., *Claiming the Stones / Naming the Bones: Cultural Property and the Negotiation of National and Ethnic Identity*, Los Angeles, Getty, 2003

E. 巴尔坎和 R. 布什所著《认领石头／命名骨头：文化财产和国家与民族认同的谈判》，2003 年于洛杉矶，盖蒂出版社出版

Barringer, T., and Flynn, T. (eds), *Colonialism and the Object: Empire, Material Culture and the Museum*, London, Routledge, 1998

T. 巴林格和 T. 弗林编辑，《殖民主义和藏品：帝国、物质文化和博物馆》，1998 年于伦敦，劳特里奇出版社出版

Baudrillard, J., 'The System of Collecting', in J. Elsner and R. Cardinal (eds), *The Cultures of Collecting*, London, Reaktion Books, 1994

J. 鲍德里亚所著"物体系"，出自 J. 埃尔斯纳和 R. 卡迪纳尔编辑，《收藏的文化》，1994 年于伦敦，瑞克新图书出版社出版

Bedford, L., *The Art of Museum Exhibitions: How Story and Imagination Create Aesthetic Experiences*, London, Routledge, 2016

L. 贝德福德所著《博物馆展览的艺术：故事和想象如何创造审美体验》，2016 年于伦敦，劳特里奇出版社出版

Belcher, M., *Exhibitions in Museums*, Washington DC, Smithsonian Institution Press, 2000

M. 贝尔彻所著《博物馆展览》，2000 年于华盛顿特区，史密森尼协会出版社出版

Belk, R., 'Collectors and Collecting', in S. Pearce (ed.), *Interpreting Objects and Collections*, London, Routledge, 1994

R. 贝尔克所著"收藏家和收藏"，出自 S. 皮尔斯编辑，《诠释藏品及收藏》，1994 年于伦敦，劳特里奇出版社出版

Belk, R., Wallendorf, M., Sherry, J., and Holbrook, M., 'Collecting in a Consumer Culture', in *Highways and Buyways: Naturalistic Research from the Consumer Behavior*

Odyssey, Provo, Association for Consumer Research, 1990

R. 贝尔克，M. 瓦伦多夫，J. 谢里和 M. 霍尔布鲁克所著"消费文化中的收藏"，出自《高速公路和购物大道：自消费者行为奥德赛的自然主义研究》，1990 年于普罗沃，消费者研究协会出版

Bennett, T., *The Birth of the Museum: History, Theory, Politics*, London, Routledge, 1995

T. 贝内特所著《博物馆的诞生：历史、理论、政治》，1995 年于伦敦，劳特里奇出版社出版

Bitgood, S., 'The ABCs of label design', in *Visitor Studies: Theory, Research and Practice*, vol.3, no.1, 1991, 115–129

S. 比特古德所著"标签设计的基础知识"，出自《观众研究：理论、研究和实践》1991 年第 3 卷第 1 号，第 115—129 页

Bitgood, S., 'Practical Guidelines for Developing Interpretive Labels', *Visitor Behaviour*, Fall, 1996, 4–15

S. 比特古德所著"诠释性标签发展的实用指南"，出自《观者行为》1996 年秋季刊，第 4—15 页

Black, G., *The Engaging Museum: Developing Museums for Visitor Involvement*, London, Routledge, 2012

G. 布莱克所著《引人入胜的博物馆：围绕观众参与进行的博物馆发展》，2012 年于伦敦，劳特里奇出版社出版

Blankenberg, N., 'Participatory Exhibitions', in B. Lord and M. Piacente (eds), *Manual of Museum Exhibitions*, 2nd edn, Lanham, Rowman and Littlefield, 2014

N. 布兰肯伯格所著"参与式的展览"，出自 B. 洛德和 M. 皮亚森特编辑，《博物馆展览手册》第 2 版，2014 年于兰纳姆，罗曼和利特尔菲尔德出版社出版

Blankenberg, N., 'Virtual Experiences', in B. Lord and M. Piacente (eds), *Manual of Museum Exhibitions*, 2nd edn, Lanham, Rowman and Littlefield, 2014

N. 布兰肯伯格所著"虚拟体验"，出自 B. 洛德和 M. 皮亚森特编辑，《博物馆展览手册》第 2 版，2014 年于兰纳姆，罗曼和利特尔菲尔德出版社出版

Bloom, B., *A Taxonomy for Learning, Teaching, and Assessing: A Revision of Bloom's Taxonomy of Educational Objectives*, New York, Longman, 2001

B. 布鲁姆所著《学习、教学和评估分类法：对布鲁姆教育目标分类法的修订》，2001 年于纽约，朗文出版社出版

Bogle, E., *Museum Exhibition Planning and Design*, Lanham, AltaMira Press, 2013

E. 博格尔所著《博物馆展览规划和设计》，2013 年于兰纳姆，阿尔塔米拉出版社出版

Bond, N., and Falk, J., 'Who am I? And why am I here (and not there)? The role of identity in shaping tourist visit motivations', *International Journal of Tourism Research*, vol.15, no.15, 2012, 430–442

N. 邦德和 J. 福尔克所著 "我是谁？为什么我在这儿（而不在别处）？身份在塑造观众访问动机中的作用"，出自《国际旅游研究杂志》2012 年第 15 卷第 15 号，第 430—442 页

Bourdieu, P., 'Symbolic power', *Critique of Anthropology*, vol.13, 1979, 77–85

P. 布尔迪厄所著 "符号权力"，出自《人类学批判》1979 年第 13 卷，第 77—85 页

Boyd, W., 'Museum accountability: laws, rules, ethics and accreditation', *Curator: The Museum Journal*, vol.34, no.3, 1991, 165–177

W. 博伊德所著 "博物馆的问责：法律、条例、道德及认证"，出自《策展人：博物馆杂志》1991 年第 34 卷第 3 号，第 165—177 页

Boylan, P. (ed.), *Running a Museum: A Practical Handbook*, Paris, ICOM, 2004

P. 博伊兰编辑，《博物馆经营实用手册》，2004 年于巴黎，国际博物馆委员会出版

Boylan, P., 'The Museum Profession', in S. Macdonald (ed.), *A Companion to Museum Studies*, Malden, Blackwell, 2006

P. 博伊兰所著 "博物馆行业"，出自 S. 麦克唐纳编辑，《博物馆研究手册》，2006 年于莫尔登，布莱克威尔出版社出版

Bradley, S., and Thickett, D., 'The Pollution Problem in Perspective', in C. Caple(ed.), *Preventive Conservation in Museums*, London, Routledge, 2012

S. 布拉德利和 D. 西克特所著 "纵观污染问题"，出自 C. 卡普尔编辑，《博物馆的预防性藏护》，2012 年于伦敦，劳特里奇出版社出版

British Museum, *A Guide to the Storage, Exhibition and Handling of Antiquities, Ethnographia and Pictorial Art*, London, British Museum Publications, 1990

大英博物馆所著《文物、民族志和绘画艺术的存储、展览和装卸指南》，1990 年于伦敦，大英博物馆出版社出版

Brodie, N., and Walker Tubb, K., *Illicit Antiquities: The Theft of Culture and the Extinction of Archaeology*, London, Routledge, 2012

N. 布罗迪和 K. 沃克·塔布所著《非法古文物：盗窃文化和考古学的灭绝》，2012 年于伦敦，劳特里奇出版社出版

Bruner, J., 'The act of discovery', *Harvard Educational Review*, vol.31, no.1, 1961,

21–32

J. 布鲁纳所著"发现行为",出自《哈佛教育评论》1961 年第 31 卷第 1 号,第 21—32 页

Brüninghaus-Knubel, C., 'Museum Education in the Context of Museum Functions', in P. Boylan (ed.), *Running a Museum: A Practical Handbook*, Paris, ICOM, 2004

C. 布吕宁豪斯－克努贝尔所著"博物馆功能背景下的博物馆教育",出自 P. 博伊兰编辑,《博物馆经营实用手册》,2004 年于巴黎,国际博物馆委员会出版

Buck, R., and Gilmore, J. (eds), *MRM5: Museum Registration Methods*, 5th edn, Washington DC, AAM Press, 2010

R. 巴克和 J. 吉尔摩编辑,《MRM5: 博物馆登记方法》第 5 版,2010 年于华盛顿特区,美国博物馆协会出版社出版

Bullock, L., 'Light as an Agent of Decay', in C. Caple (ed.), *Preventive Conservation in Museums*, London, Routledge, 2012

L. 布洛克所著"光是腐坏的代言人",出自 C. 卡普尔编辑,《博物馆的预防性藏护》,2012 年于伦敦,劳特里奇出版社出版

Burton, A., *The Development of Museums in Victorian Britain and the Contribution of the Society of Arts*, The William Shipley Group for RSA History, Occasional Paper, No.16, 2010

A. 伯顿所著《维多利亚时期英国博物馆的发展及对艺术社会的贡献》,RSA 历史研究威廉·希普利小组 2010 年第 16 号临时文件

Cackett, S., 'Disaster Planning', in J.Thompson (ed.), *Manual of Curatorship*, 2nd edn, Oxford, Butterworth-Heinemann, 1992

S. 卡克特所著"防灾规划",出自 J. 汤普森编辑,《策展手册》第 2 版,1992 年于牛津,巴特沃思－海涅曼出版社出版

Cameron, D., 'The museum, a temple or the forum', *Curator: The Museum Journal*, vol.14, no.1, 1971, 11–24

D. 卡梅隆所著"博物馆,是寺庙还是论坛",出自《策展人:博物馆杂志》1971 年第 14 卷第 1 号,第 11—24 页

Cannon-Brookes, P., 'The Role of the Curator Scholar in Conservation', in S. Knell (ed.), *Care of Collections*, Abingdon, Routledge. 2005

P. 坎农－布鲁克斯所著"策展学者在藏护中的作用",出自 S. 内尔编辑,《藏品保管》,2005 年于阿宾顿,劳特里奇出版社出版

Caple, C. (ed.), *Preventive Conservation in Museums,* London, Routledge, 2012

C. 卡普尔编辑，《博物馆的预防性藏护》，2012 年于伦敦，劳特里奇出版社出版

Caple, C., 'Conservation Skills: Preventive Conservation – Storage', in C. Caple (ed.), *Preventive Conservation in Museums*, London, Routledge, 2012

C. 卡普尔所著"藏护技术：存储中的预防性藏护"，出自 C. 卡普尔编辑，《博物馆的预防性藏护》，2012 年于伦敦，劳特里奇出版社出版

Cash, D., *Access to Museum Culture: The British Museum from 1753 to 1836*, British Museum Occasional Paper No.133, 2002

D. 卡什所著《通向博物馆文化：1753—1836 年的英国博物馆》，2002 年第 133 号大英博物馆临时文件

Cassar, M., *Environmental Management Guidelines for Museums and Galleries*, London, MGC and Routledge, 1995

M. 卡萨尔所著《博物馆和画廊环境管理指南》，1995 年于伦敦，MGC 和劳特里奇出版社出版

Cassman, V., Odegaard, N., and Powell, J. (eds), *Human Remains: Guide for Museums and Academic Institutions*, Lanham, AltaMira Press, 2008

V. 卡斯曼、N. 奥德高和 J. 鲍威尔编辑，《人类遗骸：博物馆和学士机构的指南》，2008 年于兰纳姆，阿尔塔米拉出版社出版

Chatterjee, H., 'Staying essential: articulating the value of object based learning', *University Museums and Collections Journal*, vol.2, 2007, 121–125

H. 查特吉所著"保持必要：基于对象的教育的价值阐述"，出自《大学博物馆和收藏学报》2007 年第 2 卷，第 121—125 页

Chatterjee, H., 'Object-based learning in higher education: the pedagogical power of museums', *University Museums and Collections Journal*, vol.3, 2010, 179–181

H. 查特吉所著"高等教育阶段基于对象的教学：博物馆的教育力量"，出自《大学博物馆和收藏学报》2010 年第 3 卷，第 179—181 页

Clavir, M., 'Ethics and Theory in Preventive Conservation', in C. Caple (ed.), *Preventive Conservation in Museums*, London, Routledge, 2012

M. 克拉维尔所著"预防性藏护的伦理和理论"，出自 C. 卡普尔编辑，《博物馆的预防性藏护》，2012 年于伦敦，劳特里奇出版社出版

Collections Trust, 'Collections Management', Collections Trust [web resource]

收藏信托，"藏品管理"板块网站资源

Collections Trust, 'All procedures', Spectrum [website], September 2017, https://collectionstrust.org.uk/spectrum/procedures/ (accessed 13 October 2019)

收藏信托，"所有程序"，光谱（网站），2017年9月，网址链接：https://collectionstrust.org.uk/spectrum/procedures/（2019年10月13日访问）

Collections Trust, 'Exit forms', Spectrum Related Resources [web resource], 2017, https://collectionstrust.org.uk/resource/object-exit-forms/ (accessed 30 January 2019)

收藏信托，"光谱相关资源"板块，"退出表格"，2017年，网址链接：https://collectionstrust.org.uk/resource/object-exit-forms/（2019年1月30日访问）

Collections Trust, 'Introduction to Spectrum, 5.0', Spectrum [website], September 2017, https://collectionstrust.org.uk/spectrum/spectrum-5/ (accessed 13 February 2019)

收藏信托，"光谱5.0介绍"，光谱（网站），2017年9月，网址链接：https://collectionstrust.org.uk/spectrum/spectrum-5/（2019年2月13日访问）

Collections Trust, 'Object entry forms', Collections Trust [web resource], 2017, https://collectionstrust.org.uk/resource/object-entry-forms/ (accessed 30 January 2019)

收藏信托，"藏品入馆表格"板块，2017年，网址链接：https://collectionstrust.org.uk/resource/object-entry-forms/（2019年1月30日访问）

Collins, Z. (ed.), *Museums, Adults and the Humanities: A Guide for Educational Programming*, Washington DC, American Association of Museums, 1984

Z.柯林斯编辑，《博物馆、成人和人文学科：教育规划指南》，1984年于华盛顿特区，美国博物馆协会出版

Corsane, G. (ed.), *Heritage, Museums and Galleries: An Introductory Reader*, London, Routledge, 2005

G.科萨内编辑，《遗产、博物馆和画廊：导读》，2005年于伦敦，劳特里奇出版社出版

Cossons, N., 'Scholarship or Self-Indulgence?', in G. Kavanagh (ed.), *Museum Provision and Professionalism*, London, Routledge, 1994

N.科森斯所著"奖学金还是自我放纵？"，出自G.卡瓦纳编辑，《博物馆条款和专业性》，1994年于伦敦，劳特里奇出版社出版

Courtney, J. (ed.), *The Legal Guide for Museum Professionals*, New York, Rowman and Littlefield, 2015

J.考特尼编辑，《博物馆专业人士法律指南》，2015年于纽约，罗曼和利特尔菲尔德出版社出版

Crossman, A., and Pinniger, D., What's Eating Your Collection? [website], 2015, http://www.whatseatingyourcollection.com/ (accessed 8 May 2019)

2015年由A.克罗斯曼和D.平尼格合作开发的网页"是什么正在蚕食您的藏品？"，

网址链接：http://www.whatseatingyourcollection.com/（2019年5月8日访问）

Cuno, J., *Whose Culture? The Promise of Museums and the Debate Over Antiquities*, Princeton, Princeton University Press, 2012

J. 库诺所著《谁的文化？博物馆的承诺和对文物的争论》，2012年于普林斯顿，普林斯顿大学出版社出版

Davies, P. (ed.), *Museums and the Disposals Debate*, Edinburgh, MuseumsEtc, 2011

P. 戴维斯编辑，《博物馆和藏品处理争论》，2011年于爱丁堡，博物馆及其他出版社出版

Davis, J., *The MUSE Book*, Cambridge, President and Fellows of Harvard College/ Harvard Project Zero, 1996

J. 戴维斯所著《MUSE书》，1996年于剑桥，通过哈佛大学/哈佛零项目主席和研究员们出版

DCMS, 'Working Group on Human Remains Report' [online report], 14 November 2003, https://webarchive.nationalarchives.gov.uk/+/http://www.culture.gov.uk/ reference_library/ publications/4553.aspx (accessed 9 September 2019)

文化传媒和体育部线上报告"人类遗骸工作组报告"，2003年11月14日，网址链接：https://webarchive.nationalarchives.gov.uk/+/http://www.culture.gov.uk/reference_ library/publications/4553.aspx （2019年9月9日访问）

DCMS, 'Guidance for the Care of Human Remains in Museums' [online report], 2005

文化传媒和体育部线上报告"博物馆遗骸护理指南"，2005年

DCMS, Cultural Property Unit, *Combating Illicit Trade: Due Diligence Guidelines for Museums, Libraries and Archives on Collecting and Borrowing Cultural Material*, London, DCMS, 2005

文化传媒和体育部，文化财产单位所著《打击非法贸易：博物馆、图书馆和档案馆关于收藏和借用文化材料的尽职调查指南》，2005年于伦敦，文化传媒和体育部出版

Dean, D., *Museum Exhibition: Theory and Practice*, Abingdon, Routledge, 1994

D. 迪恩所著《博物馆展览理论及实践》，1994年于阿宾顿，劳特里奇出版社出版

Desvallées, A., and Mairesse, F., *Key Concepts of Museology*, Paris, Armand Colin, 2010

A. 德斯瓦莱和F. 迈瑞思所著《博物馆学重要概念》，2010年于巴黎，阿尔芒·柯林出版社出版

Dewey, J., *Democracy and Education*, Milton Keynes, Simon and Brown, 2011 [1916]

J. 杜威所著《民主与教育》，2011 年于米尔顿·凯恩斯，西蒙和布朗出版社出版（原作 1916 年出版）

Dexter Lord, G., 'Measuring Success', in B. Lord and M. Piacente(eds), *Manual of Museum Exhibitions*, 2nd edn, Lanham, Rowman and Littlefield, 2014

G. 德克斯特·洛德所著"衡量成功"，出自 B. 洛德和 M. 皮亚森特编辑，《博物馆展览手册》第 2 版，2014 年于兰纳姆，罗曼和利特尔菲尔德出版社出版

Dexter Lord, G., Quiang, G., Laishun, A., and Jimenez, J. (eds), *Museum Development in China*, Lanham, Rowman and Littlefield, 2019

G. 德克斯特·洛德，G. 基扬，安来顺和 J. 希梅内斯编辑，《中国博物馆发展》，2019 年于兰纳姆，罗曼和利特尔菲尔德出版社出版

Dillon Wright, L., 'Curatorship and Content Development', in B. Lord and M. Piacente (eds), *Manual of Museum Exhibitions*, 2nd edn, Lanham, Rowman and Littlefield, 2014

L. 迪隆·赖特所著"策划和内容发展"，出自 B. 洛德和 M. 皮亚森特编辑，《博物馆展览手册》第 2 版，2014 年于兰纳姆，罗曼和利特尔菲尔德出版社出版

Din, H., and Hecht, P., *The Digital Museum: A Think Guide*, Washington DC, American Association of Museums, 2007

H. 丁和 P. 赫克特所著《数字博物馆思路指南》，2007 年于华盛顿特区，美国博物馆协会出版

Dodd, J., and Sandell. R., *Building Bridges: Guidance for Museums and Galleries on Developing New Audiences*, London, Museums & Galleries Commission, 1998

J. 多德和 R. 桑德尔所著《搭建桥梁：博物馆和画廊新观众开发指南》，1998 年于伦敦，博物馆 & 画廊委员会出版

Dudley, D., and Wilkinson, I. (eds), *Museum Registration Methods*, Washington DC, American Association of Museums, 1989

D. 达德利和 I. 威尔金森编辑，《博物馆登记方法》，1989 年于华盛顿特区，美国博物馆协会出版

Dudley, S., *Museum Materialities: Objects, Engagements, Interpretations*, London, Routledge, 2013

S. 达德利所著《博物馆的物质性：藏品、参与、诠释》，2013 年于伦敦，劳特里奇出版社出版

Duhs, R., 'Learning from university museums and collections in higher education: University College London (UCL)', *University Museums and Collections Journal*, vol.3, 2010, 183–186

R. 杜斯所著"从大学博物馆和收藏中学习：伦敦大学学院"，出自《大学博物馆和收藏学报》2010 年第 3 卷，第 183—186 页

Edson, G., 'Museum Management', in P. Boylan (ed.), *Running a Museum: A Practical Handbook*, Paris, ICOM, 2004

G. 埃德森所著"博物馆管理"，出自 P. 博伊兰编辑，《博物馆经营实用手册》，2004 年于巴黎，国际博物馆委员会出版

Ellis Burcaw, G., *Introduction to Museum Work*, 3rd edn, Lanham, AltaMira Press, 1983

G. 埃利斯·伯考所著《博物馆工作介绍》第 3 版，1983 年于兰纳姆，阿尔塔米拉出版社出版

Elsner, J., and Cardinal, R. (eds), *The Cultures of Collecting*, London, Reaktion Books, 1994

J. 埃尔斯纳和 R. 卡迪纳尔编辑，《收藏的文化》，1994 年于伦敦，瑞克新图书出版社出版

Eriksen, H., and Unger, I., *The Small Museums Cataloguing Manual*, Sydney, Australian Museum, 2009

H. 埃里克森和 I. 昂格尔所著《小型博物馆编目手册》，2009 年于悉尼，澳大利亚博物馆出版

Fahy, A. (ed.), *Collections Management*, Abingdon, Routledge, 1994

A. 法伊编辑，《藏品管理》，1994 年于阿宾顿，劳特里奇出版社出版

Fahy, A., 'Introduction', in A. Fahy (ed.), *Collections Management*, Abingdon, Routledge, 1994

A. 法伊所著"介绍"，出自 A. 法伊编辑，《藏品管理》，1994 年于阿宾顿，劳特里奇出版社出版

Falk, J., *Identity and Museum Visitor Experience*, Walnut Creek, Left Coast Press, 2009

J. 福尔克所著《身份和博物馆观众体验》，2009 年于核桃溪，左海岸出版社出版

Falk, J., 'The use of time as a measure of visitor behaviour and exhibit effectiveness', *Roundtable Reports: The Journal of Museum Education*, vol.7, no.4, 1982, 10–13

J. 福尔克所著"将时间用作衡量观众行为展览效果的标准"，出自《园中会议报告：博物馆教育杂志》1982 年第 7 卷第 4 号，第 10—13 页

Falk, J., and Dierking, L., *Learning from Museums: Visitor Experiences and the Making of Meaning*, Lanham, AltaMira Press, 2000

J. 福尔克和 L. 迪尔金所著《向博物馆学习：观众体验和意义的形成》，2000 年于兰纳姆，阿尔塔米拉出版社出版

Falk, J., and Dierking, L., *The Museum Experience Revisited*, Walnut Creek, Left Coast Press, 2013
J. 福尔克和 L. 迪尔金所著《重访博物馆体验》，2013 年于核桃溪，左海岸出版社出版

Ferguson, L., MacLulich, C., and Ravelli, L., *Meanings and Messages: Language Guidelines for Museum Exhibitions*, Sydney, Australian Museum, 1995
L. 弗格森，C. 麦克卢利希和 L. 拉维利所著《意义和信息：博物馆展览语言指南》，1995 年于悉尼，澳大利亚博物馆出版

Fforde, C., Hubert J., and Turnbull, P. (eds), *The Dead and their Possessions: Repatriation in Principle, Policy and Practice*, London, Routledge, 2002
C. 弗福德，J. 休伯特和 P. 特恩布尔编辑，《逝者及其财产：原则、政策和实践中物归原地》，2002 年于伦敦，劳特里奇出版社出版

Fitz Gibbons, K. (ed.), *Who Owns the Past? Cultural Policy, Cultural Property, and the Law*, New Brunswick, Rutgers University Press, 2005
K. 菲茨·吉本斯编辑，《谁拥有过去？文化政策、文化财产和法律》，2005 年于新不伦瑞克省，罗格斯大学出版社出版

Fleming, D., Paine, C., and Rhodes, J. (eds) *Social History in Museums*, London, HMSO, 1993
D. 弗莱明，C. 潘恩和 J. 罗德斯编辑，《博物馆的社会历史》，1993 年于伦敦，英国皇家出版局出版

Foley, M., and McPherson, G., 'Museums as leisure', *International Journal of Heritage Studies*, vol.6, no.2, 2000, 161–174
M. 弗利和 G. 麦克弗森所著"作为休闲方式的博物馆"，出自《国际遗产研究杂志》2000 年第 6 卷第 2 号，第 161—174 页

Fry, H., Ketteridge, S., and Marshall, S. (eds) *A Handbook for Teaching and Learning in Higher Education*, 3rd edn, London, Kogan Page, 2003
H. 弗里，S. 凯特里奇和 S. 马歇尔编辑，《高等教育教学手册》第 3 版，2003 年于伦敦，高根页出版社出版

Gardner, H., *The Unschooled Mind*, New York, Basic Books, 1991
H. 加德纳所著《未经教育的头脑》，1991 年于纽约，基础书籍出版社出版

Gardner, H., *Intelligence Reframed: Multiple Intelligences for the 21st Century*, New York, Basic Books, 1999
H. 加德纳所著《重构智能：21 世纪的多元智能》，1999 年于纽约，基础书籍出

版社出版

Gardner, J., 'From Idiosyncratic to Integrated Strategic Planning for Collections', in C. McCarthy (ed.), *International Handbook of Museum Studies: Museum Practice*, London, Wiley-Blackwell, 2015

J. 加德纳所著"从自发的到综合的收藏战略规划",出自 C. 麦卡锡编辑,《国际博物馆研究手册:博物馆实践》,2015 年于伦敦,威立-布莱克威尔出版社出版

Gaventa, J., 'Power after Lukes: an overview of theories of power since Lukes and their application to development', Brighton Participation Group, Institute of Development Studies [online article], 2003, https://www.powercube.net/wp-content/uploads/2009/11/power_after_lukes.pdf (accessed 13 October 2018)

J. 加文塔 2003 年于发展研究所的布莱顿参与小组发表的线上文章"卢克斯之后的权利:卢克斯以来的权利理论概述及其在发展中的应用",网址链接:https://www.powercube.net/wp-content/uploads/2009/11/power_after_lukes.pdf(2018 年 10 月 13 日访问)

Gell, A., *Art and Agency: An Anthropological Theory*, Oxford, Clarendon Press, 1998

A. 盖尔所著《艺术与能动性:一种人类学理论》,1998 年于牛津,克拉伦登出版社出版

George, A., *The Curator's Handbook*, London, Thames & Hudson, 2015

A. 乔治所著《策展人手册》,2015 年于伦敦,泰晤士和哈德逊出版社出版

Getty Conservation Institute, 'Preventative Conservation', in S. Knell (ed.), *Care of Collections*, Abingdon, Routledge, 2005

盖蒂藏护研究所所著"预防性藏护",出自 S. 内尔编辑,《藏品保管》,2005 年于阿宾顿,劳特里奇出版社出版

Glaser, J., and Zenetou, A., *Museums: A Place to Work*, London, Routledge, 1996

J. 格拉泽和 A. 泽纳图所著《博物馆:工作的地方》,1996 年于伦敦,劳特里奇出版社出版

Gosden, C., and Marshall, Y., 'The cultural biography of objects', *World Archaeology*, vol.31, no.2, 1999, 169–178

C. 高斯登和 Y. 马歇尔所著"物品的文化传记",出自《世界考古学》1999 年第 31 卷第 2 号,第 169—178 页

Graham, B., Ashworth, G., and Tunbridge, J., 'The Uses and Abuses of Heritage', in G. Corsane (ed.), *Heritage, Museums and Galleries: An Introductory Reader*, London, Routledge, 2005

B. 格雷厄姆，G. 阿什沃思和 J. 滕布里奇所著"遗产的使用与滥用"，出自 G. 科萨内编辑，《遗产、博物馆和画廊：导读》，2005 年于伦敦，劳特里奇出版社出版

Greenfield, J., *The Return of Cultural Treasures*, 3rd edn, New York, Cambridge University Press, 2007

J. 格林菲尔德所著《文化瑰宝的回归》第 3 版，2007 年于纽约，剑桥大学出版社出版

Griffith, E., 'Liability and Risk Management for Museums', in A. Fahy (ed.), *Collections Management*, Abingdon, Routledge, 1994

E. 格里菲斯所著"博物馆的责任和风险管理"，出自 A. 法伊编辑，《藏品保管》，1994 年于阿宾顿，劳特里奇出版社出版

Griswold, W., *Cultures and Societies in a Changing World*, 4th edn, Thousand Oaks, Sage Publications, 2013

W. 格里斯沃尔德所著《变化世界中的文化与社会》第 4 版，2013 年于千橡，赛吉出版社出版

Gruber, M., Gelma, B., and Ranganath, C., 'States of curiosity modulate hippocampus-dependent learning via the dopaminergic circuit', *Neuron*, vol.84, no.2, 2014, 486–496

M. 格鲁伯，B. 杰儿玛和 C. 兰加纳特所著"通过多巴胺能回路调制海马体依赖学习的好奇的状态"，发表于《神经元》2014 年第 84 卷第 2 号，第 486—496 页

Gurian, E., 'A blurring of the boundaries', *Curator: The Museum Journal*, vol.38, no.1, 1995, 31–37

E. 古瑞安所著"模糊的界限"，出自《策展人：博物馆杂志》1995 年第 38 卷第 1 号，第 31—37 页

Gwinn, N., and Wellheiser, J. (eds), *Preparing for the Worst, Planning for the Best: Protecting our Cultural Heritage from Disaster*, München, Saur, 2005

N. 格温和 J. 威尔海瑟编辑，《为最坏的情况做准备，为最好的计划做准备：保护我们的文化遗产免受灾难》，2005 年于慕尼黑，索尔出版社出版

Hall, M., *On Display*, 2nd edn, London, Lund Humphries, 1992

M. 霍尔所著《展出》第 2 版，1992 年于伦敦，伦德·休姆夫雷出版社出版

Hansen, B., *Great Exhibits! An Exhibit Planning and Construction Handbook for Small Museums*, Lanham, Rowman and Littlefield, 2017

B. 汉森所著《伟大的展品！小型博物馆布展规划和建设手册》，2017 年于兰纳姆，罗曼和利特尔菲尔德出版社出版

Harrison, J., 'Ideas of Museums in the 1990s', in G. Gorsane (ed.), *Heritage, Museums and Galleries: An Introductory Reader*, London, Routledge, 2005

J. 哈里森所著"20 世纪 90 年代博物馆理念",出自 G. 科萨内编辑,《遗产、博物馆和画廊:导读》,2005 年于伦敦,劳特里奇出版社出版

Harrison, R., *Heritage: Critical Approaches*, London, Routledge, 2012

R. 哈里森所著《遗产:批判性方法》,2012 年于伦敦,劳特里奇出版社出版

Hein, G., *Learning in the Museum*, London, Routledge, 1998

G. 海因所著《在博物馆学习》,1998 年于伦敦,劳特里奇出版社出版

Herreman, Y., 'Display, Exhibits and Exhibitions', in P. Boylan (ed.), *Running a Museum: A Practical Handbook*, Paris, ICOM, 2004

Y. 赫瑞曼所著"展示、展品和展览",出自 P. 博伊兰编辑,《博物馆经营实用手册》,2004 年于巴黎,国际博物馆委员会出版

Hilberry, J., and Weinberg, S., 'Museum Collections Storage', in S. Knell (ed.), *Care of Collections*, Abingdon, Routledge, 2005

J. 希尔伯里和 S. 温伯格所著"博物馆藏品存储",出自 S. 内尔编辑,《藏品保管》,2005 年于阿宾顿,劳特里奇出版社出版

Hill, K., *Culture and Class in English Public Museums, 1850–1914*, Aldershot, Ashgate, 2005

K. 希尔所著《1850—1914 年英国公共博物馆的文化与等级》,2005 年于奥尔德肖特,阿什盖特出版社出版

Hillhouse, S., *Collections Management: A Practical Guide*, Cambridge, Collections Trust, 2009

S. 希尔豪斯所著《藏品管理:一本使用指南》,2009 年于剑桥,收藏信托出版

Hodder, I., 'The Contextual Analysis of Symbolic Meanings', in S. Pearce (ed.), *Interpreting Objects and Collections*, London, Routledge, 1994

I. 霍德所著"象征意义的语境分析",出自 S. 皮尔斯编辑,《诠释藏品及收藏》,1994 年于伦敦,劳特里奇出版社出版

Hodder, I., 'The "Social" in Archaeological Theory: An Historical and Contemporary Perspective', in L. Meskell and R. Pruecel (eds), *A Companion to Social Archaeology*, Malden, Blackwell, 2003

I. 霍德所著"考古学理论中的'社会':历史和当代视角",出自 L. 梅斯凯尔和 R. 普鲁塞尔编辑,《社会考古学手册》,2003 年于莫尔登,布莱克威尔出版社出版

Holm, S.A., *Guidelines for Constructing a Museum Object Name Thesaurus*, Cambridge, MDA, 1993

S.A. 霍尔姆所著《构建博物馆物品名称词库指南》，1993 年于剑桥，博物馆文档协会出版

Holm, S.A., *Facts and Artefacts. How to Document a Museum Collection*, Cambridge, MDA, 1998

S.A. 霍尔姆所著《事实与文物：如何记录博物馆藏品》，1998 年于剑桥，博物馆文档协会出版

Hood, M., 'Staying away – why people choose not to visit museums', *Museum News*, vol.61, no.4, 1983, 50–57

M. 胡德所著"远离——为什么人们选择不参观博物馆"，出自《博物馆新闻》1983 年第 61 卷第 4 号，第 50—57 页

Hood, M., 'Audience Research Tells Us Why Visitors Come to Museums – and Why they Don't', in C. Scott (ed.), *Evaluation and Visitor Research in Museums: Towards 2000*, Sydney, Powerhouse Publishing, 1996

M. 胡德所著"观众研究告诉我们观众为什么来博物馆——以及他们为什么不来"，出自 C. 斯科特编辑，《博物馆评估和观众研究：迈向 2000 年》，1996 年于悉尼，动力出版社出版

Hooper-Greenhill, E., *Learning and Teaching with Objects: A Practical Skills Based Approach*, Leicester, Department of Museum Studies, University of Leicester, 1988

E. 胡珀－格林希尔所著《与藏品一起学习和教学：基于实用技能的方法》，1988 年于莱斯特，莱斯特大学博物馆研究系出版

Hooper-Greenhill, E., *Museums and Interpretive Communities*, Sydney, Australian Museum Audience Research Centre, 1999

E. 胡珀－格林希尔所著《博物馆和诠释性社群》，1999 年于悉尼，澳大利亚博物馆观众研究中心出版

Hooper-Greenhill, E., *Museums and the Interpretation of Visual Culture*, London, Routledge, 2008

E. 胡珀－格林希尔所著《博物馆和视觉文化诠释》，2008 年于伦敦，劳特里奇出版社出版

Hooper-Greenhill, E., *Museums and their Visitors*, London, Routledge, 2012

E. 胡珀－格林希尔所著《博物馆及其观众》，2012 年于伦敦，劳特里奇出版社出版

Hooper-Greenhill, E., *Museums and Education: Purpose, Pedagogy, Performance*, London, Routledge, 2010

E. 胡珀－格林希尔所著《博物馆和教育：目的、教学法、表演》，2010 年于伦敦，

劳特里奇出版社出版

Hooper-Greenhill, E. (ed.), *The Educational Role of the Museum*, 2nd edn, New York, Routledge, 1999

E. 胡珀 – 格林希尔编辑，《博物馆的教育作用》第 2 版，1999 年于纽约，劳特里奇出版社出版

Hooper-Greenhill, E., 'Studying Visitors', in S. Macdonald (ed.), *A Companion to Museum Studies*, Malden, Blackwell, 2006

E. 胡珀 – 格林希尔所著 "研究观众"，出自 S. 麦克唐纳编辑，《博物馆研究手册》，2006 年于莫尔登，布莱克威尔出版社出版

Hooper-Greenhill, E., 'The Characteristics and Significance of Learning in Museums', in E. Hooper-Greenhill, *Museums and Education: Purpose, Pedagogy, Performance*, London, Routledge, 2010

E. 胡珀 – 格林希尔所著 "博物馆学习的特点和意义"，出自 E. 胡珀 – 格林希尔所著《博物馆和教育：目的、教学法、表演》，2010 年于伦敦，劳特里奇出版社出版

Hoskins, J., *Biographical Objects: How Things Tell the Stories of Peoples' Lives*, New York, Routledge, 1998

J. 霍斯金斯所著《传记性物件：事物如何讲述人们的生活故事》，1998 年于纽约，劳特里奇出版社出版

Hoskins, J., 'Agency, Biography, and Objects', in C. Tilley, et al. (eds), *Handbook of Material Culture*, London, Sage Publications, 2006

J. 霍斯金斯所著 "能动性，传记和物件"，出自 C. 蒂利等人编辑，《物质文化手册》，2006 年于伦敦，赛吉出版社出版

Howie, F. (ed.), *Safety in Museums and Galleries*, London, Butterworth-Heinemann, 1987

F. 豪伊编辑，《博物馆和画廊的安全》，1987 年于伦敦，巴特沃思 – 海涅曼出版社出版

Hudson, K., *Museums for the 1980s: A Survey of World Trends*, Paris, UNESCO/Macmillan, 1977

K. 哈德逊所著《20 世纪 80 年代博物馆：世界趋势的调查》，1977 年于巴黎，联合国教科文组织与麦克米伦出版社联合出版

Hunter, J., 'Museum Disaster Preparedness and Planning', in C. Caple (ed.), *Preventive Conservation in Museums*, London, Routledge, 2012

J. 亨特所著 "博物馆防灾和规划"，出自 C. 卡普尔编辑，《博物馆的预防性藏护》，

2012 年于伦敦，劳特里奇出版社出版

ICOM, 'About ICOM', ICOM [website], n.d., http://umac.icom.museum/membership/about-icom/ (accessed 10 October 2018)

国际博物馆委员会网页发表的文章"关于 ICOM"，网址链接：http://umac.icom.museum/membership/about-icom/（2018 年 10 月 10 日访问）

ICOM, 'ICOM Code of Ethics for Museums', ICOM [website], 2004, https://icom.museum/wp-content/uploads/2018/07/ICOM-code-En-web.pdf (accessed 12 December 2018)

国际博物馆委员会网页 2004 年发表的文章"ICOM 博物馆道德规范"，网址链接：https://icom.museum/wp-content/uploads/2018/07/ICOM-code-En-web.pdf（2018 年 12 月 12 日访问）

ICOM, 'Missions and Objectives', ICOM [website], 2016, https://icom.museum/en/about-us/missions-and-objectives/ (accessed 10 October 2018)

国际博物馆委员会网页 2016 年发表的文章"任务与目标"，网址链接：https://icom.museum/en/about-us/missions-and-objectives/（2018 年 10 月 10 日访问）

ICOM, 'Museum Definition', ICOM [website], 2018

国际博物馆委员会网页 2018 年发表的文章"博物馆定义"

International Council of Museums Conference New York（City）and ICOM, *Papers from the Seventh General Conference of ICOM*, New York, Metropolitan Museum, 1965

纽约国际博物馆委员会会议和国际博物馆委员会所著《ICOM 第七届大会论文》，1965 年于纽约，大都会博物馆出版

Janes, R., *Museums in a Troubled World: Renewal, Irrelevance or Collapse*?, London, Routledge, 2012

R. 简斯所著《混乱世界中的博物馆：更迭、置之不理还是崩塌？》，2012 年于伦敦，劳特里奇出版社出版

Jenkins, H., Clinton, K., Purushotma, R., Robison, A.J., and Weigel, M., 'Confronting the Challenge of Participatory Culture: Media Education for the 21st Century', MacArthur [digital version], 2009, https://www.macfound.org/media/article_pdfs/JENKINS_WHITE_PAPER.PDF (accessed 29 August 2019)

H. 詹金斯，K. 克林顿，R. 普鲁肖特玛，A.J. 罗宾逊和 M. 威格尔所著"应对参与式文化的调整：21 世纪的媒体教育"电子版，2009 年发表于麦克阿瑟基金会网站，网址链接：https://www.macfound.org/media/article_pdfs/JENKINS_WHITE_PAPER.PDF（2019 年 8 月 29 日访问）

Jenkins, I., *Disaster Planning and Preparedness*, London, British Library, 1987

I. 詹金斯所著《灾难规划和准备》，1987 年于伦敦，大英图书馆出版

Jirásek, P., 'Museum Security, including Disaster Preparedness', in P. Boylan (ed.), *Running a Museum: A Practical Handbook*, Paris, ICOM, 2004

P. 吉拉塞克所著"博物馆安全，包括灾害防治"，出自 P. 博伊兰编辑，《博物馆经营实用手册》，2004 年于巴黎，国际博物馆委员会出版

Johnson, P., 'Introduction to Collection Management and Development', in P. Johnson, *Fundamentals of Collection Development*, 2nd edn, Chicago, American Library Association, 2018

P. 约翰逊所著"馆藏管理和发展介绍"，出自 P. 约翰逊所著《馆藏发展的基本原理》，第 2 版，2018 年于芝加哥，美国图书馆协会出版

Karp, I., Kreamer, C., and Lavine, S. (eds), *Museums and Communities: The Politics of Public Culture*, Washington DC, Smithsonian Institution Press, 1992

I. 卡普，C. 克里默和 S. 莱文编辑，《博物馆与社区：公共文化政治》，1992 年于华盛顿特区，史密森尼协会出版社出版

Kassim, S., 'The museum will not be decolonised', Media Diversified [article], 2017, https://mediadiversified.org/2017/11/15/the-museum-will-not-be-decolonised/ (accessed 12 September 2019)

S. 卡西姆所著"博物馆不会被非殖民化"，2017 年发表于非营利机构"媒体多元化"，网址链接：https://mediadiversified.org/2017/11/15/the-museum-will-not-be-decolonised/ （2019 年 9 月 12 日访问）

Keene, S., *Managing Conservation in Museums*, Oxford, Butterworth-Heinemann, 1996

S. 基恩所著《博物馆中的藏护管理》，1996 年于牛津，巴特沃思 – 海涅曼出版社出版

Klobe, T., *Exhibitions: Concept, Planning and Design*, Chicago, University of Chicago Press, 2013

T. 克洛贝所著《展览的概念、规划和设计》，2013 年于芝加哥，芝加哥大学出版社出版

Knappett, C., 'Animacy, Agency, and Personhood', in *Thinking through Material Culture: An Interdisciplinary Perspective*, Philadelphia, University of Pennsylvania Press, 2005

C. 纳佩特所著"活力，能动性和人格"，出自《通过物质文化思考：跨学科视角》，2005 年于费城，宾夕法尼亚大学出版社出版

Knell, S. (ed.), *Care of Collections*, Abingdon, Routledge, 2005

S. 内尔编辑，《藏品保管》，2005 年于阿宾顿，劳特里奇出版社出版

Knell, S. (ed.), *Museums and the Future of Collecting*, 2nd edn, Abingdon, Routledge, 2016

S. 内尔编辑，《博物馆和收藏的未来》第 2 版，2016 年于阿宾顿，劳特里奇出版社出版

Knell, S., 'The shape of things to come: museums in the technological landscape', *Museum and Society*, vol.1, no.3, 2003

S. 内尔所著"未来事务的形状：技术景观中的博物馆"，出自《博物馆与社会》2003 年第 1 卷第 3 号

Knell, S., 'Introduction: The Context of Collections Care', in S. Knell (ed.), *Care of Collections*, Abingdon, Routledge, 2005

S. 内尔所著"导言：收藏护理的背景"，出自 S. 内尔编辑，《藏品保管》，2005 年于阿宾顿，劳特里奇出版社出版

Kolb, D., *Experiential Learning Experience as the Source of Learning and Development*, Englewood Cliffs, Prentice Hall, 2003 [1984]

D. 科尔布所著《作为学习和发展源泉的体验式学习经验》，2003 年于恩格尔伍德克利夫斯，普伦蒂斯·霍尔出版社出版（原作于 1984 年出版）

Kopytoff, I., 'The Cultural Biography of Things: Commoditization as Process', in A. Appadurai (ed.), *The Social Life of Things: Commodities in Cultural Perspective*, Cambridge, Cambridge University Press, 1988

I. 科比托夫所著"物的文化传记：作为过程的商品化"，出自 A. 阿帕杜莱编辑，《物品的社会经历：文化视角下的商品》，1988 年于剑桥，剑桥大学出版社出版

Kreps, C., 'Changing the Rules of the Road: Postcolonialism and the New Ethics of Museum Anthropology', in J. Marstine (ed.), *The Routledge Companion to Museum Ethics: Redefining Ethics for the 21st-Century Museum*, New York, Routledge, 2011

C. 克雷普斯所著"改变道路规则：后殖民主义和博物馆人类学的新伦理"，出自 J. 马斯汀编辑，《劳特里奇博物馆伦理指南：重新定义 21 世纪博物馆伦理》，2011 年于纽约，劳特里奇出版社出版

Kreps, C., 'Indigenous Curation, Museums, and Intangible Cultural Heritage', in L. Smith and N. Akagawa (eds), *Intangible Heritage: The Practices and Politics of Safeguarding*, 2nd edn, Abingdon, Routledge, 2018

C. 克雷普斯所著"当地策展，博物馆与非物质文化遗产"，出自 L. 史密斯和赤

川夏子编辑，《非物质遗产：实践与保护政策》第 2 版，2018 年于阿宾顿，劳特里奇出版社出版

Kuruvilla, H., *A Legal Dictionary for Museums*, Lanham, Rowman and Littlefield, 2016

H. 库鲁维拉所著《博物馆法律词典》，2016 年于兰纳姆，罗曼和利特尔菲尔德出版社出版

Ladkin, N., 'Collections Management', in P. Boylan (ed.), *Running a Museum: A Practical Handbook*, Paris, ICOM, 2004

N. 拉德金所著"藏品管理"，出自 P. 博伊兰编辑，《博物馆经营实用手册》，2004 年于巴黎，国际博物馆委员会出版

Lane, R. J., *Jean Baudrillard*, New York, Routledge, 2000

R. J. 莱恩所著《让·鲍德里亚》，2000 年于纽约，劳特里奇出版社出版

Lang, C., Reeve, J., and Woollard, V. (eds), *The Responsive Museum: Working with Audiences in the Twenty-First Century*, London, Routledge, 2016

C. 朗，J. 里夫和 V. 伍拉德编辑，《响应式博物馆：与 21 世纪的观众合作》，2016 年于伦敦，劳特里奇出版社出版

Lave, J., and Wenger, E., *Situated Learning: Legitimate Peripheral Participation*, Cambridge, Cambridge University Press, 1991

J. 拉夫和 E. 温格所著《情境学习：合法的边缘参与》，1991 年于剑桥，剑桥大学出版社出版

León, V., *Uppity Women of Ancient Times*, Berkeley, Conari Press, 1995

V. 莱昂所著《古代巾帼精英》，1995 年于伯克利，科纳里出版社出版

Lewis, G., 'Attitudes to Disposal from Museum Collections', in A. Fahy (ed.), *Collections Management*, Abingdon, Routledge, 1994

G. 刘易斯所著"对博物馆藏品的处理态度"，出自 A. 法伊编辑，《藏品管理》，1994 年于阿宾顿，劳特里奇出版社出版

Lewis, G., 'Deaccessioning and the ICOM Code of Ethics', *ICOM News*, vol.56, no.1, 2003

G. 刘易斯所著"退藏和 ICOM 道德规范"，出自《ICOM 新闻》2003 年第 56 卷第 1 号

Lewis, G., 'The Role of Museums and the Professional Code of Ethics', in P. Boylan (ed.), *Running a Museum: A Practical Handbook*, Paris, ICOM, 2004

G. 刘易斯所著"博物馆责任与职业道德规范"，出自 P. 博伊兰编辑，《博物馆经营实用手册》，2004 年于巴黎，国际博物馆委员会出版

Linnie, M., 'Pest Control in Museums: The Use of Chemicals and Associated Health Problems', in S. Knell (ed.), *Care of Collections*, Abingdon, Routledge, 2005

M. 林尼所著"博物馆害虫防治：化学品的使用和相关健康问题"，出自 S. 内尔编辑，《藏品保管》，2005 年于阿宾顿，劳特里奇出版社出版

Liston, D. (ed.), *Museum Security and Protection: A Handbook for Cultural Heritage Institutions*, London, Routledge, 1993

D. 利斯顿编辑，《博物馆安全与保护：给文化遗产机构的手册》，1993 年于伦敦，劳特里奇出版社出版

Lloyd, H., and Lithgow, K., 'Physical Agents of Deterioration: Dust and Dirt', in C. Caple (ed.), *Preventive Conservation in Museums*, London, Routledge, 2012

H. 劳埃德和 K. 利斯戈所著"恶化的物理因素：灰尘和污垢"，出自 C. 卡普尔编辑，《博物馆的预防性藏护》，2012 年于伦敦，劳特里奇出版社出版

Logan, W., and Reeves K. (eds), *Places of Pain and Shame: Dealing with 'Difficult' Heritage*, London, Routledge, 2009

W. 洛根和 K. 里维斯编辑，《痛苦与羞耻：处理"困难"的遗产》，2009 年于伦敦，劳特里奇出版社出版

Longair, S., and McAleer, J. (eds), *Curating Empire: Museums and the British Imperial Experience*, Manchester, Manchester University Press, 2012

S. 朗艾尔和 J. 麦卡利尔编辑，《策展帝国：博物馆和大英帝国体验》，2012 年于曼彻斯特，曼彻斯特大学出版社出版

Lord, B., 'The Purpose of Museum Exhibitions', in B. Lord and M. Piacente (eds), *Manual of Museum Exhibitions*, 2nd edn, Lanham, Rowman and Littlefield, 2014

B. 洛德所著"博物馆展览的目的"，出自 B. 洛德和 M. 皮亚森特编辑，《博物馆展览手册》第 2 版，2014 年于兰纳姆，罗曼和利特尔菲尔德出版社出版

Lord, B., 'Where Do Exhibition Ideas Come From?', in B. Lord and M. Piacente (eds), *Manual of Museum Exhibitions*, 2nd edn, Lanham, Rowman and Littlefield, 2014

B. 洛德所著"展览的想法来自何处？"，出自 B. 洛德和 M. 皮亚森特编辑，《博物馆展览手册》第 2 版，2014 年于兰纳姆，罗曼和利特尔菲尔德出版社出版

Lord, B., and Piacente, M. (eds), *Manual of Museum Exhibitions*, 2nd edn, Lanham, Rowman and Littlefield, 2014

B. 洛德和 M. 皮亚森特编辑，《博物馆展览手册》第 2 版，2014 年于兰纳姆，罗曼和利特尔菲尔德出版社出版

Lord, B., Dexter Lord, G. and Martin, L. (eds), *The Manual of Museum Planning:*

Sustainable Space, Facilities, and Operation, 3rd edn, Lanham, AltaMira Press, 2012

B. 洛德，G. 德克斯特·洛德和 L. 马丁编辑，《博物馆规划手册：可持续空间、社会和运营》第 3 版，2012 年于兰纳姆，阿尔塔米拉出版社出版

Lorde, A., 'The Master's Tools Will Never Dismantle the Master's House', in A. Lorde, *Sister Outsider: Essays and Speeches*, Trumansburg, Crossing Press, 2007

A. 洛尔德所著"大师的工具永远不会拆除大师的屋子"，出自 A. 洛尔德所著《局外人姐妹：散文和演讲》，2007 年于杜鲁门斯堡，十字出版社出版

McCarthy, C. (ed.), *International Handbook of Museum Studies: Museum Practice*, London, Wiley-Blackwell, 2015

C. 麦卡锡编辑，《国际博物馆研究手册：博物馆实践》，2015 年于伦敦，威立－布莱克威尔出版社出版

MacDermott J. (ed.), *The Philosophy of John Dewey*, Chicago, University of Chicago Press, 1973

J. 麦克德莫特编辑，《约翰·杜威的哲学》，1973 年于芝加哥，芝加哥大学出版社出版

Macdonald, S. (ed.), *A Companion to Museum Studies*, Malden, Blackwell, 2006

S. 麦克唐纳编辑，《博物馆研究手册》，2006 年于莫尔登，布莱克威尔出版社出版

Macdonald, S., 'Collecting Practices', in S. Macdonald (ed.), *A Companion to Museum Studies*, Malden, Blackwell, 2006

S. 麦克唐纳所著"收藏实践"，出自 S. 麦克唐纳编辑，《博物馆研究手册》，2006 年于莫尔登，布莱克威尔出版社出版

McGillivray, W., 'Museum research: axiom or oxymoron', *Muse*, vol.9, no.2, 1991, 62–66

W. 麦吉利夫雷所著"博物馆研究：公理或矛盾"，出自《缪斯》1991 年第 9 卷第 2 号，第 62—66 页

MacGregor, N., in Culture, Media and Sport Committee, 'Oral evidence: Countries of Culture, HC 864', Questions 127–185 [online], 2016, available at: http://data.parliament.uk/writtenevidence/committeeevidence.svc/evidencedocument/culture-media-and-sport-committee/countries-of-culture/oral/32902.html (accessed 10 May 2018)

N. 麦格雷戈在文化，媒体和体育委员会发表的"口头证据：文化国家，HC 864"，问题 127—185，2016 年，网址链接：http://data.parliament.uk/writtenevidence/committeeevidence.svc/evidencedocument/culture-media-and-sport-committee/countries-of-culture/oral/32902.html（2018 年 5 月 10 日访问）

MacKenzie, J., *Museums and Empire: Natural History, Human Cultures and Colonial Identities*, Manchester, Manchester University Press, 2009

J. 麦肯齐所著《博物馆和帝国：自然历史、人类文化和殖民身份》，2009 年于曼彻斯特，曼彻斯特大学出版社出版

McLean, K., *Planning for People in Exhibitions*, Washington DC, Association of Science-Technology Centers, 1993

K. 麦克莱恩所著《为展览中的人们计划》，1993 年于华盛顿特区，华盛顿科技中心协会出版

McManus, P., 'Oh, yes, they do: how museum visitors read labels and interact with exhibit texts', *Curator: The Museum Journal*, vol.32, no.3, 1989, 174–189

P. 麦克玛纳斯所著"哦是的，他们会这么做：博物馆观众如何阅读展签并与展览文本互动"，出自《策展人：博物馆杂志》1989 年第 32 卷第 3 号，第 174—189 页

Malaro, M., 'Collection Management Policies', in A. Fahy (ed.), *Collections Management*, Abingdon, Routledge, 1994

M. 马拉罗所著"藏品管理政策"，出自 A. 法伊编辑，《藏品管理》，1994 年于阿宾顿，劳特里奇出版社出版

Malaro, M., and DeAngelis, I., *A Legal Primer on Managing Museum Collections*, 3rd edn, Washington DC, Smithsonian Books, 2012

M. 马拉罗和 I. 迪安吉利斯所著《博物馆藏品管理法律入门》第 3 版，2012 年于华盛顿特区，史密森尼书籍出版社出版

Marstine, J. (ed.), *The Routledge Companion to Museum Ethics: Redefining Ethics for the 21st-Century Museum*, New York, Routledge, 2011

J. 马斯汀编辑，《劳特里奇博物馆伦理指南：重新定义 21 世纪博物馆伦理》，2011 年于纽约，劳特里奇出版社出版

Marty, P., and Burton Jones, K., *Museum Informatics: People, Information, and Technology in Museums*, New York, Routledge, 2009

P. 马蒂和 K. 伯顿·琼斯所著《博物馆信息学：人、信息和技术》，2009 年于纽约，劳特里奇出版社出版

Mason, R., 'Museums, Galleries and Heritage', in G. Corsane (ed.), *Heritage, Museums and Galleries: An Introductory Reader*, London, Routledge, 2005

R. 梅森所著"博物馆，画廊和遗产"，出自 G. 科萨内编辑，《遗产、博物馆和画廊：导读》，2005 年于伦敦，劳特里奇出版社出版

Matassa, F., *Organising Exhibitions: A Handbook for Museums, Libraries and Archives*, London, Facet Publishing, 2014

F. 马塔萨所著《组织展览：博物馆、图书馆和档案馆手册》，2014 年于伦敦，方面出版社出版

Mayer, C., 'The contemporary curator – endangered species or brave new profession', *Muse*, Summer/ Autumn, 1991, 34–38

C. 迈耶所著"当代策展人——濒危物种或勇敢的新职业"，出自《缪斯》1991 年夏/秋刊，第 34—38 页

Merriman, N., 'Museum collections and sustainability', *Cultural Trends*, vol.17, no.1, 2008, 3–21, DOI: 10.1080/09548960801920278

N. 梅里曼所著"博物馆收藏和可持续性"，出自《文化趋势》2008 年第 17 卷第 1 号，第 3—21 页，期刊 DOI 序列号： 10.1080/09548960801920278

Merritt, E. (ed.), *Covering Your Assets: Facilities and Risk Management in Museums*, Washington DC, American Association of Museums, 2005

E. 梅里特编辑，《为您的资产投保：博物馆的设施和风险管理》，2005 年于华盛顿特区，美国博物馆协会出版

Merryman, J., *Imperialism, Art, and Restitution*, New York, Cambridge University Press, 2006

J. 梅里曼所著《帝国主义、艺术，和归还》，2006 年于纽约，剑桥大学出版社出版

Mervin, R., and Mecklenburg, M.F., *Art in Transit: Handbook for Packing and Transporting Paintings*, Washington DC, National Gallery of Art, 1991

R. 默文和 M.F. 梅克伦堡所著《运输中的艺术品：包装和运输画作手册》，1991 年于华盛顿特区，国家美术馆出版

Message, K., *New Museums and the Making of Culture*, Oxford, Berg, 2006

K. 梅赛吉所著《新博物馆和文化的形成》，2006 年于牛津，伯格出版社出版

Michalski, S., 'Care and Preservation of Collections', in P. Boylan (ed.), *Running a Museum: A Practical Handbook*, Paris, ICOM, 2004

S. 米哈尔斯基所著"藏品的护理及维护"，出自 P. 博伊兰编辑，《博物馆经营实用手册》，2004 年于巴黎，国际博物馆委员会出版

Michalski, S., 'Relative Humidity and Temperature Guidelines', in C. Caple (ed.), *Preventive Conservation in Museums*, London, Routledge, 2012

S. 米哈尔斯基所著"相对湿度和温度指南"，出自 C. 卡普尔编辑，《博物馆的预防性藏护》，2012 年于伦敦，劳特里奇出版社出版

Miles, G., 'Object Handling', in C. Caple (ed.), *Preventive Conservation in Museums*, London, Routledge, 2012

G. 迈尔斯所著"藏品装卸",出自 C. 卡普尔编辑,《博物馆的预防性藏护》,2012 年于伦敦,劳特里奇出版社出版

Miller, B., and McKune, A., 'In a generous spirit: museums as donees: standards, best practice and ethical and legal responsibilities', *Museum*, vol.90, no.4, 2011, 50–52

B. 米勒和 A. 麦库恩所著"慷慨的精神:博物馆作为受赠者:标准、最佳实践及道德和法律责任",出自《博物馆》2011 年第 90 卷第 4 号,第 50—52 页

Miller, E., *That Noble Cabinet: A History of the British Museum*, Athens, Ohio University Press, 1974

E. 米勒所著《那个高贵的陈列柜:英国博物馆历史》,1974 年于雅典,俄亥俄大学出版社出版

Moffat, H., and Woollard, V. (eds), *Museum and Gallery Education: A Manual of Good Practice*, Walnut Creek, AltaMira Press, 2004

H. 莫法特和 V. 伍拉德编辑,《博物馆和画廊教育:良好实践手册》,2004 年于核桃溪,阿尔塔米拉出版社出版

Molineux, K., 'Permanent Collection Displays', in B. Lord and M. Piacente (eds), *Manual of Museum Exhibitions*, 2nd edn, Lanham, Rowman and Littlefield, 2014

K. 莫利纽克斯所著"永久收藏展示",出自 B. 洛德和 M. 皮亚森特编辑,《博物馆展览手册》第 2 版,2014 年于兰纳姆,罗曼和利特尔菲尔德出版社出版

Moran, J., 'Curiosity is an inextinguishable creative spark', *Times Higher Education* [online article], 2017, https://www.timeshighereducation.com/comment/curiosity-is-an-inextinguishable-creative-spark (accessed 26 August 2019)

J. 莫兰所著"好奇心是永不熄灭的创意火花",出自《泰晤士高等教育》2017 年的线上文章,网址链接:https://www.timeshighereducation.com/comment/curiosity-is-an-inextinguishable-creative-spark(2019 年 8 月 26 日访问)

Moussouri, T., and Roussos, G., 'Examining the effect of visitor motivation on visit strategies using mobile computer technologies', *Visitor Studies:Theory, Research and Practice*, vol.16, no.1, 2013, 21–38

T. 穆苏里和 G. 鲁索斯所著"使用移动计算机技术研究观众动机对参观策略的影响",出自《观众研究:理论、研究和实践》2013 年第 16 卷第 1 号,第 21—38 页

Museums Association, 'Acquisition: Guidance on the ethics and practicalities of acquisition', *Ethical Guidelines: Advice from the Museums Association*

Ethics Committee [web resource], 2004, https://www.museumsassociation.org/download?id=11114 (accessed 18 July 2019)

英国博物馆协会,"收购:关于收购的道德及实用性指导",出自《道德准则:博物馆协会道德委员会的建议》,2004 年发表于协会网站,网址链接:https://www.museumsassociation.org/download?id=11114,(2019 年 7 月 18 日访问)

Museums Association, *Public Perceptions of – and Attitudes to – the Purposes of Museums in Society* [online report], 2013, https://www.museumsassociation.org/download?id=954916 (accessed 22 August 2019)

英国博物馆协会网站 2013 年的线上报告,《公众对博物馆社会目的的看法和态度》,网址链接:https://www.museumsassociation.org/download?id=954916(2019 年 8 月 22 日访问)

Museums Association, *Code of Ethics for Museums*, Museums Association [website], 2015, https://www.museumsassociation.org/download?id=1155827 (accessed 7 January 2019)

英国博物馆协会 2015 年发表并刊登于其网站的《博物馆道德规范》,网址链接:https://www.museumsassociation.org/download?id=1155827(2019 年 1 月 7 日访问)

National Parks Service, 'How To Select Gloves: An Overview For Collections Staff', *National Parks Service, Conserve O Gram*, September 2010, No.1/12, https://www.nps.gov/museum/publications/conserveogram/01-12.pdf (accessed 9 April 2019)

美国国家公园管理局网站,"如何选择手套:为藏品给管理人员准备的概述",出自《美国国家公园管理局藏品藏护活页》第 1 号(共 12 号),2010 年 9 月发表,网址链接:https://www.nps.gov/museum/publications/conserveogram/01-12.pdf(2019 年 4 月 9 日访问)

National Trust, *The National Trust Manual of Housekeeping*, rev. edn, London, National Trust, 2011

英国国民信托所著《国民信托后勤手册》,2011 年于伦敦,国民信托出版

Nauert, P., and Black, C., *Fine Arts Insurance: A Handbook for Art Museums*, Washington DC, Association of Art Museum Directors, 1979

P. 诺尔特和 C. 布莱克所著《美术保险:艺术博物馆手册》,1979 年于华盛顿特区,艺术博物馆馆长协会出版

Negri, M. (ed.), *New Museums in Europe 1977–1983*, Milan, Mazzotta, 1984

M. 内格里编辑,《1977—1983 年欧洲的新博物馆》,1984 年于米兰,马佐塔出版社出版

Newman, A., 'Understanding the Social Impact of Museums, Galleries and Heritage through the Concept of Capital', in G. Corsane (ed.), *Heritage, Museums and Galleries: An Introductory Reader*, London, Routledge, 2005

A.纽曼所著"通过资本的概念理解博物馆、画廊和遗产的社会影响",出自 G.科萨内编辑,《遗产、博物馆和画廊:导读》,2005 年于伦敦,劳特里奇出版社出版

Nicholson, E., and Williams, E., 'Developing a working definition for the museum collection', *Inside Line*, Fall 2002, 1–4

E.尼克尔森和 E.威廉姆斯所著"为博物馆藏品建立工作定义",出自《内线》2002 年秋季刊,第 1—4 页

Nicks, J., 'Collections Management', in B. Lord, G. Dexter Lord and L. Martin (eds), *The Manual of Museum Planning: Sustainable Space, Facilities and Operations*, 3rd edn, Lanham, AltaMira Press, 2012

J.尼克斯所著"藏品管理",出自 B.洛德、G.德克斯特·洛德和 L.马丁编辑,《博物馆规划手册:可持续空间、社会和运营》第 3 版,2012 年于兰纳姆,阿尔塔米拉出版社出版

Norbert, S., and Banks, P., 'Indoor Air Pollution: Effects on Cultural and Historic Materials', in S. Knell (ed.), *Care of Collections*, Abingdon, Routledge, 2005

S.诺伯特和 P.班克斯所著"室内空气污染:对文化和历史材料的影响",出自 S.内尔编辑,《藏品保管》,2005 年于阿宾顿,劳特里奇出版社出版

O'Keefe, P., *Commentary on the UNESCO 1970 Convention on Illicit Traffic*, Leicester, Institute of Art and Law, 2002

P.奥基夫所著《对联合国教科文组织 1970 年关于非法贩运公约的评论》,2002年发表于莱斯特,艺术与法律学院

O'Reilly, P., and Lord, A., *Basic Condition Reporting: A Handbook*, New York, South East Registrars' Association, 1988

P.奥莱丽和 A.洛德所著《基本状况报告手册》,1988 年于纽约,东南登记员协会出版

Orna, E., *Build Yourself a Thesaurus: A Step by Step Guide*, Norwich, Running Angel, 1983

E.奥尔纳所著《建立自己的词库:分步指南》,1983 年于诺威奇,在逃天使出版社出版

Ortony, A., Norman, D., and Revelle, W., 'Affect and Proto-affect in Effective Functioning', in J. Fellous, and M. Arbib (eds), *Who Needs Emotions? The Brain Meets the Robot*, Oxford, Oxford University Press, 2005

A. 奥托尼、D. 诺曼和 W. 雷维尔所著"有效功能中的影响和原始影响",出自 J. 费洛斯和 M. 阿比布编辑,《谁需要情绪?大脑遇见机器人》,2005 年于牛津,牛津大学出版社出版

Ovenel, R. F., *The Ashmolean Museum, 1683–1894*, Oxford, Clarendon Press, 1986

R. F. 欧夫内尔所著《阿什莫林博物馆,1683—1894 年》,1986 年于牛津,克拉伦登出版社出版

Paddon, H., *Redisplaying Museum Collections: Contemporary Display and Interpretation in British Museums*, Abingdon, Routledge, 2016

H. 帕登所著《重新展示博物馆藏品:大英博物馆的当代展示和诠释》,2016 年于阿宾顿,劳特里奇出版社出版

Pavlov, I., *Lectures on Conditioned Reflexes: Twenty-Five Years of Objective Study of the High Nervous Activity (Behavior) of Animals*, translated by W. Horsley Gantt. New York, International, 1928

I. 巴甫洛夫所著《关于条件反射的讲座:对动物高神经活动(行为)的 25 年客观研究》,由 W. 霍斯利·甘特翻译,1928 年于纽约,国际出版社出版

Pearce, S. (ed.), *Interpreting Objects and Collections*, London, Routledge, 1994

S. 皮尔斯编辑,《诠释藏品及收藏》,1994 年于伦敦,劳特里奇出版社出版

Pearce, S., *On Collecting: An Investigation into Collecting in the European Tradition*, London, Routledge, 1995

S. 皮尔斯所著《论收藏:欧洲传统收藏调查》,1995 年于伦敦,劳特里奇出版社出版

Pearce, S., 'Collecting Reconsidered', in S. Pearce (ed.), *Interpreting Objects and Collections*, London, Routledge, 1994

S. 皮尔斯所著"重新考虑收藏",出自 S. 皮尔斯编辑,《诠释藏品及收藏》,1994 年于伦敦,劳特里奇出版社出版

Pearce, S., 'Objects as Meaning', in S. Pearce (ed.), *Interpreting Objects and Collections*, London, Routledge, 1994

S. 皮尔斯所著"藏品的意义",出自 S. 皮尔斯编辑,《诠释藏品及收藏》,1994 年于伦敦,劳特里奇出版社出版

Pearce, S., 'The Urge to Collect', in S. Pearce (ed.), *Interpreting Objects and Collections*, London, Routledge, 1994

S. 皮尔斯所著"收藏的冲动",出自 S. 皮尔斯编辑,《诠释藏品及收藏》,1994

年于伦敦，劳特里奇出版社出版

Pearce, S., 'Thinking About Things', in S. Pearce (ed.), *Interpreting Objects and Collections*, London, Routledge, 1994

S. 皮尔斯所著"关于事物的思考"，出自 S. 皮尔斯编辑，《诠释藏品及收藏》，1994 年于伦敦，劳特里奇出版社出版

Pekarik, A., Doering, Z., and Karns, D., 'Exploring satisfying experiences in museums', *Curator: The Museum Journal*, vol.42, no.2, 1999, 152–173

A. 佩卡里克、Z. 多林和 D. 卡恩斯所著"探索博物馆令人满意的体验"，出自《策展人：博物馆杂志》，1999 年第 42 卷第 2 号，第 152—173 页

Phillips, R., 'The accumulator', *Archives of General Psychiatry*, vol.6, 1962, 474–477

R. 菲利普斯所著"囤积者"，出自《普通精神病学档案》1962 年第 6 卷，第 474—477 页

Piacente, M., 'Interpretive Planning', in B. Lord and M. Piacente(eds), *Manual of Museum Exhibitions*, 2nd edn, Lanham, Rowman and Littlefield, 2014

M. 皮亚森特所著"诠释的规划"，出自 B. 洛德和 M. 皮亚森特编辑，《博物馆展览手册》第 2 版，2014 年于兰纳姆，罗曼和利特尔菲德出版社出版

Piaget, J., *Origins of Intelligence in the Child*, London, Routledge & Kegan Paul, 1936

J. 皮亚杰所著《儿童智力的起源》，1936 年于伦敦，劳特里奇出版社和凯根·保罗出版社联合出版

Piaget, J., *The Psychology of Intelligence*, London, Routledge and Kegan Paul, 1950

J. 皮亚杰所著《智力心理学》，1950 年于伦敦，劳特里奇出版社和凯根·保罗出版社联合出版

Pinniger, D., *Pest Management – A Practical Guide*, London, Collections Trust, 2008

D. 平尼格所著《害虫管理实用指南》，2008 年于伦敦，收藏信托出版

Pinniger, D., *Integrated Pest Management in Cultural Heritage*, London, Archetype Publications, 2015

D. 平尼格所著《文化遗产的综合虫害管理》，2015 年于伦敦，原型出版社出版

Pinniger, D., *Pests in Houses Great and Small*, London, English Heritage, 2018

D. 平尼格所著《大小房屋中的害虫》，2018 年于伦敦，英国遗产出版

Pitman, B., 'Muses, museums, and memories', *Daedalus*, vol.128, no.3, 1999, 1–31

B. 皮特曼所著"缪斯、博物馆和记忆"，出自《代达罗斯》1999 年第 128 卷第 3 号，第 1—31 页

Powell, B., and Richard, M., *Collection Care: An Illustrated Handbook for the Care and*

Handling of Cultural Objects, Lanham, Rowman and Littlefield, 2016

B. 鲍威尔和 M. 理查德所著《藏品保管：文物保管和装卸图解手册》，2016 年于兰纳姆，罗曼和利特尔菲尔德出版社出版

Prentice, R., 'Heritage: A Key Sector in the "New" Tourism', in G. Corsane (ed.), *Heritage, Museums and Galleries: An Introductory Reader*, London, Routledge, 2005

R. 普伦蒂斯所著"遗产：'新'旅游业的关键部门"，出自 G. 科萨内编辑，《遗产、博物馆和画廊：导读》，2005 年于伦敦，劳特里奇出版社出版

Prott, L., 'Illicit Traffic', in P. Boylan (ed.), *Running a Museum: A Practical Handbook*, Paris, ICOM, 2004

L. 普罗特所著"非法交通"，出自 P. 博伊兰编辑，《博物馆经营实用手册》，2004 年于巴黎，国际博物馆委员会出版

Punt, B., Stern, S., and Ratcliffe, S., *Doing It Right: A Workbook for Improving Exhibit Labels*, Brooklyn, The Museum, 1989

B. 蓬特、S. 斯特恩和 S. 拉特克利夫所著《正确行事：改进展签的工作手册》，1989 年于布鲁克林，博物馆出版

Resource: The Council for Museums, Archives and Libraries, *Security in Museums, Archives and Libraries: A Practical Guide*, London, Resource, 2003

资源：博物馆、档案馆与图书馆委员会所著《博物馆、档案馆和图书馆的安全使用指南》，2003 年于伦敦，资源出版

Roberts, A., *Planning the Documentation of Museum Collections*, Cambridge, MDA, 1985

A. 罗伯茨所著《馆藏文档规划》，1985 年于剑桥，博物馆文档协会出版

Roberts, A., 'Inventories and Documentation', in P. Boylan (ed.), *Running a Museum: A Practical Handbook*, Paris, ICOM, 2004

A. 罗伯茨所著"清单和档案记录"，出自 P. 博伊兰编辑，《博物馆经营实用手册》，2004 年于巴黎，国际博物馆委员会出版

Roppola, T., *Designing for the Museum Visitor Experience*, New York, Routledge, 2014

T. 罗波拉所著《为博物馆观众体验而设计》，2014 年于纽约，劳特里奇出版社出版

Ross, M., 'Interpreting the new museology', *Museum and Society*, vol.2, no.2, 2004, 84–103

M. 罗斯所著"解读新博物馆学"，出自《博物馆与社会》2004 年第 2 卷第 2 号，第 84—103 页

Rydera, S., and Mendez, A., *Designing and Planning Space with IPM in Mind – The Darwin Centre Phase Two*, Presented at 11th International Working Conference on Stored Product Protection, 2014

S. 赖得和 A. 门德斯所著《在考虑综合虫害管理的基础上进行空间设计和计划——达尔文中心第 2 期》，2014 年于第 11 届国际储藏物保护大会上发表

Samson, D., 'Reading Strategies Used by Exhibition Visitors', in A. Blais (ed.), *Text in the Exhibition Medium*, Québec City, Musée de la civilisation, 1995

D. 萨姆森所著"展览观众可用的阅读策略"，出自 A. 布莱斯编辑，《展览媒介中的文字》，1995 年于魁北克，文明博物馆出版

Sandell, R., *Museums, Prejudice and the Reframing of Difference*, London, Routledge, 2007

R. 桑德尔所著《博物馆，偏见及被重新定义的差异》，2007 年于伦敦，劳特里奇出版社出版

Satwicz, T., and Morrissey, K., 'Public Curation: From Trend to Research-based Practice', in B. Adair, B. Filene and L. Koloski (eds), *Letting Go? Sharing Historical Authority in a User-Generated World*, Philadelphia, Pew Center for Arts and Heritage, 2011

T. 萨特维茨和 K. 莫里西所著"公共策展：从趋势到研究性实践"，出自 B. 阿代尔，B. 法林和 L. 科洛斯基编辑，《放开？在观众生成的世界中共享历史权威》，2011 年于费城，皮尤艺术与遗产中心出版

Schlereth, T., 'Contemporary collecting for future recollecting', *The Museum Studies Journal*, vol.1, no.3, 1984, 23–30

T. 施勒思所著"为了未来回忆的当代收藏"，出自《博物馆研究杂志》1984 年第 1 卷第 3 号，第 23—30 页

Schulz, E., 'Notes on the History of Collecting and of Museums', in S. Pearce (ed.), *Interpreting Objects and Collections*, London, Routledge, 1994

E. 舒尔茨所著"收藏史与博物馆历史笔记"，出自 S. 皮尔斯编辑，《诠释藏品及收藏》，1994 年于伦敦，劳特里奇出版社出版

Scott, C. (ed.), *Evaluation and Visitor Research in Museums: Towards 2000*, Sydney, Powerhouse Publishing, 1996

C. 斯科特编辑，《博物馆评估和观众研究：迈向 2000 年》，1996 年于悉尼，动力出版社出版

Screven, C., 'Motivating visitors to read labels', *ILVS Review: A Journal of Visitor*

Behaviour, vol.2, no.2, 1992, 183–211

C. 斯克里文所著"激励观众阅读展签",出自《ILVS 评论:观众行为杂志》1992 年第 2 卷第 2 号,第 183—211 页

Serrell, B., *Exhibit Labels: An Interpretive Approach*, Walnut Creek, AltaMira Press, 1996

B. 瑟雷尔所著《展签:一种诠释方式》,1996 年于核桃溪,阿尔塔米拉出版社出版

Serrell, B., 'Paying attention: the duration and allocation of visitors' time in museum exhibitions', *Curator: The Museum Journal*, vol.40, no.2, 1997, 108–125

B. 瑟雷尔所著"注意:博物馆展览中观众时间长度及其分配",出自《策展人:博物馆杂志》1997 年第 40 卷第 2 号,第 108—125 页

Simmons, J., *Things Great and Small: Collections Management Policies*, 2nd edn, Lanham, Rowman and Littlefield, 2018

J. 西蒙斯所著《大小事:藏品管理政策》第 2 版,2018 年于兰纳姆,罗曼和利特尔菲尔德出版社出版

Simmons, J., 'Collections Care and Management: History, Theory, and Practice', in C. McCarthy (ed.), *International Handbook of Museum Studies: Museum Practice*, London, Wiley-Blackwell, 2015

J. 西蒙斯所著"藏品照看和管理:历史、理论和实践",出自 C. 麦卡锡编辑,《国际博物馆研究手册:博物馆实践》,2015 年于伦敦,威立-布莱克威尔出版社出版

Simon, N., *The Participatory Museum* [online book], 2010, http://www.participatorymuseum.org/read/ (accessed 3 June 2019)

N. 西蒙所著《参与式的博物馆》,2010 年,线上书籍,网址链接:http://www.participatorymuseum.org/read/(2019 年 6 月 3 日访问)

Sjoberg, C., 'Addressing Learning Styles in the Interpretive Plan', in B. Lord and M. Piacente (eds), *Manual of Museum Exhibitions*, 2nd edn, Lanham, Rowman and Littlefield, 2014

C. 舍伯格所著"在诠释规划中处理学习风格",出自 B. 洛德和 M. 皮亚森特编辑,《博物馆展览手册》第 2 版,2014 年于兰纳姆,罗曼和利特尔菲尔德出版社出版

Skinner, B., *Science and Human Behavior*, New York, Macmillan, 1953

B. 斯金纳所著《科学与人类行为》,1953 年于纽约,麦克米伦出版社出版

Smith, L., 'Deaccessioning', *Registrars' Quarterly*, Winter, 1992, 1–2

L. 史密斯所著"退藏",出自《登记员季刊》1992 年冬季刊,第 1—2 页

Sola, T., 'Redefining Collecting', in S. Knell (ed.), *Museums and the Future of Collecting*, 2nd edn, Abingdon, Routledge, 2016

T. 索拉所著"重新定义收藏",出自 S. 内尔编辑,《博物馆和收藏的未来》第 2 版, 2016 年于阿宾顿,劳特里奇出版社出版

South Western Federation of Museums and Galleries, 'Developing a Collections Management Framework', Collections Trust [website], 2015

西南地区博物馆和美术馆联盟所著"发展藏品管理框架",出自收藏信托网站, 2015 年

Stainton, C., 'Voice and Images: Making Connections Between Identity and Art', in G. Leinhardt, K. Crowley and K. Knutson (eds), *Learning Conversations in Museums*, Mahwah, Erlbaum Associates, 2002

C. 斯坦顿所著"声音和图形:在身份和艺术之间建立联系",出自 G. 莱因哈特、K. 克劳利和 K. 克努森编辑,《在博物馆学习对话》,2002 年于莫瓦,埃尔鲍姆协会出版

Stam, D., 'The Informed Muse', in G. Corsane (ed.), *Heritage, Museums and Galleries: An Introductory Reader*, London, Routledge, 2005

D. 斯塔姆所著"见多识广的缪斯",出自 G. 科萨内编辑,《遗产、博物馆和画廊: 导读》,2005 年于伦敦,劳特里奇出版社出版

Staniforth, S., 'Light and Environmental Control and Measurement in National Trust Houses', in S. Knell (ed.), *Care of Collections*, Abingdon, Routledge, 2005

S. 斯坦尼福斯所著"国民信托辖内房屋的光与环境控制和测量",出自 S. 内尔编辑, 《藏品保管》,2005 年于阿宾顿,劳特里奇出版社出版

Stenger, M., 'Why Curiosity Enhances Learning', *Edutopia* [online article], 2014, https://www.edutopia.org/blog/why-curiosity-enhances-learning-marianne-stenger (accessed 26 August 2019)

M. 斯坦格所著"为什么好奇心能促进学习",出自《教育乌托邦》,2014 年的线上文章,网址链接:https://www.edutopia.org/blog/why-curiosity-enhances-learning-marianne-stenger(2019 年 8 月 26 日访问)

Stolow, N., *Conservation and Exhibitions: Packing, Transport, Storage and Environmental Considerations*, London, Butterworth-Heinemann, 1987

N. 斯托洛所著《藏护与展览:包装、运输、存储和环境方面的考虑》,1987 年于伦敦, 巴特沃思-海涅曼出版社出版

Stone, S., 'Documenting Collections', in J. Thompson (ed.), *Manual of Curatorship*,

2nd edn, Oxford, Butterworth-Heinemann, 1992

S. 斯通所著"记录藏品",出自 J. 汤普森编辑,《策展手册》第 2 版,1992 年于牛津,巴特沃思 – 海涅曼出版社出版

Strohmaier, R., Sprung, G., Nischelwitze, A., and Schadenbauer, S., 'Using visitor-flow visualization to improve visitor experience in museums and exhibitions', Museums and the Web 2015 [website], 15 January 2015

R. 斯特罗迈尔、G. 斯普伦、A. 尼舍尔维茨和 S. 沙登鲍尔所著"使用观众流量可视化来改善博物馆和展览的观众体验",2015 年 1 月 15 日发表于 2015 年博物馆和网络研讨会网站

Strong, R., 'Scholar or salesman? The curator of the future', *Muse*, vol.6, no.2, 1988, 16–20

R. 斯特朗所著"学者还是推销员?未来的策展人",出自《缪斯》1988 年第 6 卷第 2 号,第 16—20 页

Summers, J., *Creating Exhibits That Engage*, Lanham, Rowman and Littlefield, 2018

J. 萨默斯所著《创造可参与的展览》,2018 年于兰纳姆,罗曼和利特尔菲尔德出版社出版

Tallom, L., and Walker, K. (eds), *Digital Technologies and the Museum Experience*, Lanham, AltaMira Press, 2008

L. 塔隆和 K. 沃克编辑,《数字技术和博物馆体验》,2008 年于兰纳姆,阿尔塔米拉出版社出版

Tang, Y., and Mayrand, Y., 'Design', in B. Lord and M. Piacente (eds), *Manual of Museum Exhibitions*, 2nd edn, Lanham, Rowman and Littlefield, 2014

Y. 唐和 Y. 梅兰德所著"设计",出自 B. 洛德和 M. 皮亚森特编辑,《博物馆展览手册》第 2 版,2014 年于兰纳姆,罗曼和利特尔菲尔德出版社出版

Teather, J., *Professional Directions for Museum Work in Canada*, Ottawa, Canadian Museums Association, 1978

J. 蒂瑟所著《加拿大博物馆行业指南》,1978 年于渥太华,加拿大博物馆协会出版

The Government of the United Kingdom, 'Human Tissue Act 2004', Guidance for Professionals [website]

"2004 年人体组织法",出自英国政府网站,"专业人士指南"板块

J. Paul Getty Museum, Complete Guide, 'Complete guide to adult audience interpretive materials: gallery texts and graphics', https://www.getty.edu/education/museum_educators/downloads/aaim_completeguide.pdf, 2011 (accessed 7 June 2019)

保罗·盖蒂博物馆网站，"全面指南"板块，"成人观众诠释性材料完整指南：展厅文字和图形"，2011 年发表，网址链接：https://www.getty.edu/education/museum_educators/downloads/aaim_completeguide.pdf（2019 年 6 月 7 日访问）

The Museum Pests Working Group (MP-WG), 'Identification', *Museum Pests* [website], 2019, https://museumpests.net/identification/ (accessed 8 May 2019)

博物馆害虫工作组网站，"识别"，出自《博物馆害虫》，2019 年发表，网址链接：https://museumpests.net/identification/（2019 年 5 月 8 日访问）

The Museum Pests Working Group (MP-WG), 'Monitoring', *Museum Pests* [website], 2019, https://museumpests.net/monitoring-introduction/ (accessed 8 May 2019)

博物馆害虫工作组网站，"监控"，出自《博物馆害虫》，2019 年发表，网址链接：https://museumpests.net/monitoring-introduction/（2019 年 5 月 8 日访问）

The Museum Pests Working Group (MP-WG), 'Solutions', *Museum Pests* [website], 2019, https://museumpests.net/solutions/ (accessed 8 May 2019)

博物馆害虫工作组网站，"解决方案"，出自《博物馆害虫》，2019 年发表，网址链接：https://museumpests.net/solutions/（2019 年 5 月 8 日访问）

Thomas, D. (ed.), *Museums in Postcolonial Europe*, London, Routledge, 2010

D. 托马斯编辑，《后殖民欧洲的博物馆》，2010 年于伦敦，劳特里奇出版社出版

Thomas, N., *Entangled Objects: Exchange, Material Culture, and Colonialism in the Pacific*, Cambridge, Harvard University Press, 1991

N. 托马斯所著《纠缠的物件：太平洋的交流、物质文化和殖民主义》，1991 年于剑桥，哈佛大学出版社出版

Thompson, J. (ed.), *Manual of Curatorship*, 2nd edn, Oxford, Butterworth-Heinemann, 1992

J. 汤普森编辑，《策展手册》第 2 版，1992 年于牛津，巴特沃思–海涅曼出版社出版

Thornes, R., *Protecting Cultural Objects Through International Documentation Standards*, Santa Monica, The Getty Art History Information Programme, 1995

R. 索恩斯所著《通过国际文献标准保护文物》，1995 年于圣莫尼卡，盖蒂艺术史信息计划出版

Tilden, F., *Interpreting Our Heritage*, 4th edn, Chapel Hill, University of North Carolina Press, 2008

F. 蒂尔登所著《诠释我们的遗产》第 4 版，2008 年于教堂山，北卡罗来纳大学出版社出版

Tilley, C., 'Ethnography and Material Culture', in P. Atkinson et al. (eds), *Handbook of Ethnography*, London, Sage Publications, 2001
C. 蒂利所著"民族志和物质文化",出自 P. 阿特金森等人编辑,《民族志手册》,2001 年于伦敦,赛吉出版社出版

Tilley, C., et al. (eds), *Handbook of Material Culture*, London, Sage Publications, 2006
C. 蒂利等人编辑,《物质文化手册》,2006 年于伦敦,赛吉出版社出版

Turner, B. S., *Status*, Milton Keynes, Open University Press, 1988
B. S. 透纳所著《状态》,1988 年于米尔顿·凯恩斯,开放大学出版社出版

UNESCO, *Convention on the Means of Prohibiting and Preventing the Illicit Import, Export and Transfer of Ownership of Cultural Property*, 1970
联合国教科文组织 1970 年颁布的《关于禁止和防止非法进出口文化财产和非法转让其所有权的方法的公约》

UNIDROIT, *UNIDROIT Convention on Stolen or Illegally Exported Cultural Objects*, 1995, https://www.unidroit.org/instruments/cultural-property/1995-convention (accessed 12 September 2019)
国际统一私法协会 1995 年颁布的《国际统一私法协会关于被盗或非法出口文物的公约》,网址链接:https://www.unidroit.org/instruments/cultural-property/1995-convention(2019 年 9 月 12 日访问)

V&A, Gallery Text at the V&A: A Ten Point Guide [online resource], 2009, http://media.vam.ac.uk/media/documents/legacy_documents/file_upload/10808_file. pdf (accessed 7 June 2019)
V&A 网站在线资源,"V&A 的展厅文本:十点指南",2009 年发表,网址链接:http://media.vam.ac.uk/media/documents/legacy_documents/file_upload/10808_file. pdf(2019 年 6 月 7 日访问)

Van Horn, D., Culligan, H., and Midgett, C., *Basic Condition Reporting*, 4th edn, South East Registrars' Association, Lanham, Rowman and Littlefield, 2015
D. 凡·霍恩,H. 库里根和 C. 米吉特所著《基本状况报告》第 4 版,2015 年由东南登记员协会,于兰纳姆,罗曼和利特尔菲尔德出版社出版

Vawda, S., 'Museums and the epistemology of injustice: from colonialism to decoloniality', *Museum International*, vol.71, no.1, 2019, 72–79
S. 瓦达所著"博物馆与不公正认识论:从殖民主义到非殖民主义",出自《国际美术馆》2019 年第 71 卷第 1 号,第 72—79 页

Velarde, G., *Designing Exhibitions: Museums, Heritage, Trade and World Fairs*,

Aldershot, Ashgate, 2001

G. 维拉德所著《设计展览：博物馆、文物遗产、贸易和世界博览会》，2001 年于奥尔德肖特，阿什盖特出版社出版

Vergo, P. (ed.), *The New Museology*, London, Reaktion Books, 1989

P. 维尔戈编辑，《新博物馆学》，1989 年于伦敦，瑞克新图书出版社出版

Vrdoljak, A., *International Law, Museums and the Return of Cultural Objects*, New York, Cambridge University Press, 2006

A. 弗多利亚克所著《国际法、博物馆和文物归还》，2006 年于纽约，剑桥大学出版社出版

Vreeland, R., 'Donation process and procedure outline', *Museum*, vol.90, no.4, 2011, 52–53

R. 弗里兰所著"捐赠流程及程序大纲"，出自《博物馆》2011 年第 90 卷第 4 号，第 52—53 页

Vygotsky, L.S., *Mind in Society: The Development of Higher Psychological Processes*, Cambridge, Harvard University Press, 1978 [1930–1934]

L.S. 维果茨基所著《社会中的心智：高级心理过程的发展》，1978 年于剑桥，哈佛大学出版社出版（原稿作于 1930—1934 年）

Wacquant, L., 'Habitus', in J. Becket and Z. Milan (eds) *International Encyclopaedia of Economic Sociology*, London, Routledge, 2005

L. 瓦康所著"习惯"，出自 J. 贝克特和 Z. 米兰编辑，《经济社会学国际百科全书》，2005 年于伦敦，劳特里奇出版社出版

Walhimer, M., *Museums 101*, Lanham, Rowman and Littlefield, 2015

M. 瓦尔希默所著《博物馆 101》，2015 年于兰纳姆，罗曼和利特尔菲尔德出版社出版

Waller, R., *A Risk Model for Collection Preservation*, ICOM, Committee for Conservation, Preprints of the 13th Triennial Meeting, Rio de Janeiro, 2002

R. 沃勒所著《藏品保存风险模型》，国际博物馆委员会文物保护委出版，2002 年里约热内卢第 13 届三年会议重印本

Ware, M., *Museum Collecting Policies and Loan Agreements*, AIM Guideline 14, Association of Independent Museums, 1988

M. 韦尔所著《博物馆收藏政策和租借协议》，1988 年发表于独立博物馆协会第 14 号 AIM 指南

Watson, J., 'Psychology as the behaviorist views it', *Psychological Review*, vol.20, no.2,

1913, 158–177

J. 沃森所著"作为行为主义观点的心理学",出自《心理评论》1913年第20卷第2号,第158—177页

Weil, S., *Rethinking the Museum and Other Meditations*, Washington DC, Smithsonian Institution Press, 1990

S. 威尔所著《对博物馆的重新思考与其他冥思》,1990年于华盛顿特区,史密森尼协会出版社出版

Weil, S., *Making Museums Matter*, Washington DC, Smithsonian Institution Press, 2002

S. 威尔所著《让博物馆发挥作用》,2002年于华盛顿特区,史密森尼协会出版社出版

Weil, S. (ed.), 'The Multiple Crises in our Museums', in S. Weil (ed.), *Beauty and the Beasts: On Museums, Art, the Law, and the Market*, Washington DC, Smithsonian Institute Press, 1990

S. 威尔编辑,"博物馆的多重危机",出自S. 威尔编辑,《美女与野兽:论博物馆、艺术、法律和市场》,1990年于华盛顿特区,史密森尼协会出版社出版

Weil, S. (ed.), *A Deaccession Reader*, Washington DC, American Association of Museums, 1997

S. 威尔编辑,《有关退藏的简易读本》,1997年于华盛顿特区,美国博物馆协会出版

Weil, S., 'From being about something to being for somebody: the ongoing transformation of the American museum', *Daedalus*, vol.128, no.3, 1999, 229–258

S. 威尔所著"从围绕某物到为某人服务:美国博物馆的持续转型",出自《代达罗斯》1999年第128卷第3号,第229—258页

Wilkening, S., and Chung, J., *Life Stages of the Museum Visitor: Building Engagement Over a Lifetime*, Washington DC, AAM Press, 2009

S. 威尔肯宁和J. 钟所著《博物馆观众的人生阶段:建立一生的参与度》,2009年于华盛顿特区,美国博物馆协会出版社出版

Wilson, P., 'The Clore Gallery for the Turner Collections at the Tate Gallery: Lighting Strategy and Practice', in S. Knell (ed.), *Care of Collections*, Abingdon, Routledge, 2005

P. 威尔逊所著"泰特美术馆中为透纳典藏建造的克洛画廊:照明策略与实践",出自S. 内尔编辑,《藏品保管》,2005年于阿宾顿,劳特里奇出版社出版

Wintle, C., 'Decolonising the museum: the case of the Imperial and Commonwealth Institutes', *Museum and Society*, vol.1, no.2, 2013, 185–201

C. 温特尔所著"非殖民化博物馆：以帝国和联邦机构为例"，出自《博物馆与社会》2013 年第 1 卷第 2 号，第 185—201 页

Woollard, V., 'Caring for the Visitor', in P. Boylan (ed.), *Running a Museum: A Practical Handbook*, Paris, ICOM, 2004

V. 伍拉德所著"照顾观众"，出自 P. 博伊兰编辑，《博物馆经营实用手册》，2004 年于巴黎，国际博物馆委员会出版

Woolley, L., *Excavations at Ur – A Record of Twelve Years' Work by Sir Leonard Woolley*, London, Ernest Benn Limited, 1955

L. 伍利所著《乌尔的考古发掘——伦纳德·伍利爵士的 12 年工作记录》，1955 年于伦敦，欧内斯特·本恩出版社出版

Woolley, L., *Ur 'of the Chaldees': The Final Account, Excavations at Ur*, New York, Herbert Press, 1982

L. 伍利所著《"迦勒底的"乌尔：最终报道，乌尔的考古发掘》，1982 年于纽约，赫伯特出版社出版

Wylie, E., and Brophy, S., *The Green Museum: A Primer on Environmental Practice*, Lanham, AltaMira Press, 2008

E. 怀利和 S. 布罗菲所著《绿色博物馆：环境实践入门》，2008 年于兰纳姆，阿尔塔米拉出版社出版

Yerkovich, S., *A Practical Guide to Museum Ethics*, Lanham, Rowman and Littlefield, 2016

S. 耶科维奇所著《博物馆伦理实用指南》，2016 年于兰纳姆，罗曼和利特尔菲尔德出版社出版

Young, J., and Buck, C. (eds), *The Ethics of Cultural Appropriation*, New York, Wiley-Blackwell, 2009

J. 杨和 C. 巴克编辑，《文化挪用的道德伦理》，2009 年于纽约，威立－布莱克威尔出版社出版